정치야, 속담에서 깨우쳐라

정치야, 속담에서 깨우쳐라

정종진 지음

서 문

속담은 과거와 현재를 이어주는 언어유산이다. 우리 말과 글의 기본 수사학이어서 민족공동체의 역사와 풍습, 지리와 풍토, 인심과 가치관, 동식물의 생태를 터득하게 해준다. 그러니 속담은 세상사의 요약이고, 말과 글의 뼈대인 것이다.

우리 속담은 많고도 많아서, 작은 주제를 잡아도 그에 해당하는 것들이 예사롭지 않다. 날씨, 관상, 사랑, 생태, 농어업, 건강 …, 어떤 것을 택해도 풍성하게 동원할 수 있을 정도다. 정치에 관한 속담도 마찬가지다. 지리멸렬한 정치를 신선하게 비판하거나 새로운 방향을 잡을 때, 속담에 의지하면 묘수가 보일 것이다. 정치 속담이 따로 있는 것은 아니다. 속담이라는 게 천千의 얼굴을 가진 말이어서, 상황에 따라서는 마술을 부리듯 의미가 한없이 확대된다. 그래서 어떤 것이라도 정치 속담으로 활용할 수 있다.

옛날부터 전해온 속담이 많아 현재에 통용되는 말과 다를 수 있지만, 그것이 포함하고 있는 진리나 진실은 거의 다르지 않다. 그래서 옛사람의 통찰력과 요약하는 능력에 경이감이나 경외감을 갖게 된다.

시를 쓰지 않는 시인이 있듯이, 정치를 하지 않는 정치인이 곳곳에 있기 마련이다. 사실 백성 개개인이 정치를 하지 않는 정치인으로 봐야 마땅하다. 정치가들에게 정치를 잠시 맡겨둔 것일 뿐이지, 저희끼리 '차 치고 포 치고' 나라를 요리하라는 뜻은 아니다. 정치가 앞으로 나가기는커녕 뒷걸음을 하고 있으니 답답증 울화통 분통에 백성들 마음속 상처가 깊고 커진다.

민주주의 맛을 거의 보지 못한 우리 조상들이 그것을 더욱 갈망했을 것이다. 아마도 어느 시인의 시 〈타는 목마름으로〉보다 더 강하게 외쳤을 수도 있다. 차마 외쳐대지 못한 말들이 속담으로 전해지고 있다. 기가 막힐 정도로 핵심을 찌른 말들이 많고도 많다. 경이감을 가지고 탐구해야 할 속담들이다.

속담으로 정치를 말하려니, 요즘의 세태를 요약한 속담이 많이 부족하다는 것을 절실히 깨닫게 되었다. 최근의 속담까지 한껏 모아서《한국의 속담 대사전》개정증보판을 내놓았지만, 이런 점에서 아쉬움이 있다. 새로 생겨나는 속담을 모으고 활용하는 일은 후학들의 몫이다.

이 책을 읽으면서 요즘 잘 쓰지 않는 말을 자주 만나게 될 것이다. 특히 '백성'이란 말이 그렇다. 개인적으로 '국민'보다 '백성'이란 말을 즐겨 쓴다. 일제강점기에 가장 모욕적인 말이 '황국신민'이었다. 이 말을 줄여 '국민'이 되었다는 생각 때문이다. '국민학교'를 '초등학교'로 고친 것도 그 이유였다. 백성을 뜻하는 '국민'이란 말은 하도 많이 쓰니까 어쩌지 못하는 것이겠다. 세종대왕을 비롯해 조상들 모두가 썼던 '백성'이란 어휘에 다시 혈행血行, 피를 돌도록 하는 게 좋다는 생각이다.

정치에 대한 생각과 평가는 사람마다 다를 것이니, 이 책은 속담을 익히고 터득하는 재미로 읽었으면 좋겠다. 속담 대부분을 별색으로 인쇄하여 눈에 잘 들어올 것이다. 여러 가지 어려움이 많은데도 불구하고, 책을 잘 만들어 준 윤재민 사장께 감사드린다.

2023년 정월, 정 종 진 삼가 씀

차례

서문 • 5

1. '벼슬살이란 얼음 깔린 비탈길을 소 타고 오르는 것과 같다' • 11
    1) '권세란 고기 맛 같아서 맛들이기 시작하면 아비 어미도 몰라본다' • 17
    2) '벼슬에 미친 병 들면 기생 아니라 강아지한테 절한다' • 23
    3) '남의 밑 구린내로 제 밑 구린내 덮는다' • 27
    4) '새도 오래 앉으면 살을 맞는다' • 34

2. '벼슬아치는 심부름꾼이다' • 40
    1) '출세했다는 사내 입술에 피 안 바른 놈 없다' • 47
    2) '똥오줌을 받지 않는 알곡이 없고 악덕의 신세를 지지 않는 대의도 없다' • 54
    3) '쭉정이가 머리 드는 법이고, 어사는 가어사가 더 무섭다' • 63
    4) '감투 꼬리에 돈 따라다닌다' • 67

3. '벼슬길 염량세태란 고양이 눈깔 변하듯 한다' • 73
    1) '개는 구린내를 따라다니고 사람은 권세를 따라다닌다' • 78
    2) '범도 여우가 있어야 위세가 생긴다' • 83
    3) '세상인심 오동지 설한풍이다' • 91

4. '윗사람이 돛을 구하면, 아랫사람은 배를 만들어 바친다' • 97
    1) '법이라는 게 돈하고는 친형제요 권세하고는 부부간이라' • 102
    2) '돈 밑에 사람 있고 돈 위에 아무 것도 없다' • 108
    3) '제가 놓은 덫에 제가 걸려든다' • 113
    4) '평안감사도 저 싫으면 그만이라' • 119

5. 나랏일은 전례를 따르고 집안일은 선조를 따른다' • 125
    1) '제 바늘 끝만한 공로만 보고 다른 사람의 홍두깨만한 은혜는 못 본다' • 129
    2) '새 도랑 내지 말고 옛 도랑 메우지 말라' • 134
    3) '전하고자 하는 공명은 곧 잊혀도 잊어주었으면 하는 허물은 전해진다' • 138
    4) '원수는 세월이 갚고 남이 갚아준다' • 144

6. '흰둥이나 검둥이나 도둑만 잘 지키면 된다' • 150
    1) '보수는 부패로 망하고 진보는 분열로 망한다' • 156
    2) '충신도 천명이요 역적도 천명이라' • 163
    3) '가난을 파는 사람은 돈에 팔리고 애국을 파는 사람은 적에게 팔린다' • 169

7. '법 위에는 천도가 있다' • 175
    1) '나라치고 좋은 법 없는 나라 없고 나라치고 나쁜 법 없는 나라 없다' • 178
    2) '법 밑에 법 모른다' • 183
    3) '법 돌아가다 외돌아가는 세상' • 188

8. '말 한마디에 북두칠성이 굽어본다' • 193
    1) '거짓말은 참말보다 더 잘해야 한다' • 198
    2) '말로 떡을 하면 조선 천지가 다 먹는다' • 205
    3) '말은 기회가 맞지 않으면 한 마디도 많다' • 210
    4) '벼슬은 높이고 마음은 낮추라' • 214

9. '임금님의 하늘은 백성이고 백성의 하늘은 밥이다' • 222
   1) '백성에게는 먹는 것이 하늘이다' • 226
   2) '약한 사람은 돕고, 강한 사람은 눌러야 한다' • 230
   3) '나라의 쌀독이 차야 나라가 잘 산다' • 235

10. '세상에는 법도가 있고 하늘에는 천도가 있다' • 240
   1) '온 생명에 온 정성을 다하면 오대 적덕과 한가지라' • 246
   2) '청풍명월은 돈 주고도 못 산다' • 251
   3) '사람은 산천에서 내워서 터에서 키운다' • 256

11. '나라는 백성이 근본이다' • 262
   1) '천하에 역류수 없다' • 267
   2) '백성을 멀리하면 나라가 망한다' • 272
   3) '백성들의 분노가 쌓이게 되면 모반하게 된다' • 277
   4) '나라 상감님도 다 백성들이 버릇들이기 나름이다' • 281

12. '백성들과 바라는 것이 같으면 그 일은 성사된다' • 286
   1) '백성의 마음이 하늘의 뜻이다' • 290
   2) '십 리 인심이 천 리 인심이다' • 295
   3) '하늘을 법으로 알고, 땅을 법으로 안다' • 300
   4) '남을 믿으면 남에게 지배를 당한다' • 305

1. '벼슬살이란 얼음 깔린 비탈길을 소 타고 오르는 것과 같다'

최명희의 장편소설 《혼불》에, "생애(生涯)라. 왜 옛사람들은 사람이 살아 있는 한평생 동안을 가리켜, 날 생(生) 옆에 물가 애(涯), 벼랑 낭떠러지 애(涯)자를 붙였을까"[1]하는 문장이 있다. 두말할 것 없이 누구나 '벼랑 끝의 삶'을 산다고 생각하기 때문이겠다. '한평생 살다 보면 고비고비 험한 열두 고비 넘긴다'는 말이 있다. '사는 것이 죽기보다도 힘들다', '사는 게 호랑이 아가리보다 더 무섭다'고 했다. 그래서 사는 일을 '살얼음 밟듯 한다'고 비유한다. '살다가 별일 다 본다'는데, 정치가 특히 그렇단다. 정치도 삶이라서 얼음 위에서 벌이는 일이 된다. '길을 가다 보면 중도 만나고 초라니 방정도 만난다'더니, 정치가도 만나게 된다.

'길갓집 큰애기는 내다보다가 다 늙는다'는 속담이 있는데 혹시 제 짝이라도 오지 않을까, 하여 부지하세월로 보낸다는 뜻이다. '먹구름에 학 지나가듯' 하는 짧은 인생을 희망고문 속에서 허송하는 것이다. '때를 잘 만나면 범이 되고, 때를 잘못 만나면 쥐가 된다'고 했는데, 백성이나 위정자나 마찬가지일 것이다.

특히 백성이 그렇다. 감동할 만한 훌륭한 정치가가 언제 나올까, 하고 4년 또는 5년을 주기로 거듭거듭 기다리고 기다렸다. 이젠 지치고 다 늙어 '평생 울었다'고 한탄하고 있을 것이다. 그동안 몇몇 정치가가 괜찮았는데 재임 기간이 너무 짧았다는 아쉬움도 있기는 하겠다. 제 소중한 인생을 독재자나 우둔한 정치가들이 한껏 갉아먹었다

정종진 11

고 생각할 사람 적지 않겠다. 물론 못난 정치가한테 뒤통수를 맞고, 지하에서 헤매는 영혼들의 모습을 되새기면서 말이다.

'떡에 별 떡이 있지 사람에 별사람 없다'는 말이 맞다. 너나없이 인간은 우둔하다. 그렇다면 훌륭한 정치가를 기대하는 게 애당초 '떡 쪄 먹고 시루 엎은 꼴'이 아닌가? 어떤 시인은 제 시집에, "사람만이 희망이다" 하는 제목을 달았다. 정말 인간은 인간에게 희망을 가질 수 있을까? '머리에 검은 털 난 짐승은 믿을 게 못 된다'고 했는데 말이다.

그런데도 '인간 구제는 인간이 한다'고 하잖는가. 백성들은, 임기 동안 오로지 공공선公共善에 몰두하는 사람이 훌륭한 정치가라고 생각하게 된다. 왜 그렇게 생각할까. 최고 권력자로부터 작은 우두머리에 이르기까지, 숱한 것들을 보상해주기 때문이다. '호강에 겨워 요강에 똥 싸는 소리한다'고 하는데, 아니 될 일이다. 먹고 사는 봉급은 물론 활동비, 비서나 보좌진, 차량 유지비, 경호원, 치외법권, 외유, 연금 따위를 마치 '밥 위에 떡'으로 보장해주고 있지 않는가. 그러니 이기심을 바꿔 잠깐 이타심으로 살아야 한다고 여기는 것은 당연하다.

'인력이 지극하면 천재天災도 면한다'고 했다. 재산도 많고 경력도 화려하겠다, 잘났다는 사람들이 잠깐 동안 백성들을 위해 봉사하는 것이 명예라고 생각해야 될 것이다. '집념이 귀신을 만든다'고, 다 같이 별 볼 일 없는 인간이지만, 백성들의 평화로운 삶을 위해 전념하면 훌륭한 정치가가 될 것으로 기대하기 때문이다. 그래서 곳곳에 현수막도 걸어 축하도 해주고 후원금도 내는 것이지, 혼자 잘 먹고 잘사는 자에게 누가 환호하겠는가. 우두머리가 되기 위해 표를 구걸하며 약속하고 나온 게 그런 희생심 아니던가?

전방에서 군 생활을 해본 사람이라면 안다. '5분대기조'라는 게 있다. 혹시 무장간첩이 나타나거나 위급한 상황이 있을 때, 5분 내로

탄약을 실어 놓은 트럭을 타고 출동하는 임무 말이다. 일주일 동안 군화를 신은 채 총을 메고 밥도 먹으며 잠도 설치면서 대기한다. 부대장이 출동명령을 내리면 즉각 대응하는 연습을 숱하게 되풀이하면서 말이다. 일주일 비상대기가 끝나고 군화를 벗으면 진동하는 제 발 냄새를 맡아야, 그것이 자유와 평화를 위해 지불하는 대가라는 걸 절실히 느끼게 된다.

위정자들을 여기에 비교할 수 있을까. 백성들의 안전과 평화로운 삶을 위해 임기 동안, 4년 또는 5년간 비상대기를 한다고 말이다. 이 정도 결심이 없고서야 어떻게 백성의 생명과 재산을 보호한다고 나서는 것일까. '바라기는 무당서방 같다'고 할 것인가. 수십 만의 군인과 경찰이 있으며, 112 · 119도 있는데 더 이상 뭐가 필요하냐고 할 것인가. 어휘가 좀 부적절하지만, '주인이 열 몫 해야 머슴이 한 몫 한다'는 뜻을 알아야 하겠다.

소를 타 보았는가? 소를 얼음판에 끌고 다녀 봤는가? 어릴 적 시골에서 아이들은 제집 소 등에 올라타고 놀았다. 장난삼아 얼음이 언 논에 소를 끌어들이기도 했다. '느릿느릿 걸어도 황소걸음'이라고, 평상시 소의 견고한 자세에는 언제나 빈틈이 없지만, 얼음 위에서는 다르다. 그렇게 완전하게 여기던 소의 몸가짐도 긴장의 절정이 된다. 아주 조심스럽게 발을 떼고 놓는데, 미끄러져 넘어지는 건 어쩔 수 없다. '얼음판에서 자빠진 쇠 눈깔 같다'는 말이 있는데, 겪어본 사람은 안다. 얼음판이 아니라면 소가 그렇게 당황하는 경우는 결코 없다.

'얼음판 위에서 소를 탄 사람 꼴'이란 광경을 생각해보라. 극도로 위태로운 지경이어서 사람도 소도 식은땀이 날 수밖에 없다. 그런데 얼음 깔린 비탈길을 소 타고 오른다? 이거야말로 '죽기 아니면 까무러치기'다. 정치를 그렇게 해야 한다고? 정치가는 늘 그런 언행을 해야 한다고?

　농업혁명의 최대 단점이 위정자와 같은 잉여 인간을 탄생시켰다는 것은 진실로 안타까운 일이다. 안타까운 정도가 아니라, '역사상 최대의 사기'라고 표현한다. 기껏 먹고살 것을 해결하고 나니까, 정치 가랍시고 떡하니 폼을 잡고 나서니 말이다. '길 닦아 놓으니까 거지가 먼저 지나간다', '길 닦아 놓으니까 미친놈이 먼저 지나간다'는 격이라 생각할 것이다.

　유발 하라리는 《사피엔스》라는 책에서, 농업혁명을 역사상 최대의 사기극이라고 규정한다. 농업혁명 덕분에 식량이 풍성해진 것은 사실이지만, 여분의 식량으로 더 많은 식사를 즐기거나 여유를 가진 것은 아니라는 주장이다. 오히려 이전 시기보다 더 열심히 일해야 했으며 더 열악한 식사를 했다고 단언한다.[2] 그러면서 '방자한 엘리트' 만 만들어냈다고 비판한다. 그렇겠다. 수렵어로 채집시대, 유목시대에 정치인이 왜 필요했겠는가. 농경시대, 식량을 해결한 대가로 돌아온 것이 정치가의 등장이라니 정말로 기막힌 일이 아닐 수 없다.

　'방자한 엘리트'는 실상 잉여인간들이라고 생각하는 사람들이 적지 않다. 흙일이나 물일 즉 농어업과 같이 막일을 하지 않고, 제 몸을 부려 노동하는 사람들 위에서 군림하려는 인간들이라서 그렇다. 이 시대는 이런 부류의 사람들이 너무도 많다. 위정자들을 비롯해 놀고 먹으려는 이들이 널려 있다. 먹을 것을 생산하는 이들보다는 정치가를 윗길로 치니 어이없는 시대일시 분명하다. '무식하면 농사나 지으랬다'는 말이 할 소린가? 노동의 신성함을 따진다면 정치를 감히 농사일과 견줄 수 있는가. 정치인이 건들거리는 것을 보고, 어느 누가 '개는 놀아도 밥 주고 소는 일해도 죽 준다'는 격이라 생각하지 않을 것인가. '뱁새 황새 앉을 자리는 따로 있다'고 딴전이나 부릴 것인가.

권력자가 되는 것은 두려운 일이다. 한껏 몸을 낮추고 조심해야 벼슬아치의 도리를 해낼 수 있다. '겸손도 지나치면 유세와 매일반이라'는 말이 있지만, 그야말로 '걱정도 팔자'다. 겸손이란 무장해제가 아니라 무장武裝이다. 그러나 무기가 보이지 않는 품격의 무장인 것이다. 꾸며진 겸손은 겸손이 아니고, 진정한 겸손은 쉽사리 이를 수 있는 경지가 아니다. 온 생명을 경외감으로 대하는 사람, 어느 분야에 능통할수록 자기 자세를 낮추는 사람, 인간의 인격적 평등을 깨우친 사람, 자유·평등·박애를 깨우치고 제힘을 한껏 쏟는 사람들은 겸손할 수밖에 없다. 겸손한 몸가짐으로 사려 깊게 행동해도 모자랄 판에, '가로 뛰고 세로 난봉'인 정치가라면 이미 '떡 해 먹을 세상'이 되는 것이다.

많이 배운 사람이라야 훌륭한 정치가가 되는 것은 아니다. 배운 사람은 그가 배운 것이 오히려 덫이 될 수도 있다. 깊고 정교하게 공부했지만, 제가 빠져들었던 영역에서 뛰쳐나와 세상을 상식적으로 보는 안목을 새로 길러야 한다. '배우면 잘난 사람 되고 못 배우면 못난 사람 된다'고 했지만, 어디서 누구한테 무엇을 배웠는가도 문제다. 비실용적이거나 실천하지 못하는 배움은 '배운 게 탈이요 아는 게 화라'고 할 수 있다.

배움이란 뭔가. 제 삶을 반성하면서 얻는 것이다. 이를테면 '오십에 사십구 년의 그름을 안다'는 깨달음에 도달했을 때 최상의 배움이 된다. 제 삶을 도마 위에 올려놓고 스스로 늘 새롭게 다듬어내는 행위다. 거기서 그동안 못 깨쳤던 지혜를 터득하게 된다. '선 미련 후 슬기'란 말이 그래서 있다. 최고의 스승은 바로 저 자신이란 말이다. 내공은 그렇게 이루어지는 것이다.

학교에서 배운 것으로 밥벌이하던 것을 지식이라 하면서, '수캐

본전 자랑한다'는 격으로 내밀 것인가? 안다 안다 해도 모르는 것이 훨씬 많은 법이다. '알아도 아는 척 말라', '알고 있는 일일수록 더욱 명치에 가둬두어야 한다'고 했는데, '모르는 것도 모르는 멍청이'가 '초라니 방정 떨 듯' 나대니 요지경 속이 되는 것이다.

정치란 물길을 터주는 일이다. 막히고 밀린 곳을 통하게 하는 행위다. 그래서 모든 혜택이 백성들에게 골고루 스며들게 하는 것이다. 그러나 말이 쉽지, 못난 위정자가 쉽사리 감당할 수 있는 건 아니다. 백성의 선택을 받았다고 우쭐하거나 '하늘에 방망이를 달고 도리질을 하다가는 큰코다친다'는 말을 명심할 일이다.

정치를 해보겠다고, 백성을 잘 살게 해보겠다고 나선 사람은 스스로 얼마나 무모한 도전을 했는지 알아야 하겠다. 후보 시절의 공약이 얼마나 터무니없고, 그 공약을 '입에 침도 안 바르고' 잘도 해냈을 것이다. 그러나 백성들 속이기는 쉬울지라도 스스로는 속이지 못한다. 저쪽의 누군가가 "너 자신을 알라" 했다는 말은, 너에게서 비롯되는 모든 것은 네가 잘 알고 있다는 뜻이다. 백성을 속이고 저 자신까지 속이려 하니, 그게 바로 파렴치라는 것이다. '제 아비는 속여도 똥집은 못 속인다'고 하지 않던가. '똥집'이란 저 자신을 말한다. 스스로 진단해 봐라. '굴속에 든 뱀이 몇 자가 되는지 어떻게 알랴'는 말대로, 남들은 괜찮은 인간인 줄 알고 있을 것이다. 그러나 스스로는 알겠다. 제 속이 얼마나 속악한가를 말이다.

제 임기를 공공선에 '올인'하지 않으려면 백성의 대표로 정치판에 나섰다는 말을 하지 말았어야 했다. 이기심을 반만 줄이고 이타심, 혹은 애국심을 배가시켜야 한다. 저나 자신의 조직에 충성하지 말고, 백성에게 충성해야 함은 물론이다. 임기 동안만이라도 일거수일투족을 백성의 마음에 맞추지 않으면 후한을 두려워하게 될 것이다.

위정자들은 건듯하면 "국민을 위해" 따위 말을 흔하게 쓴다. 백성들은 그게 빈말인지 잘 안다. '빈말은 냉수 한 그릇만 못하다'고 했다. 백성은 다 알고 있다. "국민을 위해서"란 겉의 말은 곧 "나를 위해서"란 속의 말이라는 것을 잘 안다. 백성을 그늘 삼아 숨으려 해도 보일 것은 다 보인다. 백성을 멀리하려는 위정자는 반드시 얼음판 위에 내동댕이쳐질 것이다.

1) '권세란 고기맛 같아서 맛들이기 시작하면 아비 어미도 몰라본다'

솔제니친의 장편소설 《수용소군도》에 보면, 인간은 일생 동안 선과 악 사이에서 갈피를 못 잡고 살아간다는 말을 한다. 어떤 한계를 넘기 전에는 선으로 쉽게 돌아올 가능성이 있다는 생각을 내놓는다. 그러나 "악행의 밀도, 혹은 그 정도, 혹은 권력의 절대성에 의해서 일단 한계를 넘어서기만 하면 그는 이미 인류에서 떠난 거나 마찬가지다. 그리고 어쩌면 인류로의 복귀도 영원히 불가능할지도 모른다"[3]고 주장한다. 권력, 특히 절대권력은 악惡에서 선善으로의 회귀가 어렵다는 생각인 것이다. '악한 끝은 없어도 선한 끝은 있다'고 했는데, '악을 쓰는 자는 악으로 망한다'는 게 악한 사람의 끝이다. 정치 권력을 선두로, 모든 권력은 악의 절정으로 치닫기 쉽다고 경고한다. 권력에 취하면 저도 모르게 악령의 손짓을 따르게 되는 것이다. '물 샐 틈 없다'고 하는 절대권력을 택하는 순간, 우두머리는 저승사자를 만나는 지름길을 가게 된다.

'나라의 임금은 하늘이 낸다'는 말을 즐겨한다. 그만큼 신성한 권력자라는 뜻으로 하는 말이다. 그러나 하늘이 할 일이 없어 인간세계에 상관을 하겠는가. 백성이 뽑았기에 백성이 하늘이다. '나라 임금도 제 싫으면 안 한다'고 했는데, 그 좋은 자리를 뉘라서 그만두겠는가. '나라 상감님도 안 듣는 데서는 욕을 먹는다'는 것은 옛날 말이고, 민주주의가 성숙한 시대에서는 나라 상감도 듣는 데서 당연히 욕을 먹는다고 해야 하리라. 오죽하면 '욕이 세 가마면 한 가마는 나라님이 거둔다'고 하지 않는가. 경우에 따라서는 한 가마니로 부족할 수도 있다. 세 가마 중 세 가마를 다 먹더라도, "백성 말씀이야 늘 옳습지요" 하며 고개를 숙여야 하는 것이다.

권력자를 신성시神聖視 하면 할수록 권력은 악의 구렁텅이로 빠지게 마련이다. 권력자 스스로는 물론이고, 백성도 권력자를 신성하게 여기지 말아야 한다. '부처 밑을 기울이면 삼거웃이 나온다'는데, 어찌 인간을 신성시하겠는가. 백성들이 모아준 권력만 빼면 모든 우두머리는 필부필부에 지나지 않는다. 무시하라는 말이 아니다. 필요 이상으로 떠받들지 말라는 뜻이다.

서머싯 몸의 《달과 6펜스》에 보면, 인간은 신화를 만드는 능력을 타고난다는 말이 있다. 보통 사람의 생애에서 놀랍고 신비한 사건을 찾아내어 그것을 광적으로 믿도록 한다는 것이다. "범상한 삶에 대한 낭만적 정신의 저항이라고나 할까. 전설적인 사건들은 주인공을 불멸의 세계로 들여보내는 가장 확실한 입장권이 되어준다"[4]고 주장하고 있다.

가짜뉴스는 요즘 시대에 생겨난 것이 아니라 인간의 역사가 시작되면서 있었다. 정치, 종교, 역사로부터 개인의 사생활까지 온통 가짜뉴스다. 왜 가짜뉴스를 만들겠는가. 저 나설 명분을 만들기 위해서다. 특히 정치에서, 별 것 아닌 인간을 위해 충성을 한다면 말이 되겠는가. 뭔가 별다른 구실을 만들어야 명분이 설 것이다. 그래서 신화적 인물로 둔갑시키고 거기에 스스로 참여시켜 제 이익을 챙기려는 속셈이다.

권력자의 포용력은 마땅히 커야 한다. '좁은 집에서는 살아도 마음 좁은 사람과는 못 산다'는 말대로, 권력자의 속이 좁으면 백성은 집단으로 울화병을 앓게 된다. '소견이 바늘구멍만하다'는 말보다는, '오지랖이 열두 폭이라'는 말을 듣는 게 당연히 낫다. '소가지가 꼬막 껍질에 긁어 담아도 하나 차지 않겠다'는 말을 듣게 되면, 나라의 모든 일이 '참깨가 기니 짧으니 하는' 식으로 돌아가게 된다. 권력을 쥔 자가 소가지까지 좁으면 백성의 숨통을 조이게 된다. '문견聞見이 좁으면 국량배포도 좁아진다'고 했는데, 책을 들고 욀 줄만 알았지 넓은 세상에서 보고 들은 게 없어서 그렇다.

큰 권력을 얻든 작은 권력을 얻든, 꿀맛이고 고기맛이겠다. '고기는 먹어 본 놈이 많이 먹고, 밥은 굶주린 놈이 많이 먹는다', '고기도 먹어 본 사람이 제맛을 안다'고 했다. 아니 요즘처럼 고기가 흔한 터에 고기맛에 견줄까. 권력의 맛을 한번 보게 되면 죽어야 끊을 수 있는 마약에 중독되는 것과 다름이 없게 된다. '호랑이 날고기 먹는 줄 세상이 다 안다'고 했는데, 권력자가 제 자리 내칠 마음이 없다는 것을 세상이 다 안다고 하겠다.

'국회의원 빽은 남녀를 뒤바꾸는 것만 빼고는 못할 일이 없다'는 말이 조금 과장되었지만, 얼마나 기세등등한 권세인지 짐작은 할 것이다. 옛날에야 '빨리 망하려면 국회의원을 나오고, 천천히 망하려면 자식 대학을 가르쳐라'고 했지만, 이제는 풍토가 한참 달라졌다. 변호사, 판검사도, 군수도 한 단계 위로 보아 국회의원의 꿈을 버리지 않잖는가. 큰소리만 치면 다 먹혀드는 세태니 얼마나 통쾌하랴. 일은 보좌관들이 다 하고, 여기저기 얼굴만 내밀고 거들먹거리면 되니, 그보다 가슴 벅찬 직업이 어디 있으랴. 배부르고 등 따숩고 '사또님 말씀이야 늘 옳으지', '사또님 말씀이야 다 옳습지' 하고 조아리는 데야 '구름 먹고 구름똥 싸는' 기분일 것이다. '사람 일생에 자식 명리 수명은 뜻대로 이루기 어렵다'고 했는데, 명리名利가 성취되었으니 '호랑이 눈썹 빼온 듯' 할 것이다.

'등 따숩고 배부른 다음에는 만사가 여벌이라', '등 따숩고 배부르면 더 바랄 것이 없다'는 말이 두렵지 않은가. '사람 일이 다 먹자고 하는 것이라'는 말도 무섭다. 공직자 재산등록 결과를 보면 정말 두렵다. 위정자나 고위공직자들의 하는 짓이 다 여벌 아닌가, 하는 생각이 들 것이다. 등 따숩고 배는 부른데, 다만 하나 '명예욕'이 충족되지 않아 모여든 사람들이 아닌가, 여겨질 수밖에 없다. '사는 게 한낱 시늉이라'는 것을 통찰해낸 경지에 이른 사람들일까?

'고기맛 본 ×이 구유를 핥는다'고, 권력 맛을 봤는데 제 아비 어미가 무슨 상관이랴. '이미 벌인 춤'이요, '이미 깨진 시루'다. 부모가 말리는 데도 듣지 않으니 '이미 내놓은 역적'인 것이다. 평범한 부모라면 자식이 정치를 하겠다는데 어찌 말리지 않겠는가. '눈 뜨고 남의 눈 빼먹는 세상'에 들어서는 자식을 두고 보겠는가.

'자식 겉 낳지 속 못 낳는다'고, '자식도 품 안의 자식이라'고 어찌 부모가 이기겠는가. '자식 이기는 부모 없다', '황소 목을 휘었으면 휘었지, 자식 목은 못 휜다'고 하지 않던가. 오래도록 만류하다가 '아비는 아비요, 자식은 자식이다' 하면서 포기를 할 것이다. 아비 어미는 알고 있다. '소청하는 도승지가 여름에 나무 그늘에서 잠자는 농군만 못 하다'는 것을 말이다. 한여름에 관복을 입고 땀 흘리는 벼슬살이보다 소박한 삶이 편안하다는 것을 어떻게 설득할 수 있겠는가. 이미 정치 쪽으로 돌아간 눈알인데 되돌리기 쉽지 않으리라.

이미 배가 잔뜩 부른 사람들, 등이 따뜻하다 못해 뜨거운 사람들인데 왜 정치를 하려 할까. '배부르면 재주가 막힌다', '배부르고 할 일이 없으면 창자구멍이 막힌다'는 생각 때문일까. 아니면 '배부르고 등 따듯하면 음란한 마음이 생기고, 춥고 배고프면 도둑질할 마음이 생긴다'고 해서 그런가. 제 재주를 유지하기 위해서, 또는 창자가 막히지 않기 위해서는 아닌 것 같다. 음란한 마음이 생기는 것을 방지하기 위해서일까.

배부르고 등 따뜻한 사람이 도덕적 인간이 되기 위해서 정치의 길로 들어서지는 않을 것이다. '배부른 놈의 골에는 놀 궁리, 배고픈 놈의 골에는 먹을 궁리'라 했는데, 유희적 인간이 되려고 정치의 길을 택한 것도 아니리라. 욕심 때문이겠다. '되면 더 되고 싶다'는 말이 딱 맞다. 별 하나 달았으면 두 개 달고 싶은 것이 사람 마음이다. 이미 배는 부르고 등이 따뜻하니, 명예를 더해 보자는 마음뿐이겠다. 크건 작건 우두머리로 행세하고, 국사國史에는 못 미치더라도 개인사 가족사 가문사에 이름을 남긴다는 게 얼마나 영광될까를 생각하는 것이다. 하다못해 죽어 제사를 받을 때 지방紙榜에 '현고장관부군신위顯考長官府君神位'나 '현고국회의원부군신위顯考國會議員府君神位'라 붙여놓으면 자손들이 얼마나 뿌듯할 것인가. 그러나 '사람은 이름이 나는 것을 삼가고, 병은 이름이 없는 것을 두려워한다'는 것을 알아야 한다.

'벼슬은 한 가지, 상덕은 백'이라 했다. 상덕償德이란 이를테면 특권이다. 대령에서 별을 달면 서른 몇 가지의 특권이 더 생긴다고 흔히 말들을 한다. 국회의원의 특권은 헤아릴 수도 없다고 한다. 그렇지만 손으로 꼽는 것 외에 보이지 않는 혜택은 끝도 없으리라. '발짝소리 없다고 고양이 못 찾으랴' 하는 말이 있다. 권력자의 그늘 뒤에서 오가는 재물이나 각종 거래를 왜 짐작하지 못하랴. 심증은 있지만 물증이 없다는 말을 즐겨 쓰지 않는가.

'봉황에 닭을 비교한다'고 할 것인가. '봉황의 깊은 뜻을 참새가 어찌 알랴'고도 하겠다. 백성을 개, 돼지로 취급하는 벼슬아치나 공직자들을 수도 없이 보아왔다. '동녘이 훤하면 제 세상인 줄 안다'고, '똥깨나 뀌고 방귀깨나 날리'니까 눈에 보이는 게 없는 인간들이 적지 않다. 마치 '오동에 봉鳳없으니 오작烏鵲이 지저귀고, 녹수가 없으니 오리가 날아든다'는 태도로 백성을 깔보는 것이다. 그러나 아무리 높은 우두머리라도 곤혹스런 때가 자주 있으리라. '봉황새가 까치를 부러워한다'는 말이 핵심을 찌른다. 그래서 '봉도 갈가마귀를 따른다'고 했다. 권력자는 백성의 뜻을 따라야 한다는 의미다. 그럴 때 위정자에게 닥치는 위험은 훨씬 가벼워진다.

권세나 권력을 갖기 위해서는 먼저 권위가 있어야 한다. 권위는 남들이 만들어 주는 것이 아니라 자신의 내공으로 이루어지는 것이다. 합리적 권위와 비합리적 권위로 나누어 볼 수 있는데, 비합리적 권위는 진정한 권위가 아니다. 학연, 지연, 혈연, 나이나 각종 기득권 따위로 얻어지는 권위다. 이에 반해 합리적 권위는 오로지 자신의 내공에 의한 것이며 남의 추종을 불허하는 능력을 갖춘 경우다. 여기에 겸양지덕까지 포함된 권위가 내공이다. '빈 수레 굴러가는 소리 더 요란하다'는 말이 딱 맞는다. 내공이, 그러니까 합리적인 권위가 부족하면 부족할수록 본능적으로 권력자는 더욱 위세를 보충하려 한다. 그래서 권위적인 인물, 권위적인 정부가 된다. 독재자, 독재정권은 그렇게 생겨나는 것이다.

2) '벼슬에 미친 병 들면 기생 아니라 강아지한테 절 한다'

미하일 엔데의 《끝없는 이야기》에는 인간의 터무니없는 정열에 대해 말하는 부분이 있다. 그 정열이란 도저히 논리적으로 설명할 수 없다는 것이다. 심지어 자기희생을 감수하면서도 정열을 쏟는 게 인간이라고 주장한다. "인간의 정열이란 수수께끼 같은 것이고 그건 어른이나 아이나 마찬가지이다. … 어떤 사람들은 권력이 있어야 안정을 되찾는다"[5]고 말한다. 그렇다, 맞는 말이다. 권력을 잡아야 안정을 찾는 광기는 어떻게 다스려야 할까. '미친놈 날 간 휩쓸어 먹듯' 해도 어쩔 수 없을 것이다. '미친놈 말에도 쓸 말이 있다'거나 '미친놈이 호랑이 잡는다'니까, 구경이나 할 수밖에 없다. 그렇지만 저도 모르게 휘몰아 가는 열정은 마치 눈먼 자의 광기 같은 것이어서 서로를 해칠 수도 있다.

정치에 바람이 든 사람은 그 누구도 말리지 못한다. '차돌에 바람이 들면 삼만 리를 날아간다', '차돌에 바람이 들면 석돌만도 못하다'는 말은 그냥 하는 소리가 아니다. 많은 사람이 함량 미달이고 당선 가능성이 없다고 만류해도 듣지 않는다. '간이 배 밖으로 나왔다'는 정도가 아니다. '털 난 쓸개가 배 밖으로 불거져 나왔다'고 해야 하리라. 표 줄 사람은 다 알고 있는데, 막상 표 받을 저는 모르고 있는 것이다. '모르는 건 놈팽이뿐'이란 말을 이럴 때 써도 되려나?

선거철이 되면 너도나도 나선다. '개나 걸이나' 한다. '참깨 들깨 노는데 아주까리는 못 놀까' 하고 나서는 것이다. 돈 좀 있는 사람은 이름 알리기 위해서 나오고, 없는 사람은 돈 벌 기회를 마련하기 위해 나선다. '돈이 있으면 무서운 것이 없다'는데, 좀 더 무서워지려고 애

쓴다. '돈이 장사'라는데, 벼슬까지 얻어 천하장사가 되려 한다.

백성들의 표심을 얻기 위한 후보자들의 노력은 가상하기도 하지만 불쌍하기도 하다. '한 치 벌레에도 닷 푼 결기가 있다'는데, 표라면 사족을 못 쓰니 어찌 그렇게 보이지 않겠는가. 제 열정을 과시하고 믿으라고 하는데, '믿음직하기는 죽은 놈의 입이 제일이라'고 했다. 산사람의 입을 어떻게 믿겠는가. 그놈의 정열이 무언지, 무슨 소용이 있는지 어떻게 알 수 있단 말인가.

밀란 쿤데라의 소설 《참을 수 없는 존재의 가벼움》에는 인생에 대한 회의적인 생각이 가득 차 있다. 누구의 삶이든 단 한 번밖에 주어지지 않기 때문에 전생과 비교할 수 없고, 그래서 무엇을 추구해야 할 것인가를 알 수 없다고 한다. 초벌그림조차 그릴 수도 없는 인생이기 때문에 무의미하다는 것이다. "한 번은 중요하지 않다. 한 번뿐인 것은 전혀 없었던 것과 같다. 한 번만 산다는 것은 전혀 살지 않는다는 것과 마찬가지다"[6] 그렇다, 인생은 어느 누구라 해도 완성품이 아니다. 연습이 없고 일거수일투족이 실전이라는 게 참으로 낯선 것이다. 두렵든 허전하든 그만둘 수 없는 삶이다. '살아야 진자리 마른자리도 있다'고 하잖는가. 부조리하다 해도 엄연히 존재하는 몸인지라, 도저히 감당하기 힘들다. 심각하고 진지하게 제 삶을 대면하는 것이 너무 멋쩍어, 제 존재를 '미친놈 널 뛰듯' 몰아갈 수도 있는 것이다.

인생은 일회용인데, 정열을 재충전해도 마땅히 쓸 곳이 없다. 생산적이냐 비생산적이냐를 따지는데 그 기준이 참으로 모호하다. '사람은 일생을 속아서 산다'고 했는데, 속고 속이는 진검승부가 정치판이라고 생각하는 사람 적지 않을 것이다. '노래기 죽을 끓여 먹겠다'고 할 비위장, '무당 쌀자루보다 더 하다'는 염치, '개구리와 남녀 사이란 어느 쪽으로 뛸지 모른다'고 할 정열을 가진 사람이 정치에 발을 딛는 것이다.

'준 원수는 있고 안 준 원수는 없다'거나 '준 흉은 있고 안 준 흉은 없다'고 했다. 원래 돈을 주고받는 일에 대한 말이다. 돈을 꾸어주고 못 받으면 원수가 되지만, 아예 주지 않으면 그럴 일이 없다는 뜻이다. 투표에 관한 말이 될 수도 있다. '돈 떼어먹은 것은 잊어버려도, 표 안 준 것은 절대 안 잊어버린다'는 것이 후보자들의 품은 마음이다.

돈만 그렇겠는가. 선거 때 투표도 마찬가지다. 선택을 받아 권세를 쥔 위정자에게 실망했을 때, 차라리 찍지 말았어야지 하며 탄식하는 소리를 듣는다. 찍은 손가락을 원망하는데, 손가락은 시키는 대로 했을 뿐이다. 머리를 쥐어뜯어야 할 것이다. '제 것 주고 귀때기 맞은 격'임에 틀림없다. 투표자의 수준차는 후보자를 택하는 안목에 달려 있다. 많은 사람은 제 수준을 간파당하는데도 뻔한 인물을 선택하겠단다. 투표하고 나서 후회하지 않을 사람을 택해야 함은 물론이다.

백성들은 찍을 사람이 없다는 말을 자주 한다. 그러니 아무래도 낯익은 얼굴에 미련을 두게 되는 것이다. '낯익은 도끼에 발등 찍힌다'는 것을 모르는 백성도 적지 않다. '도깨비도 나이 먹은 도깨비가 낫다'고 생각하기 일쑤다. 나이는 정치경력을 말한다. '고기도 먹어본 놈이 잘 먹고, 내숭도 떨어본 놈이 여반장이라'는 믿음에서 벗어나지 못한다.

해본 사람, 이골이 난 사람, 노회한 사람은 언행이 상투적이기 쉽다. 정치 신인처럼 진지하게 배우려 하지도 않는다. 악착같이 뭔가를 해내려고 하지도 않는다. 마치 '앉아서 천 리를 보고 서서 만 리를 본다'는 언행으로 권위만 세우려 한다. '눈으로 본 상놈보다 못 본 양반 짐작이 사람 잡는다'고 했는데, 그런 위정자도 가끔 있기는 하다. 많은 선수가 공을 열심히 몰아다 주면, 문전에 섰다가 차넣기만 하여 득점왕이 되려는 축구선수처럼 행동한다. 경력이 화려하다고 믿을 수 없다. '마른 땅 진땅 다 다녀봤다'고 마당발을 과시하는데, '마당발은 못 믿는다'고 하지 않던가.

'사람에게는 세 가지 체 병이 있다', '모자라는 사람에게는 세 가지 체 병이 있다'고 하지 않던가. 모르면서도 아는 체, 없으면서 있는 체, 못난 주제에 잘난 체가 그것이다. 누구든 저 자신이 잘 알 것이다. 권력이란 대부분 '체 병'에 해당한다는 걸 모를 리 없다. '중 벼슬이 닭 벼슬보다 못하다'고 말은 한다. 그렇지만 수도자들도 직함이 주는 이익에서 자유롭지 못하다. 그러니 정치판에서야 말할 것도 없으리라. 뭐라도 자꾸 제 경력에 붙여야 권위가 커지는 줄 안다. 명함을 받아봐라. '아주까리대에 쥐참외 달라붙듯' 나열된 경력을 보면 숨이 막힌다. 이렇게 많은 직함을 혼자 독차지하고 일을 제대로 하겠는가, 하는 생각만 든다.

'절하고 뺨 맞는 일 없다'니까 시도 때도 없이 절로 장기長技를 삼는다. 시장통이든 길가든 절 하나로 표심을 얻으려 한다. 그러니 느는 건 비위다. '비위가 사돈집 떡함지에 넘어지겠다'거나, '염치가 꽹과리 밑바닥 같다'고 비꼬는 소리를 듣게 되는 것이다. '절도 할 데다 해야 아들도 낳고 딸도 낳는다'고 하는데, 정치가에겐 표가 자식보다 더 절실하다. 부처님 모시는 스님 정도는 아니라도 절 하나는 아무 때나 잘하는 것이 정치가들이다. 후보 때는 말할 것도 없고, 잘못한 일이 있을 때는 무조건 절로 때운다. 당선만 된다면 까짓것 기생, 강아지가 문제일까? 허드렛물로 축축한 시장바닥인들 어떠랴.

정책과 제 가치관을 합리적인 언술로 유권자를 설득시키려는 생각은 뒤로 젖혀놓는다. 경쟁자를 깎아내리는 말만 풍성할 뿐이다. 오로지 표만 생각하고 비위장 하나로만 유권자에게 덤벼드니, '왕벌이 똥침 하나 믿고 대든다'는 격이다. '무식한 귀신은 떡 해놓고 빌어도 안 듣는다'는 말이나 들을 수밖에 없으리라.

3) '남의 밑 구린내로 제 밑 구린내 덮는다'

마리오 바르가스 요사의 작품《리고베르토 씨의 비밀노트》에는 양 떼와 인간 무리를 견주는 말이 나온다. 양떼는 시절이 수상해지면 무질서에서 질서를, 저항보다는 복종을 선택한다는 것이다. 숫양 한 마리면 일이 된단다. 인간으로 말하면 앞잡이만 있으면 가능하다는 생각이다. "인간 무리를 이끄는 지도자 또한 인간 무리를 길 끝으로 몰고 가 물속으로 뛰어들게 만든다. 이런 일은 비일비재하다. 이런 일로 하나의 문명이 대번에 멸망하지는 않겠지만, 지나치게 자주 일어나는 일임은 분명하다"[7]는 주장을 한다. 그렇다, 백성은 위험을 느끼면 나름의 안정이나 질서를 찾는다. 진보적이었다가도 보수적으로 변한다. 사실 세상이 위험해서 제가 변하는 것이 아니다. 세상은 늘 소란스럽게 돌아간다. '제 방귀에 제가 놀라는' 것이다. 앞잡이는 그때를 이용한다. '장님이 장님을 인도하면 둘이 다 개천에 빠진다'는 상황을 만드는 것이다. '도둑질도 때가 있다'고, 혼란한 때를 이용하는 것이다.

백성이란 무엇인가. 백성이 하늘이라고 하면, 무슨 '낮도깨비 여울 건너가는 소리냐' 할 것인가. 그도 그렇겠다. 백성 중에는 사기꾼도 많고 도둑놈도 많고, 비렁뱅이도 많다. 못난 사람도 많고, 못 배운 사람도 많고, 못사는 사람은 헤아릴 수 없이 많다. 터무니없는 믿음에 빠져 제 재산을 다 바치는 사람도 많고, 몹쓸 병에 걸려 고통을 겪고 있는 사람도 많다. 등뼈가 낫자루가 되도록 농사일을 하는 사람도 많고, 목숨을 내놓고 거센 파도와 싸우며 고기를 잡는 어부도 많다. 이런 모든 사람이 뒤섞여 살아가는 공동체가 백성이다.

일류로 빼낸 위정자들의 눈에는 백성의 수준이 낮게 여겨질 것이다. 측은지심이 발동하여, 저들 백성에게 뭔가 도와주고 싶은 생각이 강렬하게 들기도 하리라. 그래서 분연히 나섰고, 이렇게 저렇게 제 뜻대로 하면 세상이 제대로 돌아갈 것이라 생각한다. 이거야말로 '석 새에서 넉 새 빠진 소리'다. '뒤웅박 차고 바람 찾기'다. 이치에 닿지 않는 말이라거나 도무지 가당치 않은 짓이라는 뜻이다. 세상사가 제 소견대로 될까.

'천만의 말씀 만만의 콩떡'이다. 제대로 하지 않으려면 제발 내버려 둬라. 백성은 어설픈 도움을 바라지 않는다. 백성의 세금으로 베풀어주듯 하는 언행을 가증스럽게 생각할 것이다. 할 수 없이 힘들게 사는 사람도 많지만, 위정자보다 훨씬 높은 지혜를 갖춘 사람도 부지기수라는 걸 알아야 한다. 진실로 지혜로운 사람은 자신을 드러내지 않는다. 판을 깔아놓으면 오히려 숨는다. 어설픈 능력으로 나섰다간 세상을 더 어지럽힌다는 것을 잘 알기 때문이다. '소리 없는 고양이가 쥐를 잡는다', '소리 없는 벌레가 벽을 뚫는다'고 하지 않는가.

제 주제를 알지 못하고 나섰다가는 '쇠뿔 바로잡다가 소 죽인다'는 것을 잘 알아야 한다. 정권을 잡고 겨우 한다는 짓이 싸움질이니, 일류로 빼낸 경력이나 품위는 어디서 찾아야 하나. 전 정권이 차려놓은 밥상에 숟가락이나 얹고 함포고복含哺鼓腹하다가 설거짓거리만 남겨놓은 채 떠날 것임을 잘 안다. 제발 '하늘하고 씨름하려 든다'는 소리나 듣지 말고, 처박혀 배나 쓰다듬으며 등 따숩게 지내는 것이 피차 나을 것이다.

정치가에게 유독 높은 도덕성을 요구하는 것은 아니다. 모든 직업에서 높은 도덕성을 요구한다. 아니 모든 사람이 제가 상대하는 사람에게 원하는 것이 높은 도덕성이다. 그러나 누구든 자기검열에는 허술하다. 그래서 내로남불, '내가 하면 사랑이고, 남이 하면 불륜이라'는 것이다. 정치가가 되려는 사람은 자기검열을 철저히 해보고 자신이 없다면 나서지 말아야 한다. '도마에 오른 물고기 꼴'이 되지 않으려면 그래야 한다. 그렇지만 '도마에 오른 물고기가 칼을 두려워하랴'고 버틸 수 있다면 누구도 말릴 수 없다. '소금에 아니 전 놈이 간장에 절까', '간장에 전 놈이 초장에 죽으랴'하고 '모르쇠를 붙이면' 더 이상 도리가 없다.

'인생 제백사는 줄타기 놀음이라'거나 '인생삼락은 주색잡기'라 해왔는데, 그런 과정에서 얼마나 많은 일탈이 있을까. '나는 바담 풍 해도 너는 바람 풍 해라' 할 수는 없는 노릇이다. 소소하거나 사사로운 흠은 누구나 있겠다. 평범한 사람이라면 몰라도 우두머리라면 제 발로 얼른 내려오는 것이 화를 피하는 길이다.

제 밑 구리지 않은 사람이 없다. 청문회나 TV토론을 통해 검증을 해도 드러나지 않는 것이 얼마나 많을 것인가. '제 밑 구린 줄은 모르고, 남의 탓은 되우 한다'고 하는데, 제 밑 구린 줄은 다 알고 있을 것이다. 다만 제가 저를 외면하든지 저에게 관대할 뿐이다. 그러니까 '제 밑 구린 놈이 남의 밑 구린 줄도 안다'. '내 속 짚어 남의 말 못 한다'는데, 정치판에서는 한다. '제 똥 구린 줄은 모르고 남의 똥 구린 것만 안다'고, 남의 구린 냄새를 찾는 데는 '귀신도 곡할' 정도다.

권력자가 권력을 차지하는 과정이 정당하지 못하면, 그것이 제일 '제 밑 구린' 경우가 될 것이다. 혁명으로 권력을 차지하면 그럴 것이다. 백성들이 정말 원하는 의로운 혁명도 있겠지만, 순전히 제 권력욕 때문에 정권을 강탈하는 경우가 대부분이다. '작은 것을 훔치는 자는 옥에 갇히지만, 큰 것을 도둑질한 자는 왕관을 쓴다'고 했듯, 크게 한탕을 하는 것이다. 이 경우는 독재정권이기 일쑤며 오래도록 이어질 수밖에 없다. 그러니 '작은 도둑은 잡아도 큰 도둑은 못 잡는다'는 말이 맞게 된다.

독재정권이 이어지면 독재자들의 만행이 큰 물결로 덮친다. '작은 놈은 쥐나 개나 도둑질 하듯 하고, 큰놈은 고래가 삼키듯 범이 채가듯 한다', '작은놈은 쥐 먹듯 하고, 큰놈은 고래 물 삼키듯 한다'는 말대로, 독재자와 그 하수인들이 한바탕 해먹는 꼴이 자행되는 것이다.

크게 한탕을 했으니, 그 도둑질을 정당화하는데 오랜 시간이 걸릴 건 당연하다. 도둑질로 차지한 감투를 유지하기 위해서 최고 권력자는 주위를 온통 공권력으로 성을 쌓는다. 공권력은 말만 공권력이지 사권력으로 퇴락한다. 엄청난 수의 경호원과 경찰이 한 몸을 보호하기 위해 투입된다. 독재자 때에는 군정보부대원, 국가정보요원과 육해공군은 물론 해병대, 특수부대로 제 주위와 휴양지까지 겹겹이 둘러싸게 했다.

제 주위를 견고하게 성을 쌓다 보면 몇 년 임기는 그야말로 '구름 사라지듯, 안개 흩어지듯' 한다. 이미 '호랑이 등에 올라탄 셈'이니, 갈 데까지 가보자는 파렴치로 바뀌는 건 순서일 뿐이다. 백성을 집단으로 희생양을 만드는 작업을 시작한다. 반공과 좌익, 종북세력, 간첩과 불순세력이라는 말들로 된서리를 내리게 한다. '물귀신 잡아다니듯 한다'는 작전이 감행된다.

백성으로 하여금 백성을 잡는 이른바 이이제이以夷制夷. '망둥이가 제 동무 잡아먹는다', '망둥이가 제 새끼 잡아먹는다'는 상황이 되게 만든다. 이제는 돌이킬 수도 없고, 민주주의에서는 아주 한참 멀어진 곳으로 치닫게 된 것이다. 권력자 자신에게는 합법적이지만, 백성에게는 불법과 탈법, 무법천지로 보일 뿐이다. 악한惡漢 하나로 인해 백성이, 나라가 쑥대밭이 되는 꼴이다. '썩은 고기 한 마리가 뱃간 온 고기를 망친다', '썩은 감자 하나가 섬 전체를 썩힌다'는 꼴이 되고 마는 것이다. 제 권력을 위하여 백성을 희생양으로 삼으니 그게 무슨 지도자인가. 권력자의 악행이 시작되면 끝이 없다는 것을 역사는 수도 없이 증명하고 있다. 히틀러의 아우슈비츠, 폴 포트 킬링필드만 예로 들어도 독재자가 얼만큼까지 잔인해질 수 있는가를 짐작할 수 있을 것이다. 분명히 살인마인데 역사책에 살인행위를 빼고 잘한 것만 기록하기 일쑤다. 그러니 역사책을 어찌 믿을까.

나라가 퇴락하는 꼴을 두고 볼 수 없어 일어선 백성들에게, 좌익이니 공산주의자니 누명을 씌우니 더 격렬한 저항을 하게 된다. '무자치 건드려 독사 만드는 격'이다. 무자치는 꽃뱀이다. 순한 사람을 독종으로 만드는 건 우둔한 정부와 무능한 권력자가 한다. 남의 밑에 구린내가 난다고 퍼뜨리고, 그것으로 제 구린내를 덮으려는 짓이다.

똑똑하다는 사람이 그렇게 많이 몰려 있는 정치판에 우두머리를 만류하고 나서는 사람이 없다는 것은 결국 그들이 똑똑하지 않거나 정의롭지 않다는 증거가 된다. 일류로 뽑아내린 그들도 결코 백성과 나라를 위해 희생하지 않는다는 것을 증명하기만 한다. 그러니 똑똑한 인물은 백성 중에 있다는 논리가 된다. '개천에 나도 제 하기 탓이라'고, '개천에서 용 나고, 미꾸라지 용 된다'는 말이 그르지 않다.

사실 똑똑하다는 증명은 겨우 말 몇 마디다. 백성들이 피땀을 흘리며 뛰는 것에 비하면 매우 점잖은 희생이다. 희생이라기보다 제 마음속을 솔직히 꺼내 보이는 정도일 것이다. 평소에 말 잘하는 것은 아무짝에도 쓸 데가 없다. '말 단 집에 장 단 집 없다'고 달콤한 말들만 오가는 곳에 무슨 정의와 평등이 있겠는가. 그럴 때 '말로는 사람 속을 모른다'고 하는 것이다. '혀 밑에 도끼 있고, 말 속에 뼈 있다'는데,

정작 필요할 때는 제대로 역할을 못하는 도끼고 뼈일 뿐이다.

일류로 뽑아내린 인물들은 왜 훌륭한 지도자가 될 수 없는가. 우리의 근현대사를 보면, 기대했던 인물보다는 그렇지 않았던 정치가들이 더 훌륭하다고 평가되곤 했다. 왜 그럴까. 답은 간단하다. 훌륭한 경력을 쌓기 위해서는 오로지 자신을 위해야 했기 때문이다. 남들이 목숨을 걸고 나라를 걱정하고 행동할 때, 오로지 고시공부에 자신을 몰아넣었기 때문이다. 그 이기심이 굳어져 권력자가 되어도 이타심으로 쉽게 전환되지 않기 때문이다. '습관이란 처음에는 거미줄 같다가 나중에는 쇠사슬이 된다'는 말은 이 경우에도 해당된다. 습관이란 제2의 천성이라 하지 않던가.

카잔차키스의 소설 《그리스인 조르바》를 읽으면 주인공 조르바의 매력에 흠씬 빠지게 된다. 학교 교육을 받은 적이 없지만, 누구보다 지혜롭기 때문에 그렇다. 현실주의자이며 자유주의자고, 인생을 한껏 즐기는 인물이기 때문에 그렇겠다. "조르바는 학교 문 앞에도 가보지 못했고 그 머리는 지식의 세례를 받은 일이 없다. 하지만 그는 만고풍상을 다 겪은 사람이다. 그래서 그 마음은 열려 있고 가슴은 원시적인 배짱으로 고스란히 잔뜩 부풀어 있다"고 설명한다. 특히 그를 뱀에 비유한다. 뱀은 대지에 몸 전체를 대고 살기 때문에 대지의 비밀을 잘 안다는 것이다. "뱀은 늘 어머니 대지와 접촉하고 동거한다. 조르바의 경우도 이와 같다. 우리들 교육받은 자들이 오히려 공중을 나는 새들처럼 골이 빈 것들일 뿐…."[8]이라고 하여 학교 교육을 받은 사람들을 한껏 깎아내린다.

주인공 조르바는 학교 교육을 전혀 받지 못했지만, 인간이 어떻게 살아야 하는지에 대한 모범을 보여준다. 조르바는 곳곳에서 인간을 '자유'로 정의한다. "인간이라니 무슨 뜻이죠?" "자유라는 거지!" "…

사람이라고 할 수 있는 건 모름지기 이런 게 아닐까요. 자유 말이오."
이렇게 자유를 신봉하지만, 일을 할 때는 주인처럼 온몸을 다 바쳐 몰두한다. 이기심이라고는 전혀 가지지 않는다. 그저 자연스럽게 행동할 뿐이다. 항상 책을 놓지 않는 지식인이 부주인공으로 등장하는데, 행동주의자 조르바와 대비하기 위한 작가의 전략이다. 지식인은 조르바를 늘 경외심을 가지고 바라본다. 책에서 얻는 지식은 야성적인 지혜를 당할 수 없다는 것을 깨우치도록 설득하는 것이다.

공부로 현자賢者가, 또는 지식인이 되려는 사람들이 읽고 반성하며 본받을 점이 많은 인간상이 조르바다. 더군다나 공부를 통해 정치로 나선 사람은 조르바를 통해 각성해야 할 것이다. 인간 세상을 법규로 다스리려 하지만, 그 범위에 들지 않는 인간사가 훨씬 더 넓고 크다는 것을 터득해야 한다.

사실 공부는 누구나 한다. '공부는 죽을 때까지 해야 한다'는 아주 평범한 속담이 있는데, 어느 누구도 공부를 하지 않는 사람 없다. 다만 지식이나 지혜를 얻는 교재가 다를 뿐이다. 학교 공부를 통해 출세하려는 사람은 교과서, 참고서, 법전 따위를 통해 공부한다. 일찍부터 사회생활을 하는 사람은 인간을 교과서 삼아 공부를 한다. 농부는 산천 속에서 논밭을 교과서 삼아 공부하고, 어부는 드넓은 바다를 교과서 삼아 공부를 한다. 학교 공부는 지식을 얻고, 이 세상에 몸 부딪치며 하는 공부는 지혜를 얻는다. 책들을 교재 삼아 공부한 사람이 더 지혜롭다고? 정치를 지식으로 한다고? 정치는 상식과 지혜로 해야 한다.

'약藥과 말은 써야 한다'고 했다. 백성을 위해서라면 우두머리에게 해줄 쓴 말 몇 마디는 항상 준비하고 다녀야 인물이 된다. 그래야 백성 앞에 떳떳하고 제 밥값을 하는 것이다. 기름기가 잘잘 흐르는 말은 소인배의 말이다. 영혼이 없는 말인 것이다. '말이나 귀양 보내고 만다'는 격이다. '말 한 마디에 의가 틀린다'고 하는데, 그렇게 속 좁은 인물이면 일찍 끊어내는 게 맞다. '자리가 사람을 만든다', '인물은 돈이 가꿔 준다'고 하는데 가끔은 그렇다. 언제나 그런 것은 아니다. 인물은 시대가 만든다고 하는데, 요즘 인물은 그의 입에서 나오는 말이 만든다.

　백성들의 선택으로 우두머리가 된 경우는 일단 정통성을 갖는다. 아무리 정통성을 인정받았다 해도 겸손함으로 보답해야 한다. '우주가 있고야 해가 있고, 백성이 있고야 국왕도 있다'는 생각을 권력자 스스로가 검증해야 한다. 그러나 '똥 누러 갈 적 마음 다르고, 올 적 마음 다르다'고, 쉽게 변하기 마련이다. '오르막을 오르려면 머리를 숙여야 한다'고, 겸손이 우두머리가 되기 위한 일시적 작전이었다면 문제는 심각해진다.

　겸손이란 단순히 고개를 숙이는 것을 뜻하지 않는다. 어떤 일이든지 백성 탓으로 돌리지 않는 것이 겸손이다. 제 구린 것을 남의 구린 것으로 감추려 하지 말아야 한다. 생각 나는 말이 있을 것이다. '내 탓이요, 내 탓이요, 내 큰 탓이니라'는 자세를 보이면, 백성은 그를 떠받들기 마련이다.

4) '새도 오래 앉으면 살을 맞는다'

　주제 사라마구의 장편소설 《눈먼 자들의 도시》를 읽다 보면, 인간의 불멸에 대한 독특한 해석이 나온다. 사람들의 언행에서 비롯하는 선과 악이 미래에도 계속 살아남는다는 것은 물론이다. 이것을 두고 인간이 만들어낸 불멸성이라면 좀 어이없는 일 아닐까. 어느 한 시대를 살아낸 인간들이, "그 선악을 확인할 수도 없고, 그것을 가지고 자축할 수도, 용서를 구할 수도 없다. 어떤 사람들은 이것이야말로 흔히 말하는 불멸이라고 주장하기도 한다."[9]고 했다. 그래, 그래서 영원하지 않은 인간이 불멸의 일을 해낼 수 있다. 그러니까 저 자신의 악한 언행과 싸우고 선행을 격려하는 것은 물론 권력자의 과도한 욕심을 끊어, 사후에 지속할지도 모를 악의 고리를 무력화시키는 일도 불멸의 행위다. 악의 고리를 자르는 일은 당대에서 즉각 즉각 해낼 수도 있지만, 그렇다고 악이 궤멸하는 것은 아니다. '선악 보복은 도망하기 어렵다'고 하지만, 선악은 계속 생겨날 수밖에 없다. 그래 선악은 불멸이다.

세계적 지성이, "인간의 어리석음을 무시하지 말라"고 했는데 변치 않는 진리의 말이다. 각성한 사람들이 중간중간 인간의 욕망에 제동을 걸지 않으면, 터무니없는 욕망은 눈덩이 굴러가듯 할 것이다. 세대교체라는 것이 그래서 중요하다.

'사람은 이웃집에 불 담으러 온 신세라'는 말이 기막힌 비유다. 불이 꺼지기 전에 서둘러 돌아가야 한다는 뜻이다. 어디로 가느냐고? 세상사의 뒤안에는 길이 많으니 알아서 택해 가면 된다. 그게 문제가 아니라 이곳 생이 문제다. 제발 어디에 자리를 잡으면 악착같이 오래 머물려고 하지 마라. 우두머리가 앉는 자리는 특히 그렇다. 제가 생각하기엔 저 자신이 무척 유능한 것 같아 예외적인 대우를 받고 싶겠지만, 결코 그렇지 않다. 자아도취에서 벗어나라.

못난 권력자를 만나면 백성의 삶은 일각여삼추一刻如三秋, '하루가 천 년 같다'. '반가운 손님도 사흘'이라는데, 신문방송 매체에 시도 때도 없이 나타나니 죽을 맛이다. '반가운 손님은 만났을 때가 반갑고, 미운 손님은 갈 때가 반갑다'고 했다. 권력자도 손님이다. '손님과 백로는 일어서야 예쁘다', '손님과 생선은 사흘이면 냄새가 난다'고 했다. 못난 권력자일수록 오래 머물려고 하는데, 미움만 더할 뿐이라. 제때에 떠나면 박수는 받게 될 것이다.

사람들이 가장 잘 착각하는 것이 있다. '나라'와 '정부'의 개념이다. 우두머리는 그것을 알면서도 구별해 쓰지를 않는다. 제 권력 유지에 도움이 되기 때문이다. 나라와 정부를 명확하게 구분해야 한다. 나라는 백성들을 괴롭히지 않는다. 잠깐 권력을 쥔 자들이 '가로세로 설쳐대면서' 마치 제가 나라의 상징적 존재인 것처럼 행동하는 바람에 혼란에 빠지는 사람들이 적지 않다. 특히 계급사회에 종사하는 사람들이 그런 경우가 허다하다. 적지 않은 백성도 정권에 충성하는 것이 곧 나라에 충성하는 것으로 착각하게 된다. 권력자 자신들을 따르는 게 나라를 위하는 길이라고 착각하게 만드는 것이다. '자다가 봉창 뜯는 소리'도 이만저만이 아니다. '권불십년 세불백년이라'이란 속담에서, 권세는 정부의 권력이란 말이다. 정권은 오래 못 가도, 나라는 다른 민족이나 국가에 의해 멸망되지 않는 한 오래오래 지속되는 것이다.

독재정권에서 벗어나기 위한 몸부림으로, 백성들이 여러 방법으로 저항하는 것은 당연하다. 그러나 독재자들은 두고 못 보는 꼴을 자행한다. 죄목을 '반국가단체 결성', '국가 전복 시도' 따위로 씌운다. '입은 삐뚤어졌어도 피리는 바로 불어라', '마당이야 비틀어져도 장구는 바로 쳐라'는 말대로 어이가 없다. '가게 기둥에 입춘방' 꼴이다. 정권인 주제에 감히 국가를 자처하다니 말이다.

프랑스의 작가 알퐁스 도데의 〈마지막 수업〉이라는 단편소설 속 장면을 상기해볼 일이다. "한 민족이 남의 나라의 노예가 되더라도 국어를 꼭 지키고 있는 동안은 갇힌 사람이 그 감옥의 열쇠를 가지고 있는 것이나 마찬가지니 ……."[10] 하는 선생님 말씀이 있다. 백성과 나라의 말만 있어도 나라는 영원히 살아남을 희망이 있는 것이다. 정권과 나라는 그렇게 구분되는 것이다.

　사실, '나라'도 어쩔 수 없어 만들어졌다. 애당초 세상에 경계라는 게 없었지만, 인간들의 배타적 근성 때문에 모든 것에 경계가 생겨난 것이다. 어쨌든 백성 없이는 나라도 정부도 정치가도 있을 수 없는 것이다. 그런데도 백성을 '장기판의 졸로 본다'?, '구정물 통의 참외껍데기로 본다'?

　'나라 없는 백성 없다'는 말은 '백성 없는 나라 없다'고 결국 같은 말이다. 백성이 나라의 가장 중요한 요소이기 때문이다. '나라 없는 백성은 금수보다도 못하다', '나라 없는 백성은 상갓집 개만도 못하다', '나라 없는 백성은 집 없는 개만 못하다'와 같은 속담들 역시 마찬가지다.

　군국주의 시대에는 왕이 곧 국가라고 건방을 떨었다. 우리나라에서도 지난 시절에는 왕을 곧 나라님으로 인식했다. '나라님도 안 듣는 데서는 욕한다', '나라님 말씀이야 늘 옳습지', '나라님도 여자 앞에서는 두 무릎을 꿇는다' 하는 말들에서 그것을 확인할 수 있다. '내가 곧 국가다' 했다는 말은 시건방의 절정인데, 국가와 정부를 명확하게 구별할 수 있는 실마리가 된다. '두말하면 숨 차는 소리', '두말하면 잔소리고 세 말하면 개소리라'고, 정권은 잠깐 동안 나라의 일을 맡은 것뿐이다. 탐욕스러운 독재자가 오래 권력을 쥐고 싶겠지만 꿈도 꾸지 말 일이다. 몇 년 더 권력을 쥔다고 해도 결국 놓게 된다. '한식에 죽으나 청명에 죽으나' 그게 그거다.

　마크 트웨인의 장편소설《허클베리 핀의 모험》속 주인공의 아버지가 술에 취해 내뱉는 푸념은 어이없다. 하지만 정부와 나라의 구분을 명확히 해준다. 아들이 받은 상금 육천 달러를 빼앗아 쓰지 못해 안달하다가, 아들을 미시시피강가에 있는 통나무집에 가둔다. 제가 저지르고 난 뒤에 정부와 나라를 비난한다. "제기랄, 이런 게 정부란 말이지! 이런 거지 같은 정부에선 인간은 권리를 제대로 행사할 수 없어. 가끔 나는 이런 우라질 나라에서 깨끗이 꺼져버리고 싶은 생각이 굴뚝 같단 말씀이야"[11] 하는 부분이 그것이다.

술주정뱅이가 술에 취해 있어도 정부와 나라를 잘도 구분하고 있는 셈이다. 힘없는 백성들이야 경우에 따라 불평을 쏟아 놓을 곳이 정부 아닌가. 위정자들에게는 백성이 하늘인데, 백성들의 말이 푸념이든 불평이든 듣지 않을 수 있겠는가. 설령 그것이 터무니없는 소리라 할지라도 말이다. 정부는 잠시 지나가는 바람 같은 것이다. 나라인 체하지 말 일이다. 잠시 나라의 일을 맡았다고 교만하지 마라.

권력에 눈이 멀어 백성들 위에 군림하려는 자들은 언제 어디서건 통렬하게 꾸짖지 않으면 안 된다. 특히 어떤 집단이 되었든, 독재자와 그 하수인들을 배척하는 것은 빠르면 빠를수록 좋다. 권력을 잡는 순간부터 대부분 위정자는 인간의 영혼을 갉아내어 제 양심에 벽을 두르고, 제 핏줄에 온기를 거두어들이며 서서히 독재자로 변하기 때문이다. 민주국가에서도 독재자들이 숱하게 도사리고 있다. 오래 앉아 있는 새만 살을 맞는 게 아니다. 돌아갈 때가 되면 돌아가는 것이 진보라는 말이 맞다. '일 다 하고 죽은 귀신 없다', '일 다 하고 죽은 무덤 없다'고 했다. 스스로 해놓은 일이 공功이 아니고 과過일 수 있다. 화살에 맞는 것보다는 빨리 떠나는 게 명예다.

정말로 쓸만한 위정자였다면 은퇴 후 자기반성의 고백이 있어야 할 것이다. 우두머리를 하는 동안 백성에게 얼마나 많은 거짓말을 했던가, 제 역할에 '올인'하지 못했던가에 대해 성찰을 해야 최소한의 도리를 지키는 것이다. 로마 황제였던 마르쿠스 아우렐리우스의 《명상록·행복론》에서 보여주는 모습이 모범일 것이다. "세속의 영달(榮

達)은 사람의 머리를 혼미하게 하여 한동안은 관심을 끌지만, 누구나 조용히 마음속으로 자문해 보면 반드시 다음과 같이 고백하지 않을 수 없을 것이다. 즉 '하지 말았어야 하는 일만 골라 했다'고 말하거나, '간구(懇求)한 것보다 오히려 두려워 멀리한 편이 훨씬 나은 일이었다'고 말이다."[12]

스토아학파의 거장답게 소박하고 겸손한 철학자이며 황제였으니 백성들이 얼마나 존경했으랴. 위와 같은 생각을 하고 있었으니 살을 맞을 일도 없는 것이다. 자기반성의 모습을 내보이는 것이 얼마나 아름다운 일인가. 이 나라 위정자들이 자기선전이나 자기합리화에서 벗어나지 못하는 것과 대조되지 않는가.

'일일삼성一日三省'이라고 성현이 말씀하셨다. '일신일일신우일신 日新日日新又日新' 또한 유명한 경구다. 위정자는 자신을 백성의 지도자라고 할 것이다. 그런 사람들이 갖춰야 할 가장 중요한 덕목이 반성이겠다. 하루를 스스로 결산하며 백성 앞에서 실수나 잘못이 있었는지 돌이켜 봐야 할 것이다. 하루 세 번은 너무 많은가. 그러면 한 번이라도 좋겠다. 다시는 실수하지 않겠다는 결심을 하고 실천해야 할 일이다. '여우는 한 번 놀란 길은 가지 않는다'고 했는데 사람, 더구나 권력자는 더 이를 나위가 없겠다. 정치판이라는 곳이 워낙 불순해서, 매일 새롭게 제 마음을 환기해도 탁한 기운을 쉽게 빼버릴 수 없을 것이다.

이런 자기성찰과 실천궁행實踐躬行 없이 오래 앉아 있으면 너나없이 살을 맞는다. 백성이 지루하고 피곤한 모습을 보이거든 과감히 감투를 벗어라. 자리를 박차고 떠나라. 그것이 진정한 용기다.

'소는 누가 키우나' 하고 걱정할 것인가. 걱정 마라. 그대보다 훌륭한 사람이 얼마든지 있다. '어느 귀신이 잡아갈는지 모르다'고 했다. 엉덩이가 무거우면 그렇게 된다.

2. '벼슬아치는 심부름꾼이다'

너새니얼 호손의 〈큰 바위 얼굴〉이란 단편소설은 '큰 바위 얼굴'로 상징되는 인물을 찾는 구조로 되어있다. 바위 절벽 아래 동네 사람들은 언젠가 바위를 닮은 큰 인물이 나타날 것이라는 희망에 살고 있다. 그러나 외지로 나갔다가 제 나름대로 출세를 하여 '내로라' 하고 귀향하는 사람들이 모두 실망을 준다.

> 그렇게 모든 사람이 우러러보는 큰 바위 얼굴은 자연이 장엄한 유희적 기분으로 만든 작품으로, 깎아지른 듯한 절벽 위에 몇 개의 바위로 되어 있었다. 그리고 그 바위들이 잘 어울리게 모여, 적당한 거리에서 바라다보면 확실히 사람의 얼굴과 같았다. 마치 굉장한 거인이나 타이탄이 절벽 위에 자기 자신의 얼굴을 조각한 것같이 보이는 것이었다. …… 이곳 아이들이 그 큰 바위 얼굴을 쳐다보며 자라난다는 것은 큰 행운이었다. 왜냐하면 그 얼굴은 생김생김이 숭고하고 웅장하면서도 다정스러워 마치 그 애정 속에 온 인류를 포용하고도 남을 것만 같기 때문이었다.[13]

바위산 아래 태어나 외지에서 돈이나 권세, 또는 명성으로 성공했다는 이들이 제 딴에는 금의환향을 하지만, '큰 바위 얼굴'과 같은 인물을 갈망하던 사람들에게 매번 크나큰 실망을 주게 된다. 돈과 권세를 탐한 인물들은 떳떳하지 못한 이력이, 제 언행과 몸짓에 새겨지고 그 흔적을 감추지 못했던 것이다. 정작 '큰 바위 얼굴'은 제 터전에서 끊임없는 자기성찰로 제 인품을 닦은 인물인데, 외지에서 방문한 시인에 의해 발굴된다. 그야말로 '등잔 밑이 어둡고 이웃집이 멀다'는 말에 딱 맞는 경우가 된 것이다.

낯내기를 좋아하는 정치가라면 위의 '큰 바위 얼굴'과 같이, 뭇 사람의 경배 대상이 되기를 염원할 것이다. 그야말로 '뭇 닭 속의 봉황이요, 새 중의 학 두루미'로 인정을 받고 싶을 것이다. '천지를 돗자리 말듯', '천하를 떡 주무르듯', '천하를 이고 도리질' 하며 살고 싶기도 할 것이다. 인품이 못 미친다면 하다못해 '용 꼬리보다는 닭 대가리가 낫다', '용꼬리보다는 뱀 대가리 낫다'고 할, 작은 권세라도 얻으려 안간힘을 쓸 것이다. 닭대가리나 뱀대가리라면 혹시 모르겠다. 잔머리를 굴리는데 능하면서 '큰 바위 얼굴'이 되겠다면 '어림 칠 푼도 없는 소리'다. '날두부에 쇠젓가락도 안 꽂힐 소리'고, '삼 년 묵은 호박에 도래송곳도 안 들어갈' 욕심이다. 무엇보다도 자기성찰과 인품수련의 경력이 부족하다면 스스로 제동을 걸고 백성 앞에 나서지 말 일이다.

남에게 존경을 받으려고 의식한다면 당연히 존경을 받지 못하게 된다. 인품이란 자신이 의식하지 못한다. 내공이 큰 사람은 자신에게 성취감을 얻는 것으로 그칠 뿐, 외부로부터 인정받기를 원하지 않기 때문이다. 이렇게 겸손하다면 정치판이고 관청이 텅텅 빌 것이다.

권력자들을 두고 심부름꾼이라 하면 '말인지 막걸린지' 할 것인가. 그러나 후보 때에는 자신의 입을 통해 그렇게 겸손한 말을 쏟아내지 않았는가. 감투를 쓰기 전에는 겸손을 가장하고 내숭을 떨었지만 이제는 어림없다 할 것인가. 아무렴 '사람 속은 소금 서 말을 같이 먹어 보아야 안다'고 했다. '똥 누러 갈 때 다르고 올 때 다르다'는 것을 누군들 모를까.

백성은 나라의 주인이고, 백성이 낸 세금으로 먹고 살면서 백성을

'주워온 돌멩이로 안다'면 마음이 검은 탓이다. '마음 잘 먹으면 북두칠성이 굽어본다'고 했다. 제 벼슬의 높낮이에 관계 없이 몸과 마음을 낮추면 백성들은 오히려 높은 곳으로 모신다. '벼슬은 높이고 뜻은 낮추라' 하지 않았는가. 벼슬을 높이는 방법은 진급이나 승진을 거듭하라는 말이기보다는 백성이 존경하게끔 행동하라는 뜻이다. 그러니 겸손한 언행이 최선이다.

백성의 동의 없이 권력을 차지한 자는 도둑이다. 도둑 중에 가장 큰 도둑이겠다. 총칼로 나선 도둑이기에 우선은 막강하다. 군인, 경찰인들 자신들이 이용되고 있다는 것을 모르겠는가. 계급사회에 길들여져 빼도 박도 못하는 처지라서 어쩔 수 없이 백성들에게 무기를 쓰고 있다는 것을 잘 알고 있다.

'작은 도둑은 잡아도 큰 도둑은 못 잡는다'는 말이 맞다. 나라가 아닌 정권을 가로채는 도둑을 어쩔 수 없다는 뜻이다. "성공한 쿠데타를 처벌할 수 없다"는 말과 상통한다. 혁명이든 모반이든 성공하지 못하면 대역죄인이 되는데도, 제 목숨을 걸고 정권을 낚아보겠다는데 누가 말릴 수 있겠는가.

'목숨이 천하', '목숨이 정승'이라는 말들은, 이 세상에 목숨보다 중요한 게 없다는 뜻이다. 그런 목숨을 걸고 차지한 권력이니, '용이 여의주를 얻고 범이 바람을 탄 것 같다'고 하겠다. 기왕 목숨을 건 바에야 내쳐 세상을 휘둘러 보자는 탐심이 왜 안 생기겠는가. 군, 경찰, 정보기관이라는 공권력을 사권력으로 활용하는 것은 '식은 죽 가장자리 둘러 먹기'일 것이다. '난쟁이 턱 차기'요, '수박에 박치기 하기'처럼 쉽겠다. 백성의 권력을 사사롭게 써도 죄를 묻지 못하니, '도깨비 감투'가 따로 없다. 그러나 '도깨비도 무식하면 부적이 소용없다'고, 그 무엇이 제동을 걸 수 있겠는가.

독재자는 정권만 빼앗는 게 아니다. 백성들의 핏자국 위에 제 권력을 세우는 게 문제다. '목숨보다 더 귀한 제도는 세상에 없다' 할 정도인데, 제가 만든 법과 제도로 백성들 목숨을 빼앗으니, 대역죄보다 가볍다고 할 수 없다. 아무리 '목숨이 기러기털보다 가볍다'고 해도, '가을 바람에 새털' 같다고 하더라도, 독재자가 얕볼 목숨은 이 세상에 하나도 없다.

공권력이 사권력으로 바뀌고, 언론에 당근과 채찍을 주면 누구 말마따나 독재자도 민주주의의 아버지가 된다. 언론은 독재자에게 최상의 광고수단이 되는 것이다. "TV를 손에 쥐지 못하면 아무것도 안 한 것이나 다름 없다"는 말이 모든 것을 요약한다.[14] 언론에 후한 지원금을 주면서 이런저런 통제를 하면 어쩔 수 없이 동조할 수도 있을 것이다. '돈 마다는 사람 없고 똥 마다는 개 없다'는 말이 만고의 진리다.

독재자가 정권을 쥐고 이른바 정당성을 만들기 위해서 온갖 음모를 꾸미는 것은 뻔하다. 적지 않은 백성은 '귀가 얇다'. 불법이거나 불합리하게 자행된 사건도 흔적 지우기에 따라 옳은 것으로 여겨지게 된다. '게 잡아먹은 흔적은 있어도 소 잡아먹은 흔적은 없다', '소 잡아먹은 흔적은 없어도 밤 발라먹은 흔적은 있다'는 말대로 작은 일을 저지르고 방심하면 흔적이 남아도, 큰일을 저지르고 조심하면 오히려 흔적이 전혀 남지 않는다는 뜻이다. 백성이야 어디 소 잡아먹을 일이 있나. 기껏 게나 깨물어 먹든지, 밤이나 주워먹겠지. 잔머리에 능하면 큰일도 감쪽같이 해낸다. 그렇다고 백성들 가슴의 흔적까지 지울 수 있겠는가.

독재자는 필요 이상으로 권위 있게 보이려 한다. 그래서 더 경직돼 보이고 어색하다. 몸짓뿐만 아니라 말까지도 그렇다. 독재자는 '본인', '통치'란 말을 즐겨 쓴다. '저' 또는 '제가'라는 말은 결코 쓰지 않는다. '벼슬자리 높을수록 뜻은 낮추랬다'고 했는데, 낮추기는커녕 오만한 표정을 만든다. 권위를 제가 만들 수 있는 줄 안다. 위정자는 권력을 유지하기 위해 억지 권위를 갖춘다. 제 깐에는 철저한 위장을 하려고 무대 뒤에서 무척 애를 쓴다. 백성의 눈에 다 보인다. 블랙 코미디가 따로 없다. '보기 싫은 나그네 골골마다 만난다', '보기 싫은 사돈이 장날마다 나타난다'는 격이다. 시시각각 TV에 얼굴을 디밀어 백성들 상처에 소금을 뿌려댄다.

독재자가 아무리 불법으로 정권을 빼앗아도 백성의 심부름꾼임을 부정할 수는 없다. 나라에서 일어나는 일을 어쨌든 해내야 하기 때문이다. 벼슬살이는 백성들의 심부름꾼이 된다는 것인데, 주권자나 통치자로 통하니 변고도 이런 변고가 없다. 그야말로 적반하장이요, 주객전도다. 어쩌다 권력 중독자가 나타나 독재를 하게 되면 백성들 목숨은 추풍낙엽이 된다. '주인 무는 개는 기르지 말라'고 했다. '주인보다 개가 더 사납다'고 했는데, 그 정도는 약과인 것을 과거 정권에서 한껏 겪었다.

백성 소견의 크기는 그들이 살고 있는 땅덩이 크기와 비례한다는 말을 해대는데, 이 말은 믿을 수도 없고 믿기도 싫다. 그러나 땅덩이도 좁은데 남북이 갈라져 있고, 지역별로 나뉘어 '참깨가 기냐 짧으냐 하는' 짓거리를 보고 있자니 그 말을 믿어야 하나, 생각이 들기도 한다. 유럽의 나라 중에는 우리나라 땅덩이보다 작은 나라가 얼마나 많은가. 그래도 그 나라 정치가들의 언행을 보면 그리 좁아터지지 않은 것 같다. 여유 있고 포용력 있어 보인다. 숱한 전쟁을 반복해서 치르고, 끝없이 경쟁하는 과정에서 모난 곳이 닳아져서 그럴까. 숱한 민족의 피가 뒤섞여 그런가.

어쨌든 소가지가 넓고 포용력 있는 위정자를 만나기가 쉽지 않다.

그러니 백성들 소견이 어찌 크고 넓어질 수 있겠는가. 특히 무능하면서 교활하고 속 좁은 정치인들의 행태 때문에 백성들의 속은 졸보처럼 위축되기 일쑤다. 나라 땅덩이의 크기와 백성의 속이 비례한다고 할 수는 없어도, 위정자들 소견에 따라 백성의 마음 씀씀이도 달라지는 것이다.

아무리 '사람마다 저 잘난 맛에 산다'고 하고 '거지도 바가지장단 멋으로 산다'고도 하지만, 정치가들의 행태를 보고 있으면 백성의 속도 때때로 '밴댕이 창자만하게' 쪼그라들 수밖에 없다. '욕하면서 닮는다' 하지 않던가. 백성 앞에서 나드는 위정자는 스스로 속을 넓히는 훈련을 해야 한다. '두꺼비가 콩대에 올라가 세상이 넓다고 한다'는 격이 되지 않아야 한다.

'인연도 재산이라'는데 '복 중에서 가장 좋은 복이 인연복이라'는데, 울화통을 치밀게 하는 정치인들과 동시대 인연이 되었으니 '팔자에 옴 붙었다' 해야 할 것인가. 누가 되었든 사람을 잘못 만나면 '소가지가 노래미 창자 같아'져서, '한 치 건너 두 치'의 인연인데도 제 인생을 갉아먹힌다.

권력자는 추종자들이 많을수록 자기도취 중증이 되기 쉽다. 착각 속에 빠져 제가 하려는 모든 일은 제갈량처럼 출사표를 내며 장엄하게 시작하고, 물러설 때는 비감한 어조와 표정으로 도연명처럼 귀거래사를 읊고, 죽을 때는 이 세상을 구하려다 장렬하게 전사했다고 인정받고 싶을 것이다. 이순신 장군의 마지막 말까지도 흉내내고 싶을 것이다. '사내대장부의 마음은 천하를 호령해도 배가 안 찬다', '사내대장부가 한 번 칼을 뽑았으면 썩은 무라도 잘라라'는 충고를 실천하려는가? 아직도 이런 객기에 산다면 '지나가던 강아지도 웃을 노릇이다'.

휘두르는 맛에 정치를 한다고? 재미가 얼마나 쏠쏠하겠는가. 그럼 백성들은 휘둘리는 맛에 지배당해 사는가? '감투라고는 개가 쓰다 버린 짚벙거지 하나도 주워 써본 사람 없는' 백성은 무슨 맛으로 살까. 감투를 쓰면 세금 빼먹는 재미, 추종자들이 바치는 진상과 인정 받아먹는 재미, 제 사지를 휘드르며 거들먹거리는 재미, 아부하는 소리를 듣는 재미……, 이루 헤아릴 수 없는 재미가 있을 것이다. 정치를 한답시고 몰려드는 사람들과 자리가 너무 많다. '사람 모이는 속은 호두엿 장사가 먼저 알고, 신명 속은 광대놈들이 먼저 안다'고 하지 않던가. '감투 마다는 놈 없다'니까 오죽하겠는가. 잉여 인간들이 지나치게 많다. 김지하가 〈오적〉에서 재벌, 국회의원, 장차관, 장성, 고급공무원으로 꼽았는데, 지금도 여전히 맞는 생각인가?

무능한 정부라면 어찌 '오적'만 해당되겠나. 때로는 대통령도 제일 먼저 꼽히겠고, 만약 정권에 붙어 이익을 취한다면 방송·신문의 우두머리도 여기에 들겠다. 정치계의 눈치를 보는 법조인은 제외되나? 신도들을 잘못 이끄는 소위 종교지도자들은 아니겠는가. 공기업의 많은 관리자들도 그렇고, 어용학자들도 해당할 것이다.

정치인들은 모든 것을 표로 계산한다. 줄곧 정의와 원칙을 내세우지만, '겉은 양이고 속은 두억시니'인 줄 잘 안다. 표를 위해서는 많은 사람이 동원되는 곳을 찾거나 혜택을 주겠다고 허세를 부린다. 지탄을 받고 있는 종교단체의 뒤를 봐주기도 하고, 악덕 기업의 비리에도 눈을 감는다. 크게 세금을 잡아먹는 행사를 벌이고 기껏 제 낯내기에만 신경 쓴다. 이럴 때 크고 작은 우두머리가 백성의 적이 아니고 무엇이겠는가.

민주주의를 한답시고 흉내는 내는데, 세금을 너무 많이 먹는다. 이 작은 나라에서 국회의원, 도의원 시군의원은 왜 그리 많은지, 장성도 터무니없이 많고, 고급공무원도 많다. 특히 입법자들이라고 해서 국회의원은 있는 특권 없는 특권을 다 누리니, '꿩 먹고 알 먹고 둥지 헐어 불쏘시개 하고, 깃털 뽑아 이 쑤시고 다리 잘라 등 긁는다'는 말처럼 철저히 빼먹는 모범 부류다. "나라에 돈이 없는 게 아니고 도둑놈이 너무 많다"는 말이 딱 맞는다. '장사를 하자 하니 돈이 없어 못하고, 모군을 서자 하니 다리가 짧아서 못하고, 훈학을 하자 하니 학문이 없어 못한다'고 했는데, 그래서 정치를 하려 드는가.

권세가들은 자신들이 민중들보다 남다른 능력을 가진 줄 착각한다. '발바닥을 하늘에 붙이는' 재주라도 가진 줄 아는 것이다. 정치판이, 정치꾼들이 비정상적이라면 나라 꼴은 어떻게 되는가. 정치판이 영 기대에 못 미치면 비분강개한 인물이 나설 수 있다. '나라가 어지러우면 충신이 난다'고 했다. 충신은 백성 가운데 있다. 헤아릴 수 없이 많은 사람이 때를 기다리고 있다.

1) '출세했다는 사내 입술에 피 안 바른 놈 없다'

사라마구의 장편소설 《눈뜬 자들의 도시》에는 사람을 분류하는 법이 제시되고 있다. 복잡한 분류법은 아니고, 아주 단순하다. 어리석은 자와 영리한 자로 나누는 것이 아니라, 영리한 자와 지나치게 영리한 자로 나누어야 한다는 것이다. 어리석은 자는 제 마음대로 할 수 있으니 문제가 되지 않는다는 생각이다. 영리한 자는 제 편으로 끌어들이면 역시 문제가 될 수 없다고 주장한다. 문제는 지나치게 영리한 자라는 것이다. "지나치게 영리한 자는 우리 편에 있어도 여전히 기본적으로 위험해, 그 사람들은 도움이 안 돼, 아주 묘한 것은 말이지, 그런 사람들은 무슨 일을 하든, 늘 자기한테 경계심을 풀지 말라고 경고를 하듯이 행동한다는 거야. 하지만 일반적으로 우리는 그 경고를 귀담아듣지 않고 있다가 낭패를 당하지"[15]하는 주장은 설득력 있다.

출세한 사람들은 영리한 자가 아니라 지나치게 영리한 자에 속하겠다. 그래서 위험인물, 요주의인물로 여겨질 것이다. '영리한 새는 나무도 가려 앉는다'는 정도면 괜찮을 것이다. '영리한 도적일수록 포도청 서까래를 뺀다'는 정도면 어떨까. 분명한 것은, '영리한 고양이가 밤눈 어둡다' 정도가 되면 지나치게 영리한 정도다. 밤 운전을 할 때 고양이가 뛰어드는 것을 겪어본 사람은 알 것이다. 기껏 기다린다고 멈췄다가 갑자기 뛰어들어 차에 치인다. '제가 놓은 불에 제가 타 죽는다'는 격이다. 그뿐만 아니라 운전자도 죄책감에 시달리게 만든다.

권력을 잡은 사람은 기본적으로 영리하다. 또는 지나치게 영리하다. 더군다나 윗사람을 모반하고 권력을 잡은 사람은 지나치게 영리하거나 영악하다. 영악하다는 것은 영리한 머리를 악하게 쓰는 인간이겠다. 만약 권력자가 영악하지 않다면 책사로 영악한 인물들을 두었겠다. '원수는 밥상머리에 앉았다'는 말을 잘 새겨야 한다. 영악한 인간은 바로 주위에 있다는 뜻이다.

입술에 피를 바르고 출세를 했다는 것은, 꼭 군사쿠데타 같은 유혈혁명만을 뜻하지 않는다. 숱한 사람들의 크고 작은 희생을 발판삼아 권력을 잡았다면 그가 피 바른 자다. 그렇다면 사람을 쓸 때 아둔한 사람을 써야 하는가.

'말은 상등 말을 타고 소는 중등 소를 부리고 사람은 하등 사람을 부리랬다'는 말이 있다. 용병술이거나 용인술의 기본이란다. '세상에서 제일 어리석은 사람은 노름 돈과 선거 돈 대주는 사람이라'니, 그래서 삼류 또는 등외품 인간들을 쓰는 것일까. 그렇지만 선거 뒷돈을 아둔한 사람이 대주겠는가. 후에 아주 크게 돌려받기 위해서 하는 짓임은 물론이다.

'영악한 놈일수록 제 무덤 제가 판다'고 하는데, '영악한 체하는 것은 못난 체하는 것을 못 당한다'는 이유 때문이다. '어수룩한 개가 울 넘는다', '어스렁토끼가 재를 넘는다'고 하지 않던가. 어스렁토끼란 굼뜨게 행동하는 토끼라는 뜻이다. '여우도 굴을 팔 때는 들 구멍 날 구멍을 판다'고 하지만, 그렇다고 안 잡히나. '나는 놈 위에 타는 놈 있다'고 했다. 지나치게 영리하거나 영악한 것은 상수가 아니라 하수다.

'시골 놈이 서울 놈 못 속이면 보름씩 배를 앓는다', '시골 놈이 서울 와서 서울 사람 못 속이면 보름간 똥을 못 눈다'고 했다. 약은 체, 영리한 체해야 결국 어리숙한 사람을 앞서지 못한다. 세태에 잘 길들여 있고 지나치게 영리하면 사람을 잘 이용한다. 제가 가진 능력에 비해 술수術手가 빼어난 것이다. 사교적이되 철저히 타산적이고, 온후하기보다는 냉정하다. 눈치가 빠르고 실리적인 판단에 능하다. 그래서 '남의 불에 게 잡는다', '남의 불에 떡 구워먹는다'할 정도는 일도 아니다. 어디에 붙어야 제 이익이 커지는지를 잘도 파악하는 것이다. 윗사람까지도 조종해서 잘도 이용해먹는다.

권력자가 가장 신경을 써야 할 것 중 하나는 아랫사람을 쓰는 일이다. 참모, 즉 책사策士를 두게 되는데 배신할 인물인지를 간파할 수 있어야 한다. 지나치게 영리하거나 영악한 사람을 아래에 두면 우두머리가 해를 당하는 게 정해진 이치다. 진중한 언행으로 보좌를 하지 않고, 항상 얕은 꾀로 계책을 꾸미기 때문이다. 제대로 검증하지 않고 정에 이끌려 학연, 지연 따위로 사람을 쓰게 되면 자칫 '제가 꼰 새끼로 저를 묶는다'는 격이 될 것이다. 한 번 배신한 자를 쓰는 건 필히 재앙을 부르게 된다.

오기傲氣 인사라고 하는가. 오기란 자존심만 높고 고집불통이란 뜻이다. 그러면서 남에게 지기 싫어하는 심보다. '부처가 성불을 해도 성질은 남는다'고 했는데, 인간이야 말할 것이 있겠는가. 무능력하거나 영악해서, 백성이 꺼리는 데도 불구하고 감투를 주는 것을 말함이다. 인사권자는 우선 저에게 간 쓸개 다 빼주니까 중용을 한다. 하지만 계산 속이 형편없는 판단이다. 한 사람의 충성심과 백성의 반감을 상쇄할 수 있다고 생각하는가. 기껏해야 '오기로 쥐 잡는다'는 정도다. '오기로 망한다'는 것을 알아야 한다. 오기는 좁은 속에서 나오는 법이다. '여자는 속이 고와야 하고, 남자는 속이 넓어야 한다'고 하잖는가.

백성 개인이 영악해 봤자 몇몇 사람 간에 생기는 갈등이나 손익일 뿐이다. 그러나 위정자나 책사가 영악하면 나라 전체에 큰 영향이 미치게 된다. 특히 혈연을 책사 아닌 책사로 쓸 경우는 문제가 심각해진다. 최악은 베개밑공사일 것이다. 어느 누구도 부부 사이의 문제에 끼어들 수 없기 때문이다.

'베갯머리공사에 넘어가지 않는 사람이 없다', '베갯머리송사 당할 게 없다'고 하지 않던가. 부부 사이에서 오가는 청탁을 누가 알 수 있으며, 쉽게 거절할 수도 없는 일이다. 그러니 누가 당하랴. 아무리 '부부 사이에도 담이 있어야 한다'고 하지만, 그것은 '장마에 흙담 넘어지듯 하기' 일쑤다. '남자는 안에서 하는 일을 말하지 말고, 여자는 밖에서 하는 일을 말하지 말랬다'지만, 한쪽이라도 영악하면 안팎을 다 휘저으려 하기 때문에 국난國難으로 커지게 된다.

또 다른 경우는 자식이나 형제, 친지를 책사로 두는 경우다. 사실 드러나지 않아서 그렇지 우두머리의 가족은 자동으로 직책 없는 참모가 된다. 미국의 전직 대통령이 제 딸과 사위를 공식적인 참모로 둔

예도 있다. 급여를 주지 않으면 문제가 되지 않는다 하는데 어디까지나 남의 나라 얘기일 뿐이다.

자식이나 가족, 친인척을 제대로 관리하지 못해서 생기는 문제 역시 백성에게 큰 폐를 끼치게 된다. '자식 키운 죄인'이라는 말이야 대부분의 부모가 하게 되지만, 위정자의 경우에는 특히 경계할 일이다. 평범한 사람도 '자식 자랑은 반 불출, 아내 자랑은 온 불출'이라 했는데, 백성 앞에 내놓고 자랑하겠다면 정말 불출이라는 비난을 받을 것이 뻔하다. 더군다나 자식, 친인척이 비리의 중심이 될 수 있으니, 아예 원천을 차단해야 감투가 흔들리지 않을 것이다.

위에 중간 제목으로 쓴 '출세했다는 사내 입술에 피 안 바른 놈 없다'는 속담은, '출세했다는 사내 입술에 피 안 바른 놈 없고, 성공했다는 계집 밑에 물기 마를 날 없다'는 본래의 속담 앞부분만 쓴 것이다. 뒷부분까지 내놓기는 지나친 감이 있다고 여겨지기 때문이다. 현대의 정치판에서야 보기 힘든 일일 것이다. 옛날에는 미모를 탐해 감투를 위태롭게 하는 경우가 적지 않았다. '악인惡人이 미상美相을 지니면 요기妖氣를 발한다'고 했으니 특히 주의할 일이겠다. 권력자 곁에 요기가 발하면 모든 일이 허사가 될 수 있다.

공권력인 군대나 경찰을 사권력으로 이용해 제 권력을 잡거나 유지하는 독재자는 어떤 파렴치한 짓도 가능할 것이다. 속담대로 입술에 피 바르고 권력을 잡은 사람이 오죽 많았는가. 표현이 그렇지 실제로 죽이지 않았더라도 피눈물을 흘리게 하면서 권력을 쥔 사람이 드물지 않을 것이다.

'개천에서 용마난다', '개천에서 용 나고 미꾸라지 용 된다'고 신화를 만들며 야단법석을 떨지만, 남의 피를 뿌리며 거둔 권력이 얼마나 가겠는가. 소위 줄을 잘 타서 하찮은 벼슬자리 하나 꿰찬 것일 뿐이다. '속없는 춘풍' 격으로 한 무리의 백성들이 환호하겠지만 '민심은 조석변이라'는 걸 알아야 한다.

입술에 피를 바르고 우두머리가 된 사람일수록 지나치게 영리한 사람을 수하로 두어서는 안 될 것이다. '여자와 감투 때문에 생긴 원한은 일생을 간다'고 했으니 지극히 조심해야 함은 물론이다. 제가 저지른 업보를 상쇄하기 위해서라도 뚝심이 있는 책사를 두어야 할 것이다. 뚝심 있다는 말은 아마도 인간을 평가하는 말 중에 가장 신뢰가 가는 말이겠다. 남을 배신할 줄 모르고, 잔머리를 굴리지 않고, 제 구린 자취를 남기지 않으려는 심성을 가진 인간이다.

책사를 잘못 두어서 침몰한 정권을 이 땅에서도 적지 않게 보아왔다. 나라에 전문가가 숱하게 많은데 엉뚱한 사람과 과도하게 친밀해지니 일이 뒤틀어지는 것이다. '길을 두고 뫼로 갈까' 하는데, 그런 사람이 한둘 아니다. 소설이지만 홍명희의 《임꺽정》이 좋은 예다. 책사인 서림이의 상세과 언행을 보면 결국 배신을 하게 되어있다. 김주영의 대하소설 《객주》에서 대원군 이하응의 책사 허욱, 한승원의 대하소설 《동학제》에서 김개남의 책사 성희안을 봐라. 책사를 잘못 쓴 경우다. 사람을 고르는 방법에 깜깜하다면, 안타깝지만 관상책이라도 한껏 봐둬라. 꼭 맞는다고 믿지 말고 무시도 하지 마라. 사람 고르는 법, 기본만 알면 된다.

영리한 사람은 줄을 잘 선다. 말 재미로 요즘은 라인 탔다고도 한단다. 줄을 잘 서는 것도 능력이고 재주며 운이다. '재수가 있으려면 무턱대고 허공에 화살을 쏘아도 새가 떨어진다'는데 왜 안 그렇겠는가. 그런데 그 운수라는 것이 계속되지 않는다는 게 문제다. '인생살이가 새옹지마'라서 행불행이 번갈아 찾아드는 것이다. 큰 행운도 이내 바뀐다. '운수가 사나우면 찬물을 먹다가도 이가 빠진다', '횡재 해봤자 횡액을 입어 역시 그렇게 없어진다'고 했다.

일부 재야在野세력도 조심할 대상이다. 신앙으로 뭉친 집단이나 시민단체를 명분으로 내건 단체들이 정권을 비호해 주면, 집권자는 천군만마를 얻은 기분이겠다. 하고 싶은 말을 대신해주고, 반대세력에 대항을 해주니 얼마나 고맙겠는가. 때에 따라서는 그들의 배후를 지원하거나 조종을 하는 경우도 있겠다. 만약 그들이 순수하게 나라를 걱정하는 자연집단이 아니고 이익집단이라면 결국 우환거리가 된다는 점이다. 항간에 떠도는 소문대로 국회의원 몇 명 지분을 달라는 둥, 크고 작은 감투를 원하는 조건을 들어주면 '호랑이 새끼를 키우는 격'이 될 것이다. 그런 조건으로 감투를 얻은 자들은 제 작은 집단의 이익만을 위해 치달을 뿐, 백성을 위해 헌신할 수 없기 때문이다.

줄을 잘 서는 사람에게는 행운이지만, 함량 미달인 사람이 감투를 썼을 때 나라나 백성에게는 그만큼 손실이 된다. 작은 감투를 쓰더라도 끝까지 운으로 밀고가지 마라. 제 인생을 운에 맡기면 한평생이 경박하게 흘러간다. 견고한 능력이 없으면 술수가 동원되고, 그 과정에서 억지와 무리수를 두게 된다. 결국 남의 희생 위에 자신을 세우는 것이다. 인간이 사는 곳에는 자주 있지만, 정치판에서는 그게 상습적이라는 게 다르다. 늦더라도 공부를 통해 자기단련을 하면 운에 좌우되지 않고 불행으로 치닫지는 않을 것이다.

입술에 피를 바르고 남의 불행 위에 제 출세의 사다리를 걸친 사람일수록 정치판을 떠나지 못한다. '메뚜기도 한철'이라도 한때 잘 나갔다가 백성들의 눈 밖에 난, 유통기간이 지난 위정자이다. '배운 도둑질 못 버린다', '배운 도둑질이 무섭다'고, 제가 놀았던 영역을 벗어나지 못하는 것이다. '시어머니치고 범 안 잡았다는 시어머니 없다'지만 종이호랑이였다. '등 따습고 배부르'면서 '흰소리가 무궁화 삼

천 리' 퍼져 가던 시절을 다시 기대하지 마라. 그동안 너무 탐했다. 차라리 조용히 귀거래사를 뇌까리며 산천을 향해라. 남은 생애는 자발적 고립, 자발적 가난을 견뎌라. 그동안 호강하던 손발과 몸을 부려 땅에 씨앗을 묻고 나무를 심어라. 이젠 제 몸과 마음의 정치를 시작해라. 그것은 정치淨治,즉 깨끗하게 다스린다는 뜻이다. 백성을 다스린다고 떨었던 건방을 거두어들이고 저 자신을 다스려라. 백성의 가슴에 명자국도 아직 없어지지 않았는데, 권력자에 아부하는 말이나 뱉으며 다시 불러주길 기다리는 모습은 스스로 봐도 용서하기 힘들 것이다.

2) '똥오줌을 받지 않는 알곡이 없고 악덕의 신세를 지지 않는 대의도 없다'

허균의 〈공정한 인재 등용〉이란 산문을 보면 나라를 다스리는 사람이 어떻게 인물을 뽑아 쓰는지에 대한 생각을 알게 된다. 빈부나 귀천을 차별하지 않고 오로지 인재를 찾는다는 신념이 최상이라는 것이다.

나라를 다스리는 사람과 하늘이 내려준 직분을 함께 다스리는 사람은 재능 있는 이가 아니면 안 된다. 하늘이 인재를 낼 때는 원래 한 시대의 쓰임을 위하여 그를 세상에 낸다. 귀한 집안사람이라고 해서 천부적 재능을 풍부하게 하는 것도 아니고, 비루한 출신이라고 해서 그 천품을 인색하게 해주는 것도 아니다. 그러므로 옛 선현들은 그러한 점을 명확히 알았다. 어떤 사람은 초야에서 구하였고, 어떤 사람은 군대에서 발탁하였으며, 어떤 사람은 항복하여 포로로 잡힌 패망한 장수에게서 뽑았으며, 어떤 사람은 도적에서, 어떤 사람은 창고지기에서 뽑았다. 그를 등용하는 사람은 모두 그 마땅한 곳에 맞추었고 등용되는 사람 역시 자신의 재능을 제각기 펼쳤으니, 나라는 이로써 복을 입어 다스림은 날로 융성하였으니, 이 방도를 썼기 때문이다.[16]

이미 오래 전에도 이렇게 정치가의 오지랖이 넓었던 것이다. 요즘 위정자들은 때마다 '탕평'을 말하고 '협치'를 내세우지만, 아마 한 번도 실현된 적이 없을 것이다. '말이 그렇다는 것 뿐이라'고, '말만 조롱새 부리 같다'는 말이 맞다. '말하는 것은 얼음에 박 밀 듯 한다'는 말대로, 실천력 없는 사람일수록 말을 더 앞세운다. 속이 좁고 통이 작으면 입만 나불대기 마련이다. 그렇게 좁은 오지랖으로 정치를 하려니까 유유상종, 소인배들만 자가사리 몰리듯 하는 것이다.

양쪽이 경쟁관계에 있으면 반대쪽은 악으로, 제 쪽은 선으로 생각하기 일쑤다. 그러나 선과 악은 상대적이다. 절대적이지 않기 때문에 생각하기에 따라 바뀔 수 있다. 악하다는 반쪽이 늘 혐오감을 주는 것은 물론이지만, 선하다는 반쪽이 늘 환영을 받게 되는 것은 아니다. 라이벌이 오히려 도움을 주는 경우도 종종 있다. '악담이 곧 덕담', '악담도 귀담아들으면 약이라'는 말도 있다. 상대방이 곤혹스런 상황에 빠지며 반사이익을 누리는 것이 어디 한두 번 있는 일인가.

악과 선은 둘이면서 하나이고, 하나이면서 둘이다. 정확하게 절반이 악하고 절반이 선할 수는 없다. 그건 소설에서나 가능한 일이다. 실제 소설에서 이런 경우를 상상으로 형상화한 예가 있다. 이탈로 칼비노의 장편소설 《반쪼가리 자작》이 그렇다. "달이 뜨면 사악한 영혼에게는 악한 생각들이 마치 새끼뱀들처럼 엉켜들었고, 자비로운 영혼 속에는 자제와 헌신의 백합들이 꽃을 피우곤 했다. 그렇게 메다르도의 두 쪽은 상반되는 어지러운 마음으로 번민하며 테랄바의 절벽을 헤매다녔다"[17]는 문장을 시작으로 두 반쪼가리 인물들의 행위가 본격화된다.

전쟁에 참가하게 된 자작이 포탄에 맞아 몸이 정확하게 반쪽, 좌우대칭으로 나누어지게 된다. 더불어 한쪽 몸은 완전한 선, 다른 한쪽은 완벽한 악의 화신이 된다. 한 몸이지만 두 몸으로 활동을 하는 것이다. 작가는 인간이 얼마나 선과 악에 극단적으로 치달을 수 있는가를 보여주려 했다.

사람 누구나 선을 행할 때도 악은 늘 준비되어 있고, 악을 행할 때는 선도 늘 준비되어 있다. '완전한 인간'이란, 순도 높은 선한 인간이 아니라, 선과 악이 고루고루 섞여 있는 인간인 것이다. 상황에 따라 인간의 본성 표현이 달라지기 때문이며, 선과 악의 판단도 인간이 하기 때문이다. 선과 악은 언제든지 서로 쉽게 바뀔 수 있다. 그러기에 '악인 갖다 성인 만들 수 있고, 성인 갖다 악인 만들 수도 있다'고 한 것이다.

성선설, 성악설으로 인간 본성을 규명하려고 어지간히 애를 쓴다. 맹자 순자의 사상을 수없이 들쳐봐야 '강아지 제 꼬리 물고 뱅뱅 도는' 격일 뿐이다. 전제가 잘못 되어서 그렇다. 아이가 백지처럼 전혀 때 묻지 않은 천성을 가지고 태어난다고 생각해서 그런 것이다. 아이의 천성은 제 어머니와 아버지의 성품을 섞은 재질로 태어난다. 특히 어머니 피가 더욱 지배적이다. 자궁에서 태어날 때까지 어머니의 피, 제대혈臍帶血을 공급받는다. 그 어머니의 피 속에 들어있는 성격은 아이에게 그대로 이어져 천성이 되는 것이다. '아이를 보면 그 부모도 알 수 있다'고 하는데, 부모의 피를 받아 닮는 것이다. 성선설, 성악설이 혼합된 '성선악설'이어야 한다. 어정쩡하게 혼합한 게 아니라 과학적인 생각이다.

'선'과 '악'의 개념을 만들고자 인간들은 끊임없이 의미를 부여해 왔다. 그러면서 인간들이 '선'이라고 규정하는 영역에 들고자 누구나 무진 애를 써 온 것도 사실이다. 때로는 억지로 '선'하려 하다 보니 '위선'이 되는 경우도 있다. '선'과 '악'의 개념이나 경계는 신神이 만든 것이 아니라서, 상황이나 정황에 따라 조금씩 달라질 수밖에 없다. 누구나 늘 저 자신의 생각에 따라 선악의 경계가 달라질 수 있는 것이다.

권력을 잡았거나 잡으려는 사람은 백성들에게 신세를 지지 않으면 안 된다. 전적으로 악하거나 선한 사람이 없으니, 선의 신세도 지고 악의 신세도 지게 마련이다. 자신의 행위에는 항상 선악이 뒤섞여 있으니, 저만 선하다고 고집할 수는 없다는 말이다.

정치가들이 저 하나 잘 나서 출세한 줄 안다. 그러나 여기저기 다 신세를 지고 있다. '없다 없다 해도 있는 게 빚이요, 있다 있다 해도 없는 게 돈이라'고, 스스로를 잘 살펴보면 이곳저곳에 빚지고 있다는 것을 잘 알게 될 것이다. 학연은 큰 빚 중 하나다. '국적은 바꿀 수 있어도 학적은 바꿀 수 없다'고 말한다. '노루 친 몽둥이 삼 년 우려먹는다'고 하는데, 학력이 좋으면 평생을 우려먹을 수 있는 게 이 땅의 세태다.

치누아 아체베라는 나이지리아 작가의 《더 이상 평안은 없다》는 장편소설이 있다. 소위 엘리트라는 인물이 등장하는데, 아주 이기적이다. 유학까지 다녀왔지만 나라가 계속 지원을 해주길 바라는 인물이다. 사사로운 이익만을 탐하지, 나라를 위하는 대의명분이라고는 눈꼽 만큼도 없는 인물이다. 정부가 유학비까지 대줬지만 사사로운 비용까지 계속 대주길 원하는 인물을 비판적인 시각으로 본 작품이다. "뭣 때문에 교육을 받는 거지? 자기 자신과 가족들을 위해 가능한 한 최대의 이익을 취하려고 하잖아. 날마다 기아와 질병으로 죽어

정종진 57

가는 수백만 명의 동포들에게 대해서는 눈곱만치의 관심도 없단 말이지."[18]하는 말로 작품의 주제를 알 수 있을 것이다.

그린이라는 부주인공이 주인공 오콩고를 두고 하는 말이다. 그린씨의 이런 비난을 들어도 싸다고 할 수 있다. 오콩코의 행태는 그만큼 주위의 모든 사람들에게 지탄거리가 되었던 것이다. 차라리 유학을 하지 않았다면, 고급공무원 신분이 아니라면 오비 오콩코의 삶은 소박하면서 행복했을지 모른다. 영국에 지배당하고 있는 피식민지 백성으로, 아버지처럼 투박한 명분에 충실하여 부족의 존경을 받을 수 있었을 것이다. '배운 도적이 무섭다', '배운 도적질 바뀌지 않는다'고 했는데 이 경우에 딱 맞는 말이다.

선구자를 기대했던 피식민지 백성들은, 한낱 소시민으로 전락한 오비 오콩코를 보게 되었던 것이다. 그러니 오콩코의 앞날에도 "더 이상 평안은 없다"고 선언할 수밖에 없고, 부족의 앞날에도 "더 이상 평안은 없다"고 단언하게 되는 것이다.

남의 나라, 그것도 못 사는 나라의 이야기일 뿐이라고 할 것인가. 결코 그렇지 않다. 학교성적을 무엇보다 중요시하는 이 땅의 모범생과 주위 사람도 마음속 깊숙한 곳에 오콩고와 같은 생각을 가지고 있다. 이런 생각은 쉽게 변하지 않아 사회에서도 통용된다. 공부 잘하는 사람에게 사회나 국가에서 충분히 혜택을 주는데도 고맙게 여기기는커녕 당연시한다. 받았던 혜택을 국가나 사회에 되돌릴 생각을 하기는커녕 오로지 제 출세와 영달에만 전념한다.

위정자는 보통의 백성보다 훨씬 품격이 높을 거라는 기대감을 갖는 것이 언제나 문제고, 더군다나 위정자들이 스스로를 그렇게 생각하는 게 더 큰 문제다. 가장 큰 문제는 위정자들이 지껄여대는 '국민을 위한' 정치다. 우선 진정으로 국민을 위한 위정자는 '눈을 씻고 봐도 없다'고 생각해야 한다. '겨자씨 속에서 담배씨 찾기'거나 '잔디밭에서 바늘 찾기' 만큼이나 어렵다고 봐야 하겠다. '가죽신 세 켤레 끊기면서 구해온 며느리 방구만 세 번 뀐다', '가죽신 세 켤레 끊기면서 데려온 며느리 개가죽 한 장 값이 안 된다'고, 있는 공 없는 공 다 들여 지도자라고 뽑아 놓지만 백성의 기대를 저버리는 일이 허다하지 않던가.

염려스러운 것 중 하나는, 학창시절 공부를 잘하면 정치도 잘할 수 있다는 생각이 백성이나 위정자 마음속에 깊이 뿌리를 내리고 있다는 것이다. 기본 머리가 좋고 성실해야 공부를 잘하는 것이니, 그런 바탕과 자세면 당연히 정치도 잘할 것이라고 생각한다. '제 집에서 성실한 사람이 큰일을 맡아도 성실하게 한다'는 속담이 있기는 한데, 이 말은 꼭 공부를 두고 하는 말이 아니다. '산 따로 산서山書따로'란 말을 새길 일이다. 풍수를 배우는데 이론과 실제가 다르다는 뜻이다. 풍수만 그럴까. 세상 모든 것이 그렇다. 정치도 예외일 수 없다. 정치는 실천이고 행동이다. 이기적이기보다는 이타적이며 공공선에 몸을 부릴 수 있어야 한다.

인간은 기본적으로 이기적인데, 희생심과 용기가 있어야 이타적 인간이 될 수 있다. '공부해서 남 주나', '공부를 해야 돈을 잘 번다'는 말을 신앙처럼 생각하면, 어른이 되어도 그 굴레를 벗어나지 못한다. 공부에 빠져 있으면 자아단련과 사회적 단련을 하는 시간이 부족하다. '사회적 동물'이 되는데 미숙한 점이 많게 된다. 그래서 '돌아먹은 무식이 앉은 유식을 이긴다', '나다니는 머저리, 앉아 있는 영웅보다 낫다', '앉은 영웅이 없다', '앉은 영웅보다 돌아다니는 머저리가 낫다'는 말이 있게 된 것이다. '굴린 달걀은 병아리 되고, 굴린 사람은 쓸모가 있다', '굴린 계란은 병아리 되고, 손에 쥔 계란은 곪는다'는 말도 같은 의미를 담고 있다.

　세상을 겪을 대로 겪은 사람이 지혜가 있다고 하면, '새 뒤집어 날아가는 소리 한다'고 하겠는가. 오죽하면 조선왕조실록에도 '도둑은 소인이나, 지혜는 군자보다 낫다'고 했을까. 지혜란 무엇인가. 정보, 지식, 지혜를 잘 구분하지 못하는 사람은 무슨 '장마 도깨비 여울 건너가는 소리냐' 할 것이다. 정보는 지식의 파편이고, 지식은 체계를 갖춘 앎이며, 지혜는 제 삶을 최적으로 실천하는 방식이다. 지금은 정보, 지식의 시대에 머물 뿐 지혜의 시대를 열지 못하고 있다. '지혜는 돈 주고도 못 산다'는 말이 있는 이유다.

　그렇다면 공부를 못한 놈이 인성이 좋으냐, 공부를 하지 않고 나돌던 놈이 훌륭한 사회적 동물이냐고 반문을 할 것이다. 반드시 그렇지는 않다. 공부 잘하는 놈을 시기, 질투하는 것이 아니라 염려하는 것이다. 삶의 영역을 확장하고 다양한 가치관으로 모험정신을 길러야 포용적 성격을 가지게 되는데, 공부 일변도로 삶을 살면 그럴 수가 없다는 것이다. 공부도 잘하고 세상 경험도 다양하게 했다면 얘기는 또 달라진다. 정치판이 사법고시나 행정고시 출신들의 용쟁호투의 무대가 되는 것은 염려된다. 생물학적 다양성만 시급한 것이 아니라, 출신 성분의 다양성도 시급하다. 다양하다 못해 혼잡스럽게 돌아가는 세상을 '남산골 샌님'의 사고방식으로는 풀어가거나 감당하지 못한다. '공자로 풀어야 할지, 맹자로 풀어야 할지' 고민하다 보면 이미 '종 치고 막 내렸다', '종 치고 날 샜다'는 상황이 될 것이다.

　흔히 인물이 났다고 한다. 일류라는 대학에 합격한 명단으로부터 시작하여 사법·행정고시, 별을 달게 된 군인, 각종 의원들, 기관장의 이름이 방방곡곡에 현수막으로 걸린다. 자랑스럽게 생각하는데 예외가 없다. 그러나 생각해 보자. 그들이 앞으로 어떻게 살 것인가. '똥깨나 뀌고, 방귀깨나 날린다'는 벼슬아치가 되길 원하는가. 그래서 공공선에 제 몸을 바칠 것이라 생각하는가. 아니면 저 먹고사는데 급급할 것인가를 추측해 보자. 만약 사회적 물의를 일으키게 된다면, 자랑스럽게 여겼던 고향과 주위 사람들에게 폐를 끼치는 게 아닌가. 그러니 섣불리 자랑스럽게 생각할 것이 아니다. '자랑 끝에 불 붙는다', '자랑 끝에 쉬 슨다' 하지 않던가. 자랑스럽다는 이름을 새긴 현수막으로 자연의 풍광을 가리는 것은 어리석은 짓이다.

'가방끈'이 짧다든지, 지방의 잡스런 대학이라는 뜻의 '지잡대'란 용어는 참으로 경망스럽다. 뭐가 그리 잘나서 언행을 경박스럽게 할까. 여하튼 이런 낙인이 찍히면 모든 경쟁에 나서기 힘들어진다. 이른바 상류층 사회가 모두 학연, 지연, 혈연으로 연결되어 있어 그 그물을 뚫기 어렵기 때문이다. 학력, 경력이 시원치 않으면 하늘이 도와 큰 우두머리가 된다고 해도 '길들이기'에 오래 버텨내기 힘들다. 개천에서 용이 나 봤자 왕개미, 왕파리들의 파상공격에 팔자만 사납게 된다.

못난 사람은 못난 편이냐, 하면 절대 그렇지 않다. 못 배운 사람, 시원찮은 학벌인 사람도 유유상종하지 않는다. 그런 사람일수록 일류로 뽑은 사람을 선호한다. 제 밑에 일류인간을 두었다는 것으로 콤플렉스를 만회하려고 한다. 못 배워서 못난 것이 아니라, 열등심리를 갖는 것이 못난 것이다. '못난이 열 명의 꾀가 잘난이 한 명의 꾀보다 낫다'고 하지 않는가.

이류인간, 삼류인간이 있는지는 몰라도, 스스로를 그렇게 생각한다면 그냥 평범하게 사는 게 훨씬 좋다. '천석꾼은 천 가지 걱정, 만석꾼은 만 가지 걱정'이라 했다. '작으면 작은 걱정, 크면 큰 걱정'이라고도 했다. '있는 집 계집은 개소리에 잠 잃고, 없는 집 계집은 귀뚜리 소리에 잠 나간다'는 말을 잘 새겨보면 답이 나온다.

위정자들은 제 우수한 학력을 바탕으로 학벌學閥을 구축한다. '학벌'이란 파벌派閥이다. 학연에 의한 파벌이다. 파벌을 만드는 당사자들이야 좋겠지만, 백성들은 불편하기 이를 데 없다. 이른바 일류의 파벌을 상층부에 구축함으로써 자기 무리의 우월감을 공공연하게 선언하는 것이다. '오리, 오리 무리로 가고 기러기, 기러기 무리로 간다'는 뜻을 밝히는 것이다. 이 땅의 정치판에서는 그게 유독 심하다. 끼리끼리 모여 무리를 만들기 일쑤다. 심지어 끼리끼리 통하는 곳에서도 진골, 성골이 있다. 패를 만들지 말라면서 정작 자신들끼리는 패를 만들어 세력을 구축한다.

'끼리끼리 통한다', '끼리끼리 논다'고 말하는데, 이런 현실이 삶의 즐거움을 빼앗는다. '부자 욕하는 것은 없는 놈이라'고 하는데, 부자는 부자끼리 놀고, 가난뱅이는 가난뱅이끼리 논다. 배운 놈은 배운 놈끼리 놀고, 못 배운 놈은 못 배운 놈끼리 어우러지기 때문이다. '재주 좋은 놈보다 재수 좋은 놈이 낫고, 재수 좋은 놈보다 아버지 잘 둔 놈이 낫다'고 하는데, 아버지 잘 둔 놈은 잘 둔 놈끼리 논다. '재주 좋은 년보다 얼굴 예쁜 년이 낫고, 얼굴 예쁜 년보다는 팔자 좋은 년이 낫다'고 하는데, 팔자 좋은 년들은 끼리끼리 놀기 때문이다.

사회 전반이 이렇게 돌아가는데 밥맛이 날 리가 없다. '밥맛이 없을 때는 입맛으로 먹어라' 할 것인가. '상놈이라는 것은 할 수 없고, 양반 별하지 않다'고 뇌까리며 살아가는 것이다. 정치판이나 사업장에서도 성적순이다. "행복은 성적순이 아니잖아요"란 외침은 메아리 없이 외친 사람에게 되돌아갈 뿐이다. 공부 좀 잘하면 수많은 혜택을 받는다. 학창시절은 물론 관리나 고위공직자, 정치가에게 해외연수와 같은 혜택이 많다. 혜택을 혜택으로 생각지 않고 오로지 제 능력이라고 생각하는 게 배은망덕한 것이다.

3) '쭉정이가 머리 드는 법이고 어사는 가어사가 더 무섭다'

윤흥길의 장편소설 《완장》은 인간이 가지고 있는 허세 또는 권력욕을 풍자한 작품이다. 건달처럼 사는 주동인물이 저수지를 관리하는 임무를 맡는데, '완장'을 차게 된다. 완장을 찬 주인공은 하찮은 권세를 앞세워 온갖 악행을 저지른다. "권위를 세워야지, 권위를! 적어도 판금저수지에 관계되는 일인 한 종술은 최 사장하고 익삼씨 두 사람만 예외로 하고는 어느 누구의 간섭이나 방해도 받지 않을 작정이었다. 완장의 위력이 어떤 것인지를 모든 사람들한테 똑똑히 보여줄 작정이었다"[19]하는 부분이 작품의 주제이자 어조가 된다.

주인공은 마치 복어와 같은 인물이다. 제 위세를 더하기 위해 몸을 한껏 부풀리는 복어처럼, 제 하찮은 힘을 과시하기 위해 안간힘을 쓰는 모습은 우스꽝스럽고 애처롭기까지 하다. 소박하고 욕심 없이 사는 인생이 값지다는 것을 설득할 수 없는 주인공이다. 남을 누를 수 있는 힘이 있어야 성공한 인생인 줄 안다. 그러니 하찮은 힘이라도 붙잡으려 안간힘을 쓰는 인간이다.

종술이란 인물이 다음과 같은 말을 이해했더라면, 아니면 그의 애인 부월이가 이런 말을 해주고 타일렀다면 권세라는 허상에 빠져들지 않았을 것이다. 즉, "우리의 가련한 삶은 인류사에서 그 어떤 자리도 차지하지 못합니다. … 모두 우리를 잊을 겁니다. 이렇게 바보 같은 삶을 살다가 아무런 흔적도 없이 사라지는 것을 보면, 삶에는 사랑 이외에 그 어떤 것도 없는 것만 같아요.…"[20]하는데, 주인공 카에게 고교생인 파즐이 해주는 말이다. 오르한 파묵의 소설 《눈》에 나오는 말이다. 이 작품에는 인간 만사가 무의미하다는 뜻으로 이르는 경구가

정종진 63

많이 나온다. 특히 평범한 인간일수록 의미 없는 삶이기 때문에 오로지 '사랑'에서 위안을 받아야 한다는 말이 자주 제시된다. '사랑은 괴로울수록 뜨거워진다'는 속담을 가슴 깊이 새기면 좋을 것이다.

인간 개개인은 약하디약하다. 조금만 강한 상대를 맞거나 어려운 일에 부딪히면 절망하기 일쑤다. 그래서 '한 사람이 가는 길로 가지 말고 열 사람 가는 길로 가라'고 한 것이다. 한 사람이 가면 각개격파 당하는 건 일도 아니다. 뭉쳐서 가면 두려울 게 없다. 사회적인 인간일 때라야 비로소 강하다. '싸리 회초리 쉰 개면 몽둥이가 못 당한다'는 말이 그래서 있다. 아무리 큰 권력을 휘두르던 사람도 마찬가지다. 흔적 없이 사라진다. 역사에 몇 글자 남는 것은 가짜뉴스다. 남들이 꾸민 기록일 뿐이다. 그러므로 진정한 자신이 아니다.

속물근성을 가장 잘 드러내는 곳이 정치판이다. 어째서 그럴까. 속물근성은 누구보다도 큰데, 그것을 엄숙하게 감추려 하기 때문이다. '감추려면 튀어나온다'고 하잖는가. 가짜일수록 당당하다. 호가호위하는 무리가 허다하기 때문이다. '원님보다 아전이 무섭다'고 하지 않는가. 끼리끼리 어우러지니까 도매금으로 취급될 수밖에 없게 된다.

정치가들이 감투를 차지하면 수하를 잔뜩 거느리고 현충원부터 찾는 거동을 보라. 검은 정장에 줄을 맞춰 입장하고 방명록에 서명하는 언행은 자못 엄숙하다. 정치 선배에게 신고하고 영혼들께 잘 돌봐달라고 빌 것이다. 백성이 보기엔 저렇게 엄숙하고 진지하면 뭔가 해내겠다, 싶다. '시작이 좋아야 끝도 좋다'는데, 아닌 경우도 허다하다. '시작한 일은 끝을 보라'고 했는데, 가짜는 끝까지 제 열정을 내지 못한다.

우두머리는 크나 작으나 완장을 차고 있다. 보이지 않는 완장인 것이다. 완장이 변해서 배지(badge)가 되었다. 금배지든 구리배지든

수하를 거느린다는 표시다. 작게 축소한 완장이다. 대신 마음속에는 아주 거대한 완장을 차고 있다. 완장을 차지 않았지만 거들거리는 팔다리를 잘 관찰해보라. 몸 곳곳의 표정을 보라. 곳곳에 완장이 보일 것이다. 완장은 허위고 허세다. '겁 많은 개가 큰소리로 짖는다', '겁 많은 개가 먼저 짖는다'고 했다.

소설 《완장》처럼, 크고 작은 권력을 가지고 허세를 부리는 인간들을 풍자하는 작품들이 적지 않다. 김진경의 〈복어새끼처럼 왜 그런대유〉라는 시도 그중 좋은 예다. "복어새끼처럼 왜 그런대유 / 배에다 바람을 잔뜩 집어넣구 / 가시를 있는 대루 세우믄 누가 무서워헐 중 아남유 / 즈이덜두 고런 것쯤은 다 알어유 / 복어가 임자를 제대루 만나믄 무서우니께 고로케 요란떤다는거"[21] 하는 시구에 쓰디쓴 웃음이 따른다. 세태나 정치를 참으로 기막히게 풍자해냈다. 독재자들의 권력욕과 허세는 결국 백성들은 우스갯거리나 될 뿐이라는 것을 깨우쳐야 될 것이다. "뭐가 뛰면 망둥이두 뛴다구 / 국산토종 중에 싸가지 없넌 종자꺼정 나서서 / 똥그랗게 배를 부풀리구 / 가시를 잔뜩 세워설랑은 / 엔테베 작전으루다 북한을 선제공격합네 워쩌네 / 고거이 무슨 지랄이래유" 하고 계속되는 시구에, 투박하면서도 경쾌한 기지 機智가 돋보인다.

시도 이렇게 재미있게 쓸 수 있다는 것을 깨우치게 한다. 좋은 시절에 읽으면 재미 있지만 당대에는 심각한 현실이었다. 독재자들은 제 정권 유지를 위하여 괜스레 제힘을 부풀리고 다니며 백성을 위협했다. '못된 벌레 장판에서 모로 긴다'고 흉한 짓만 골라서 했다.

제가 가진 힘보다 더 강하게, 더 크게 보이려 하는 것은 객기나 허세 때문이다. 위정자가 백성을 위해 있다면 오로지 백성의 삶을 살피고 정책을 고안해야 한다. 진지하게 일에 몰두하면 객기니 허세를 부릴 겨를이 없을 것이다. 진짜배기는 대의를 생각하느라 제 이익에 대한 계산을 잊는다. 가짜가 제 이기심을 숨기느라 허세를 부리는 것이다. 허세를 부릴수록 가짜라고 생각하면 틀림없다. '북은 아무리 크게 울려도 속은 텅텅 비었다'고 하잖는가.

못된 위정자가 다스리면 조국도 조국답지 않고 남의 나라만 못하다. 부모형제도 사이가 틀어지면 차라리 남만 못한 것과 같은 이치다. '원수도 한배에 타면 서로 돕게 된다'고 하는데, 한나라에서 한 시대를 살아가면서 미친 듯 증오하고 미워하니 '예지적 인간'과는 한참 멀다. "아닌 게 아니라 우리는 다들 미쳤고, 끝없는 나락을 향해 추락하고 있다. 알 수 없는 무엇이 앞길에 도사리고 있고, 발밑에서는 무엇인가가 부서지고 있으며, 주위에서는 끊임없이 무엇인가가 멸망하고 있다"고 느끼거나 소리친 적이 적지 않을 것이다.

시엔키에비츠는《쿠오바디스》에서 위처럼 말했고, 계속해서, "삶의 무거운 짐을 일부러 떠안거나, 아니면 아직 죽음이 찾아오지도 않았는데 먼저 죽음을 대비하는 그런 삶은 딱 질색이다. 삶은 어디까지나 삶 그 자체를 위해 있는 것이지 죽음을 위해 있는 것은 아니니까 말이다."[22]하고 주장한다. 현실 부정 속의 긍정이다.

정치가, 우둔한 위정자들이 절망을 줄지라도 백성들의 삶은 계속되어야 한다. 정치 미숙으로 무언가 내려앉으면 그걸 떠받치며 견뎌내야 한다. '사는 이 한편, 죽은 이 한편'이라고 하잖는가. '살아 있는 사람은 살아 있는 편에 붙는다'는 말이 맞다. '개똥밭 쇠똥밭에 살아도 이 세상이 좋다'고 하지 않는가.

'쭉정이가 삼 년 간다'고 했다. 능력이 없는 위정자일수록 떠날 줄 모른다. '김 첨지 똥 누러 가듯' 위세를 부리기만 한다. 백성이 자신을 과대평가하기를 바라며 저를 과대포장한다. 일거수일투족에 허세뿐이다.

　알맹이와 쭉정이 차이는 무엇인가. 알맹이는 본분에 충실하고, 쭉정이는 일의 주위를 배돌고 있다는 것이다. 알맹이는 주인처럼 일하고 쭉정이는 하인처럼 일한다. 알맹이는 일을 핵심을 파고들어 최상을 성취하려 집중하는 데 비해, 쭉정이는 오로지 부수적인 이익을 기다린다. '미꾸라지 만 년을 살아 용 될 리 없다'고 했다. '쭉정이가 삼 년 간다'고 하지만 쓸모가 없으니 민폐만 끼칠 뿐이다.

　정치가의 언행은 언론에 자주, 그리고 자세히 노출되기 때문에 가짜인지 진짜인지 분별해내기 쉽다. 저 자신과 제 편만을 위해 이치에 닿지 않은 언행을 한다면, 아예 관심에서 지워버려야 한다. '말이 아니면 듣지를 말고, 길이 아니면 걸음을 말라' 했다. 가짜일수록 '말은 부처고 마음은 뱀이라'고 했다. 정치에 무관심하라는 말이 아니다. 선수교체를 하도록 힘을 보태라는 뜻이다.

4) '감투 꼬리에 돈 따라다닌다'

　전래동화 〈해와 달이 된 오누이〉를 시로 재생산한 작품이 있다. 정양의 시 〈수수깡을 씹으며〉라는 작품이다. 할머니로 위장한 호랑이가 오누이를 겁주고 생명까지 빼앗는 과정을 한 편의 시로 완성해냈다. '가혹한 정치는 범보다 무섭다'는 속담으로 요약할 수 있는 주제가 되는 작품이다. "떡 한 쪼각 주면 안 잡어먹지 / 떡 한 쪼각 더 주면 너 / 안 잡어 먹지 / 이 땅의 호랑이들은 처음에는 / 떡 한 쪼각만 달라고 하더란다" 하는 시구를 시작으로, "고개고개 너머 어쩌면 그리 / 고개도 많은지 / 호랑이가 으르렁대는 산모퉁이 / 첩첩한 고갯길

마다 / 안 잡아 먹히어 다행스러운 / 숨이 가쁘다"[23]고 이어진다.

가혹한 정치보다 호랑이에게 물려가는 편이 낫다고? 옛날 말이겠고, 현대에서 가혹한 정치란 어떤 것일까. 옛날에야 먹는 것을 수탈해 가는 벼슬아치들 때문에 힘든 시대였다. 그에 비해 요즘은 백성이 상대적 박탈감을 한껏 느끼게 되면 가혹한 정치라 할 것이다. 빈부의 격차가 아주 심해서 가난한 계층이 소외감을 느낄 때 가혹한 정치로 여길 수밖에 없다.

어찌 그렇지 않겠는가. 누구는 일만 실컷 해도 배고프고 등 시린데, 누구는 배부르고 등 따듯하게 살며 태평가를 부르는데 울화가 치밀지 않을 수 있겠는가. '누구는 인삼 먹고 누구는 무 먹나' 할 것이다. 시기심과 질투의 문제가 아니다. 운명을 탓하라고 할 것인가? 정치의 역할이 바로 이것이다. 억울한 사람 덜 억울하게, 배고프고 등 시린 사람에게 끼니를 주고 온기를 느끼게 해주는 것이다. 기울어진 마당을 평평히 하는 일일 뿐이다. 정치는 측은지심, 그것 하나를 실천 궁행하는 일이다.

'가난한 놈은 빚도 못 얻는다', '가난하면 천대받고, 돈이 있으면 존대 받는다'고 했다. 살면서 늘 확인하는 세태다. 있는 사람들 측은지심이 더 있을 법한데, 정말로 세상인심이란 게 오동지 설한풍이다. 있는 사람일수록 측은지심은 곰 발바닥이다. 그러니 가난한 사람을 도울 방법은 '제도'밖에 없다. 부자세, 횡재세, 법인세 따위를 충분히 거둬 없는 사람을 도와주는 방법밖에 없다. 그런데 이걸 걸고넘어진다. 사회주의, 사회주의자라는 것이다. 사회주의라는 걸 알지도 못하고 그런다. '허벅다리 보고 뭣 봤다고 한다'더니 그 짝이다. 어디서 들은 풍월은 있어서, '육두문자로 초시하려 든다'더니 그 짝이다. 무슨 '주의'라 낙인 찍기 전에 측은지심을 발동시켜야 할 사람이 적지 않다. '악하면 악한 끝이 있고, 선하면 선한 끝이 있다'는 것을 몰라서 그러는가. '악착스럽게 번 돈 져서 못 간다'는 것을 정녕 모르는 것일까.

제대로 된 정부가 들어서면 이런 제도를 잘 마련하는데, 가진 사람들의 불평은 만만치 않다. 내 돈을 빼앗아 왜 남을 도와주느냐는 비난이다. 제가 돈을 달나라에서 벌어온 줄 안다. 제 가진 돈이 모두 백성 사이에서 번 줄도 모르고 나댄다. 그런데 정권이 바뀌면 제도도 바뀐다. 표나 인기 때문에 그렇다. 비난을 감수하며 마련한 법이 말짱 도루묵이 된다.

문제는 돈을 거두어들이는 것보다 제대로 분배하는데 더 세심한 노력이 필요하다. '다람쥐 살림에도 규모가 있고, 두꺼비 눈깜짝에도 요량이 있다'는데, 규모가 주먹구구로 만든 경우가 허다하다. 쓸 데 쓰지 않고 낭비를 많이 한다는 뜻이다. 크고 작은 권력자들의 힘의 크기에 예산의 액수가 비례하는 경우가 허다하다. 권력자를 많이 배출했던 지역에 편중되는 것도 매우 불합리하다. 뭐라도 일을 벌여야 떡고물이 떨어진다는 것을 잘 알고 하는 짓들이다.

백성에게 잔돈푼을 뿌려대는 짓이 대부분 백성에게 고마울 리 없다. 나라의 빚을 키워가면서 선심을 쓴다고 크게 득이 되지 않는다. 표를 얻기 위한 술책임을 잘 꿰뚫어 보고 있다. 세금 쓰는 걸 무서워해야 하는데 위정자는 제 돈 쓰듯 마구 쓴다. 아니 제 돈이라면 그렇게 쓸까. 제 돈이 아니니까 쓰고 보자는 식이다. 이전 정권에서 빚을 키워 다음 정권에 넘겨주고, 다음 정권은 좀 더 빚을 키워 다음으로 넘겨주는 식이다. "빚은 누가 갚나?" 자손들이 저도 모르게 빚쟁이가 되는 수밖에 없다.

시대가 잔머리로 돌아간다. 아주 교묘하게 탈취하는 것이다. '등 문지르고 간 빼먹는' 식이다. "백성 모두에게 일자리를 만들어 주는 것은 정부의 책임이라"는 게 경제 원칙이며 도리다. 이게 잘되지 않으니까 실업수당도 주고, 기업에 채용 대가로 세금도 지원금도 주는 것이다. 천재지변이라도 겪으면 나라 창고가 비는 정도가 아니라 빚만 쌓인다. 특히 이럴 때 곳간 관리를 잘해야 하는데, 오히려 거듭거듭 큰 구멍이 생긴다.

실업자를 줄이기 위해 이전 정부는 공무원수를 늘이고, 다음 정부에서는 나라 재정을 위해 작은 정부를 만든다고 수를 줄인다. 교사도 늘였다가 줄이고, 은행원도 늘였다 줄이고 하는 조삼모사식 정책을 편다. 멀리 내다보는 정책이 아니다 보니 죽어나는 건 백성이다. 표를 얻거나 지지율을 높이기 위한 짓이라는 걸 백성들은 알고 있다. 모든 일을 대단한 것처럼 선언만 하고 결국 태산명동서일필, '태산이 진동하더니 쥐 한 마리', '용 대가리에 뱀 꼬리'더라. 그게 그렇게 쉬운 거냐? 하는데, 누구 정치판에 나서랬나? 대답할 것이다.

정작 줄여야 할 것은 국회의원과 보좌관들, 그리고 이와 연관된 사람들이다. 행정부가 입법부를 어쩌지 못한다고 할 것인가? 최고 권력자가 여당 국회의원을 좌지우지한다는 것을 모를 사람 없다. 대통령과 여당의원 간에 뽕짝이 맞으면 안 될 게 없다.

뭐든지 미국에 견주기를 좋아하는데, 미국의 국회의원 숫자와 비교해 봐라. 상원의원 100명에 하원의원 434명이다. 땅덩어리는 근 100배고, 인구는 우리의 6.5배 정도 된다. 우리나라보다 작은 크기의 주는 다섯 손가락 안에 꼽을 정도다.

영국 의회를 봐라. 마치 닭장을 연상케 할 정도로 국회의원들 회의장소가 빽빽하다. 장의자에 바짝 붙어앉아 자리를 쉽게 뜨지도 못하게 돼 있고, 그 상태로 난상토론을 벌인다. 북유럽 국회의원들은 보좌관도 없단다. 좋은 차도 없이 대중교통을 이용한단다. 정책 연구도 도서관에서 혼자 한단다. 이에 비하면 이 땅의 국회의원들은 '호강에 겨워 요강에 똥 싸는 소리 한다'는 말을 들어도 싸다.

우리 국회는 자기들 좋은 것만 가려서 모방한다. 입법자라는 오만에서 비롯된다. 외국의 것을 모방하되 백성들의 눈에 어긋나는 건 따라 하고, 백성들에게 호의적으로 여겨지는 것은 외면한다. 국회 건물은 그렇다 치고 내부는 남부럽지 않은 것 같다. '초가에도 양반 살고, 기와에도 상놈 산다'는 말이 무색하게, 공공건물은 화려한 편이다. 그러니 백성의 눈엔 '먹기는 아귀같이 먹고, 일은 정승같이 한다', '먹기는 아귀같이 먹고, 일은 장승같이 한다'고 여겨지는 것이다.

정당보조금에다 정치후원금은 받아먹고, 남에게 부조 한번 아니하도록 법을 만드니 속 보이는 짓은 다 한다. 제 피 한 방울 제 살 한 점 보태지 않으려 하니, 이거야말로 '꿩 먹고 알 먹고 둥지 헐어 불쏘시게 하고, 깃털 뽑아 이 쑤시고, 다리 잘라 등 긁고, 꼬리털 잘라 부챗살 한다'는 격이다. 비정규직이라도 정규직 평생 하는 것보다 몇 곱은 나을 것이다.

인구 소멸지역이 늘고 있다. 몇 개 군을 합쳐 국회의원 한 명을 뽑기는 하지만 그래도 많다. 군수들이 해도 될 일을 국회의원이 하겠다고 덤빈다. 국회의원 수를 반으로, 또는 1/3로 줄여도 된다. 백성은 이런 것들을 지적하고 원하는데 위정자들은 '네 떡 내 몰라라 한다'.

평범한 백성의 직업은 쥐락펴락 잘도 하면서 왜 우두머리들이 집중적으로 배치된 기관이나 공기업은 한껏 비대해져 있는가. 그들도 다 같은 백성이라 할 것이다. 평범한 백성은 나랏돈 빼먹을 일도 없거니와 세금 빼먹을 기회가 생겨도 죄짓는 일이라고 생각해서 감히 손이 가지 않는다.

나라에 도둑이 많다고 하는데, 그 도둑이 '방자한 엘리트' 부류가 너무 비대해서 그런 것인가 제대로 따지고 줄여가야 할 것이다. 입법자들이 좋은 법을 만들어 백성들에게 더 나은 서비스를 해야 하거늘, 제 이익만 챙기려니 인심이 날로 사나워지는 것이리라.

각종 의원들이나 고위공직자들의 외유, 외국으로 놀러 가는 것은 정말 꼴불견이다. 쉬쉬 하면서 나들지만, '하늘이 알고 땅이 알고 네가 알고 내가 안다'는 말대로, 백성이 끝내 모를까. 제가 할 일을 제대로 하기는커녕 세금으로 외유를 하는데, 명색이야 늘 뭘 배우러 간다고 한다. 백성들은 적은 돈을 오랫동안 모아 벼르고 별러서 제 돈으로 간다. "벼슬아치, 너희들도 제발 네 돈으로 가라" 분노하는 소리 안 들리는가. '제 돈 세 푼은 아까운 줄 알면서, 남의 돈 칠 푼은 아까운 줄 모른다'는 것이 권력자들이다.

무슨 엄청난 일을 했다고, 위로차 외유를 보냈단다. 공로연수를 한번 가는 것도 시빗거리가 되는데, 평생직장을 마감하면서 받는 선물과 4, 5년 일하고 수시로 받는 선물은 차원이 다르다는 것을 몰라서 하는 소릴까.

작고 큰 우두머리의 꼬리에 돈이 따라다닌다는 말은, 권력에 돈이 붙는다는 뜻도 있지만, 세금을 많이 쓰고 다닌다는 뜻도 있다. 사사롭게 여기저기서 챙기는 돈이 적지 않겠지만 나라의 돈까지 한껏 축내는 것이 더 심각한 문제다. '걱정이 없어야 먹는 것도 살로 간다'는데, 위정자들 걱정에 백성들 살 내리는 소리가 들리는 듯하다.

3. '세상의 염량세태란
   고양이 눈깔 변하듯 한다'

　대니얼 디포가 《로빈슨 크루소》라는 작품을 쓴 것은 그가 이상주의자라는 것을 증명한 것이다. 로빈슨 크루소가 무인도를 개인의 식민지로 완벽히 장악하는 이야기는 누가 상상해도 매력적이다. 더구나 '금요일'을 비롯한 다른 식구들이 '총독'이라 부르는 부분에서는 권력욕을 충족시켜주는 마력이 있을 수밖에 없겠다. 개인에게나 국가에게나 그 본성은 똑같은 것이다. "인생이란 참으로 하나님이 섭리대로 빚어내신 울퉁불퉁한 작품이 아닌가! 형편이 달라지는 상황이 될 때마다 우리의 감정이 무슨 비밀스런 힘에 의해 급하게 이리저리 끌려 다니니!"[24]하고 외치는데, 바로 이런 세상을 매끄럽게 만들어보겠다는 욕심이 권력욕을 부추긴 것이 아니겠는가.

　울퉁불퉁한 인간사는 진화의 흔적 아닌가. 하느님의 뜻대로 창조되었다면 하나같이 매끈하겠지. '사람이란 천 층에다 구만 층'이란 말이 그래서 있는 것이다. '인간 팔자 새옹지마라'고 했는데, 새옹지마란 말이 울퉁불퉁한 삶이라는 뜻 아닌가.

　사람의 마음 변하기는 잠깐이다. '사람의 마음처럼 간사한 것이 없다'고 하잖는가. '사람의 마음은 하루에도 열두 번씩 바뀐다'는 말을 부정하는 사람 없을 것이다. 백성百姓은 백성百性인데, 뉘라서 그 다양한 입맛을 맞춰줄 수 있을까. 아무리 능력 있는 위정자라도 가능하지 않을 것이다.

　집을 가진 사람은 집값이 오르기를 바랄 것이고, 집이 없는 사람은 집값이 내리기를 바랄 것이다. 가진 자는 세금이 높다고 불평할 것이고, 아무것도 없는 사람은 세금을 올려 복지가 더 강화돼야 한다고 하겠다. 노동자들은 최저임금이 오르기를 바랄 것이고 기업가들은 최저임금이 내리길 바랄 것이다. 이게 백성이다. 아무리 '용뺄 재간'이 있다고 해도 양쪽을 만족시킬 수 없다. 백성의 행불행, 복불복이 반반이라면 정치가의 호불호도 결국 반반일 뿐이다.

그렇다면 권력자의 지지율이 50%가 최대치일까. 결코 그렇지 않다. 70~80%을 넘나드는 정치가들도 있다. 공산주의 국가를 말하는 게 아니다. 백성은 현실 생활에 급급하지만, 공동체 나름의 이상을 품고 있다. 공공선이란 그것이다. 현실적인 문제를 웬만큼 해결하면서 공동체의 이상을 역동적으로 추진해갈 때 위정자의 지지율도 치솟기 마련이다.

세태가 조변석개라면 백성의 마음이 조변석개다. 개인의 사정이나 시대 상황이 바뀌면 또 바뀐다. 인간의 운명이든 길흉화복이든 움직이고 바뀐다. 파도를 타듯, 움직이는 물결을 거스르지 말고 리듬에 맞춰 같이 움직여야 하는 게 위정자다. 백성의 가치관이 바뀌면 따라서 바뀌어야 한다. '달리는 말에 올라탄다', '달리는 말의 귀를 잡는다'는 말이 있다. 어떤 일의 핵심을 잡고 적극적으로 헤쳐나간다는 뜻이다.

세상이 평등한가? 백성은 평등한가? 부분적으로 맞다. 평등이란 똑같은 상태를 뜻하지 않는다. 상대적이란 말이다. 평등에는 엄연히 '차이'가 있다. 인격적 평등일 뿐 절대적 평등이 아니다. 우선 몸이 다르고 성격이나 생각도 다르다. 자유나 평화에 대한 가치관도 다르다. 교육이나 자란 환경도 다르다. 이런 차이가 불평등으로 인식되는 것이다. 그래서 인간은 평등하되 불평등하다. 이러한 평등과 불평등 때문에 인간의 마음은 자주 바뀔 수밖에 없다. 절대 평등이란 가능하지 않고, 평등에는 차이가 있으니 인간은 제 중심을 가눌 수 없는 것이다.

권력자들이 끼리끼리 놀아날 때, 백성은 전혀 평등하지 않거나 정의롭지 않다고 여긴다. 예컨대 크고 작은 우두머리 노릇을 하다가 큰 잘못을 하여 감옥살이를 해온 자들을 사면해주는 것이 대표적인 예다. 국경일이나 부처님 오신 날, 성탄절을 명분으로 죄지은 정치가, 경제인을 풀어주고 벌금도 면제해준다. 징역 수십 년을 때렸다가 몇 년 만에 내준다. 백성이 볼 때는 장난도 아니다. 명분이야 늘 '국민화합 차원'이란다. '성인이 무덤에서 놀라 일어나겠다'는 말이 있다. 괜스레 고상한 척하는 언행을 두고 비꼬는 말이다. 하필 성인이 이 세상에 오신 날, 범죄자를 용서하고 은혜를 베푸는 듯한 언행은 가소롭기 짝이 없다.

말로는 특권층은 없다고 하는데 '까치가 뒤집어 날아가는 소리' 일 뿐이다. 권력과 돈을 가진 사람들이 저지르는 만행이 백성의 눈앞에서 벌어지는 것이다. 평범한 백성에게는 파격적인 사면이 가능하지 않기 때문이다. 정치판, 위정자들에게는 항심恒心을 기대하기 어렵다. 무슨 원수를 진 것처럼 감옥에 잡아넣었다가 필요할 때 풀어준다. 표를 더 얻기 위한 짓거리다. 이런 짓에 무슨 평등이나 정의가 있는가. 위정자의 언행은 고양이 눈깔보다 더 쉽게 변한다.

이러하니, 위정자들이 어찌 모범이 되겠는가. 정치지망생들이 뭐를 배우겠는가. 백성의 근심을 누가 살피겠는가. 위정자가 곧은 나무가 되어 백성의 상징적 인물이어야 하는데, 오히려 두통거리니 어쩌랴. '삼밭에 쑥대는 저절로 곧아진다'고 했다. '곧은 나무는 가운데 선다'고 했다. 인품이 훌륭하면 주변에 있는 사람들도 닮게 되고, 중심인물이 된다는 뜻이다. 감투가 한껏 크다고 반드시 중심인물이 되는 것은 아니다. '곧은 나무는 재목으로 쓰이고, 굽은 나무는 화목으로 쓰인다'고 했는데 땔감이 되려고 하는가.

위정자도 변해야 한다는 말이 변절하라는 뜻은 아니다. 제 신념을 백성과 시대에 맞추라는 것이지 색깔을 바꾸라는 말이 아니다. 백성의 마음이 쉽게 바뀔지라도 정중동靜中動이든 동중정動中靜이든 제 이념 또는 신념의 강약을 조절하란 뜻이다. 얼굴 표정을 바꿀 정도지 아예 안면을 몰수하란 말은 아니다.

백성은 평소에 아무리 힘껏 지지했던 정치가나 정당이, 제 이익에 반하는 언행을 하게 되면 쉽게 뜻을 바꾼다. 지지했던 쪽에서 큰 사고를 내도 마찬가지다. 조석변이라는 인간 마음이야 어쩔 수 없다. '사람의 마음 한 치 건너 두 치라'고 했는데, 작은 차이에도 마음 씀씀이가 매우 달라진다는 말이다.

고양이 눈은 무척 자주 변한다. 제 감정에 따라, 또는 건강 때문에 매우 섬세하고 다양하게 바뀐다. 사람의 마음이 덜하다고 보는가. 천만의 말씀이다. 고양이 눈보다 훨씬 자주 바뀐다.

정치를 엉망으로 해대면 속이 끓는 건 백성이다. 백성의 기대에 반하는 비상식적인 일들이 자주 생겨나는 정치판이다. 그럴 때마다 백성은 속앓이한다. 백성이 속물근성만 남아 제가 먹고사는 일에만 급급할 줄 알지만 그렇지 않다. 경제, 교육, 외교, 국방 따위 어느 분야에도 일가견이 있다. 몸으로 살면서 체득한 동물적 감각이 있기 때문이다. 과거의 정권들과 비교해서 우열을 따질 수 있는 안목도 있고, 각자 나름대로 판단 기준이 있는 것이다.

백성은 세태나 정치의 잘잘못을 어떤 근거로 판단할까. 백성은 서로서로 부딪히고 말을 섞으며 제 가치관을 조절한다. '모가 난 돌도 많은 돌과 어울리면 모가 둥글어진다'는 말대로다. 나이가 들어가면서 인간관계가 수월치 않은 사람들은 진보적인 생각을 하지 못한다. 바뀌는 것을 아주 싫어한다. 하찮은 제 생각에서 빠져나오지 못한다. 그러다 보니 젊은이들에게 심한 욕을 먹기도 한다.

백성의 힘과 지혜는 사회생활 속에서 터득하고 견고해진다. 수만 권 책으로도 배우지 못하는 진짜배기 지혜다. 많이 배운 우두머리라도 평범한 백성을 함부로 대했다가는 큰코다칠 수 있다. 오가는 말이야 '뚝머슴 도리깨질 하듯' 거칠지만 제 나름의 요량이 있다. '무식쟁이 백 놈이 제갈량 한 사람보다 못하다'고 하는데, 때때로 그럴 수 있지만, 대부분은 그렇지 않다. '무식한 놈 문자 속은 몰라도, 말귀 돌아가는 짐작은 있다'는 말이 맞다.

'무식한 놈이 길 잘못 들면 제 한 몸 망치고, 유식한 놈이 길 잘못 들면 여러 사람 망친다'고 했다. 위정자들 중 유식한 무식꾼이 얼마나 많은가. '빨아 다린 체 말고 진솔로 있거라' 하는 말을 듣지 않고 정치판으로 나서, 괜히 백성에게 원망을 듣고 나라를 거덜 내는 위정자들을 숱하게 보았지 않은가. '북은 두드리면 소리가 나고, 꽹과리는 치면 칠수록 요란하다'고 했다. 무식하면 언행만 야단스럽고 일만 망치게 된다. '청보에 싼 개똥은 반드시 냄새가 나고야 만다'고 했다. 무식하면 반드시 탈이 난다. '모르는 놈은 손에 쥐어줘도 먼 산만 바라본다'고 하지 않는가.

나라가 뒤로 가는지 앞으로 가는지 백성들은 잘 안다. '잘난 놈은 저 잘난 맛에 살지만, 못난 놈은 인심 덕분에 산다'고 했다. 백성들은 인심이 변하는 것에 예민하다. 인심이 좋지 않다는 것은 거의 정치 탓이다. 인심으로 정치의 잘잘못을 측량하는 것이다.

나라가 잘못 돌아갈 때 그 화병은 고스란히 백성의 몫이 된다. 당연히 위정자가 해결해주지 못한다. '사람의 속에 든 화기는 제 살의 아픔으로 끈다'고 했다. 속에 든 화병은 저 스스로 감내하고 이겨내야 한다는 뜻이다. 백성 각자가 제 아픔으로 해결할 수밖에 없다. 제 몸의 화기火氣를 빼면서 백성은 더욱 견고해진다.

1) '개는 구린내를 따라다니고 사람은 권세를 따라다닌다'

서로 같으면서도 다르고 다르면서도 같은 예를 '개와 늑대'에서 찾는 경우가 있다. 물론 '사슴과 노루'도 있기는 하다. '개와 늑대'의 유사성에 착안해 평범한 백성과 독재자를 견준 시가 있다. 김명수 시인의 작품 〈늑대와 개〉가 그것이다. "누가 저 / 늑대를 보고 개라 이르느냐 / 누가 저 늑대를 보고 / 우리집 누렁이라 말을 하더냐 / 꼬리가 길고 / 털이 누렇고 / 두 귀가 쫑긋하고 겉모습이 같다 하여 / 늑대는 우리집 누렁이가 아니다" 하며 독재자와 백성을 구별할 것을 촉구한다. 그러면서 독재자의 만행을 암시하며 이어간다. "붉은 달 피칠하고 뛰어들어와 / 누렁이 목줄기를 송곳니로 물어뜯던 / 저 네 다리 비슷한 / 늑대를 보고 / 누가 저 늑대를 개라 이르느냐 / 누가 저 늑대를 보고 / 우리 집을 지키는 누렁이라 속느냐"[25]하는 말로 독재자를 비판한다.

늑대를 닮은 개 종류는 많다. 그래서 늑대와 구별해내기 쉽지 않다. 위의 시에서 개는 평범한 백성이고, 늑대는 악한 권력자로 비유되고 있다. '사람을 안다는 것은 얼굴을 아는 것이지, 마음을 아는 것은 아니라'는 말은 틀림없다. '사람은 겉만 보고 모른다'고 했는데 맞다. 오죽하면 '자식 겉 낳지 속은 못 낳는다' 하여, 부모조차도 자식 속을 모른다 했을까. '사람 속은 천 길 물속이라', '사람 마음은 열 겹 스무

겁이라' 하지 않는가. 누구든지 '내 속 짚어 남의 속'을 짐작할 뿐이다. 선한 인간과 악한 인간을 겉모습으로는 도무지 구분해낼 수 없다는 말이다.

사실 늑대를 악의 화신으로 보고, 가축인 개를 선으로 보는 건 편견에 불과하다. 독재자와 일상인을 우화적 수법으로 표현하려니까 늑대는 억울한 쪽이 되었다. 이 세상에 존재하는 생명을 인간이 선악으로 판단한다는 것이 정당하지 않다. 모든 생명은 존재할 정당성이 있다. 캐나다의 작가 팔리 모왓의 《울지 않는 늑대》와 미국의 학자 에스테스의 《늑대와 함께 달리는 여인들》이란 책만 읽어도, 인간이 가지고 있는 늑대에 대한 편견이 얼마나 심각한 것인가를 깨닫게 된다. 늑대는 더없이 영리하고, 집단에 충직하며, 끈기와 야성이 넘쳐나는 동물이어서 인간이 배워야 한다고 주장하고 있다. '늑대 눈에서 살기 걷히기를 기다린다', '늑대가 염소 가죽을 뒤집어썼다'고 하는데, 이런 말이 늑대에 대한 편견을 키운다는 말이다.

모왓은 늑대를 따라다니며 관찰하여, 늑대는 인간세계에서 너무 그릇되게 인식되고 있다는 것을 깨우쳐 준다. 늑대가 인간에게 대하는 태도, 집단생활과 사냥 질서, 새끼를 양육하는 모습을 자세하게 설명하며 선입견을 버리도록 한다. 에스테스는 여성의 원형이 늑대에 있다고 주장한다. 여성을 뜻하는 Woman이란 단어의 어원이 '늑대인간'이란다. 여성이 기존 사회에서 길들인 이미지를 벗어던지고 진정한 여걸女傑이 되기 위해서는 늑대를 닮아야 한다고 주장한다. 늑대를 남성성에 견주었던 기존의 생각을 깨고 여성성으로 편입시킨 아주 참신한 성과다.

외양으로 인간 내면을 간파해낼 수 있는 사람은 드물다. 관상에 도가 텄다는 사람도 가능하지 않다. 우두머리를 뽑는 선거 때 흔히 하는 말이 있다. "똑같이 잘하겠다 하는데 누가 진짜 잘할지 알 수가 있어야지. 그냥 얼굴 잘생긴 놈 뽑겠다"고 한다. '얼굴은 마음의 거울이라'는 것을 믿겠다는 생각이다. 그러나 '얼굴 고운 것 속 궂다'는 말도 있다. '겉보기와 안 보기가 다르다'고도 했다.

'얼굴 뜯어먹으려 말고, 일해 먹고 살랬다'고 했다. 외모를 보고 사람을 평가하지 말고, 하는 일을 보고 평가하라는 말이다. 왜 아니겠는가, '삼대독자 외아들도 일해야 곱다'고 했으니 말이다. 위정자를 판단할 것은 오로지 일하는 것뿐이다. '겉은 고와도 속은 똥이 들었다', '겉으로 웃으면서 똥구멍으로는 호박씨 깐다'는 사람이 적지 않다. 겉모습으로 사람을 판단하다가는 고약한 임자를 만날 수도 있다.

아마도 마음속을 가장 복잡하게 무장하고 있는 부류가 권력자들일 것이다. 권력을 잡고 유지하려면 평범한 인간성으로 될 것인가. 아주 복잡한 계산속을 갖거나 아주 단순한 성깔로 저 자신의 방호벽을 칠 것이다. 오로지 권력을 잡거나 유지하려는 일심으로 말이다. 권력자들은 제 보호벽을 인간들로 친다. 쉬운 일이다. 권세를 따라다니는 사람이 얼마든지 있기 때문이다.

권력자 주변 사람들 중 최악은 자진하여 악역惡役을 맡는 자다. 제 이익을 크게 차지하기 위해 싸움꾼으로 나서는 사람이다. '입에서 구렁이가 나가는지 뱀이 나가는지 모른다'고 할 만큼 마구 지껄여대며 상대방을 욕보이려 한다. 우두머리에게 확실한 충성심을 보여 큰 감투를 쓰겠다는 욕심의 표현이다. 정치판 투기꾼인 셈이다. 백성이야 '인간말종'이라 비난해도 개의치 않는다. 상대방에 모욕을 주고 백성에게 혐오감을 주는 언행을 잘도 해낸다. 제 우두머리만 잘 지키는 충견忠犬을 자처하고 나섰기 때문이다. 저로 인해 제 주인의 격이 낮아진다는 것을 알 리가 없다.

우두머리로 확정되기 이전, 백성들이 잘도 속아줬다. 수하 사람들 덕분이다. '진 날 마른 날을 가리지 않고' 뛰어다닌 덕이겠다. 공약이랍시고 나오는 대로 거짓말을 하면, 속 모르고 좋아하는 백성들이 많았다. 그럼 그렇지, 백성들이라고 모두 다 각성하고 있는 건 아니겠지, 하며 쾌재를 불렀으리라.

'내친 김에 굿한다', '내친 김에 서방질 한다'고, 우두머리가 됐으니 후보 때의 자신감을 배가倍加시키자고 대든다. 후보시절 거짓말은 많이 했으니, 이제는 자신감으로 존재감을 부풀리자는 마음을 먹었을 것이다. '내친 걸음이요, 벌여놓은 춤판'이고, '내친 걸음이요, 열어놓은 뚜껑이라'고 아랫사람 대동하고 '내리막을 달리는 기세'로 '가로세로 날쳐대'도 거리낄 것이 없어 좋을 것이다.

'겸손'이란 게 '뭐 말라 비틀어진 것이냐', 내 사전에는 겸손이란 게 없다고 생각하게 될 것이다. 게다가 '아랫것들'이 성곽처럼 둘러싸 보호하고 있잖은가. '의리는 바위처럼 무겁고 죽음은 깃털처럼 가볍다', '의리는 태산 같고 죽음은 홍모 같다'고 외치며 구름처럼 모여든 수하들이 얼마나 믿음직할 것인가. '호박덩굴이 뻗을 적에는 강계 위원 초산이라도 다 덮을 것 같다'고 하지만, 그건 '새발에 피'라고 자신할 것이다. '뻗어가는 칡도 한이 있다'는 생각을 하지 않게 된다.

'외로운 장수가 없다'고, 백성을 잘 보살펴야 하는 큰일을 혼자 할 수는 없는 일이다. 그래서 수하들에게 권력을 나누어 주게 된다. 나누어 준다고 해서 큰 권력이 작아지는 것이 아니다. 나누어주면 더 커지는 게 권력의 속성이다. 더 큰 충성심으로 되돌아오기 때문이다.

우두머리로부터 크고 작은 권력을 나눠 받은 사람 중 일부는 '자다가 얻은 떡', '하늘에서 내린 복'이라 생각할 것이고, 일부는 마음에 차지 않는 사람도 있을 것이다. '말로 주고 되로 받은' 격이라고 생각할 것이다. 제 능력과 충성심이 평가절하되었다고 섭섭할 수도 있다.

　권력을 좀 나눠 받았다고 사뭇 감복만 할 일은 아니다. 우두머리의 권력이란 '구름 그림자 지나가듯' 잠깐이니까 말이다. 게다가 언제 무슨 일이 일어나 그 권력이 회수될지도 모른다. 사고가 생기면 '꼬리 자르기'에 협조하기 위해 중소 권력자들은 기꺼이 헌납해야 한다. 잘못된 일에 백성들의 비난이 들끓게 되면, '가마솥에 물 끓이면 죽는 놈은 돼지뿐이라'고, 중하위 우두머리들은 작은 권력을 회수당해야 한다.

　최고 권력자와 그 수하들은 의리義理로 맺어진다. 의리란 사람으로서 마땅히 지켜야 할 도리다. 그러나 그 관계가 때로는 의리義利가 될 수도 있다. 윗사람은 의義를 바라지만 아랫사람은 이利를 원하는 경우도 있고, 그 반대일 수도 있다. '의는 천리의 마땅한 것이고, 이는 사람의 감정이 욕망한 것이다. 욕망한다는 것은 얻기를 바라는 것'[26]이라 한다.

　정치판은 의義를 취하면 동시에 이利도 따라오기 때문에 속俗되기 쉽다. 계산속은 사람마다 다를 수밖에 없다. 위정자들은 하나의 일에 하나의 잇속 정도는 생각하지 않는다. 언제나 몇 겹 이상으로 얻어야 관심을 둘까 말까 한다. 잇속을 타고 나서 그런 게 아니라, 정치판에서 닳고 닳게 되면 그렇게 된다.

　'돈 마다는 사람 없고 똥 마다는 개 없다'고 한다. 배가 고픈 개는 똥을 마다고 하지 않을 것이다. 그러나 사람은 배가 불러도 돈을 원한다. 끝없이 원한다. 푼돈을 원한다면 권세를 따라다니지 않을 것이다. 뭔가 크게 한탕을 원하니까 제 자존심을 버리면서 우두머리를 따르겠다.

　겸손해라. 스스로 평가절상하는 짓은 쉽사리 평가절하로 변한다.

누군가에 의해 선택되는 일은 일단 고마운 일이다. 더구나 대의명분이 예사롭지 않은 일이잖는가. 겸손이란 남을 위한 접대용 가식이 아니다. 필요에 따라 즉시 표정을 바꾸는 일이 아니다. 오랜 세월 동안 자기단련을 통해 얻은 인품이다. 겸손은 부드럽지만 닥쳐오는 화를 막아낸다. '초라니 방정 떨 듯' 하는 언행에 무슨 겸양지덕謙讓之德이 있겠는가.

2) '범도 여우가 있어야 위세가 생긴다'

데즈먼드 모리스의 《머리 기른 원숭이》란 책은 인간을 탐구한 명저다. 현대인의 언행을 섬세하게 분석하는데, 인간의 언행은 모두 선조인 동물로부터 이어받았다는 것을 증명해낸다. 인간의 진화심리학이라 할 수 있는 이 책에서 과거 동물과 현대동물의 유사성 또는 근친성을 밝혀내고 있는 것이다.

특히 인간의 권력지향적 언행을 영장류나 다른 동물들과 견준다. "높은 지위에 있는 사람들이 가급적 신체언어를 통제하려는 경향의 저변에는 생물학적 이유가 깔려 있다. 영장류나 원숭이 그리고 늑대 집단의 우두머리는 그보다 지위가 낮은 성원들보다 몸을 훨씬 적게 움직인다"고 주장한다. '필요한 최소'의 언행으로 제 권위를 높이는 방법에 익숙하다는 것이 공통적이라는 생각을 내놓는다. "어떤 집단에서 우위優位에 속한 동물은 거의 고요한 정적 속에서 거동하며, 순위가 낮은 구성원들이 제멋대로 굴 때에도 질서를 잡기 위해서 한번 무섭게 노려보는 것 이상의 동작을 필요로 하지 않는다. 구태여 신체언어를 사용하느라고 에너지를 소모할 필요가 없는 것이다. 우두머리는 단지 그 존재 자체만으로도 충분하다"[27]는 것이다.

산목숨이라면 누구나 제 위세를 세우기 위한 다양한 방법을 가지고 있다. 때때로 위세는 생명을 유지하는데 필수적이기 때문이다. 하등생물과 달리 인간에게는 별다른 방법이 있을까. 별다를 것이 없다는 말일 것이다.

인간세계에서는 우선 신분이 높은 경우 아랫사람은 대부분 '알아서 긴다'. '양반은 으름장으로 살고, 아전은 포흠으로 살고, 기생은 웃음으로 산다'고 하지만, 양반이 으름장을 놓지 않아도 된다. '양반보다 아전이 무섭다', '아전은 시골 사대부'라고, 아랫사람들이 윗사람의 위세를 높여주는 것이다.

정치판에서 최고 우두머리는 가만히 있어도 위세가 생긴다. 우선 그는 크고 작은 우두머리들의 권력을 나누어 준 사람이기 때문이다. '대답 없는 말 없고, 보답 없는 덕 없다'고, 받은 사람은 과잉으로 충성을 하게 된다. 또 하나, 권력을 받은 사람들은 거의 최고 권력자와 이런저런 인연의 줄로 이어져 있기 마련이다.

호랑이 하나에 따라붙는 여우가 너무 많다. 공기업을 비롯한 산하기관이라는 게 어찌 그리 많은지, 거기에 달라붙는 크고 작은 감투는 헤아리기조차 힘들 정도다. 최고 권력자 맘대로 임명할 수 있는 감투 자리가 만 개 이상이라니, 웬만큼 눈도장만 찍으면 한자리 얻어내는 건 '누워서 꿀 떠먹기'일 게다. 그러니 '물꼬에 송사리 모이듯' 할 수밖에 없다. 제 이익 때문에 모여든 사람들이 뭐 아쉽다고 백성을 먼저 생각하겠는가.

제 이익을 얻는 만큼 최고 우두머리에 대해 충성만 하면 될 것이다. '믿는 건 대감뿐이라'고, 일이야 되든 말든 자리나 차고앉으면 된다는 생각뿐이다. 전문성이 필요하겠냐고? 제가 해온 일하고 전혀 관계가 없어도 까짓것 몇 년 버티면 된다는 심보다. '비윗살 좋기가 오뉴월 쉬파리를 찜쪄먹겠다'고 할 만하다. 그러니 백성의 기대치에 아주 형편없이 먼 인간들이 자리를 차지하기 마련이다.

이들은 제 이익을 더 얻어내기 위해 서로간 충성경쟁을 벌이게 된다. 최고 권력자가 뭘 더 원하는지 섬세히 살펴 욕구를 만족시키려고 안간힘을 쓰게 된다. 모두 여기에 저 자신을 쏟아넣기 때문에 '인의 장막'이 형성되고, 최고 우두머리는 거의 지엄한 인물로 꾸며진다.

이 정도가 되면 말도 몸짓도 필요 없다. 우두머리의 눈동자가 어떻게 변하는가만 살펴도 심기를 정확히 파악하며, 무엇을 원하는지도 안다. 이미 존재 그 자체로 엄중한 인물이 된다. 우두머리는 아랫사람이 만들어준 위세를 유지하기 위해 근엄하거나 자애로운 표정을 필요에 따라 조금만 내보이면 된다. '손끝으로 물을 튀기며 지낸다'는 말이 있는데, 아무 일도 하지 않고 잘 지낸다는 뜻이다. 몸을 함부로 쓰면 천하게 여겨질까, 권력자는 '필요한 최소'로 움직인다. 권위의식을 벗어나지 못하는 부류는 대개 그렇다.

이에 비해 품성 좋은 우두머리는 '필요한 최대'를 움직인다. 한껏 얼굴이나 몸을 움직여 분위기를 부드럽게 하고, 주변 사람들을 어색하게 만들지 않는다. 계급의 구별 없이 위아래로 잘 어울려 지낸다. 자신의 위세보다는 남들을 배려하는 게 우선이다. 그러다 보니 위엄이나 위세를 잃은 듯 보인다.

분위기가 자유로우면 경직될 때보다 더 창조적으로 일할 수 있다는 건 많은 사람들의 공통적인 생각이다. 너그러운 우두머리가 있는 공동체 사람들이 더 적극적이고 창조적이어서 성과도 클 수밖에 없다. 그런데 제 생각에만 갇혀있는 우둔한 우두머리들은 권위를 잃지 않기 위해 말과 표정을 아낀다. 공동체의 성취욕과 성과가 낮아질 수밖에 없다.

'범도 위엄을 잃으면 쥐가 된다'는 말이 맞기는 맞다. 위세 높던 위정자가 위세를 잃으면 한순간에 '코가 납작하게 깎일' 수밖에 없다. 자초한 일이다. 우두머리의 성격이 권위적이면 그 공동체는 활력이 떨어진다. 그럼에도 불구하고 인간들은 권위적인 것을 선호한다.

'나도 사또 너도 사또면 아전할 놈 없다', '나도 사또 너도 사또면 아전 노릇은 누가 하느냐'는 말이 있듯이, 어차피 권세의 크기에 따라 상하가 있을 수밖에 없다. '사람 위에 사람 없고 사람 아래 사람 없다'는 말은, 인간 근원적 가치 또는 인격적인 평등을 말하는 것일 뿐이며 절대적 평등을 말하는 것은 아니다.

권력이 커야 사람이 많이 모일 것은 당연하다. '산이 크면 웅심도 깊다'고 했다. 권력이 크거나 돈이 많으면 사람들이 '물꼬에 송사리 모이듯' 할 것이다. '사람 모이는 속은 호두엿 장수가 먼저 안다'고 했다.

예사롭지 않은 권력을 쥔 자는 제 권한의 범주에서 권력을 나누어 주게 된다. 능력에 따라 나누어 준다고 하지만, '팔은 안으로 굽는다'. 능력보다는 인연이 우선이다. 능력이라는 것이 이현령비현령耳懸鈴鼻懸鈴, '귀에 걸면 귀엣고리 코에 걸면 코엣고리'다. 제 판단에 '큰 고기는 큰 강물에 놀게 하고', 작은 고기는 작은 물에 놀게 하면 된다. 비록 작은 고기들일지라도 '작은 물결 일으켜 큰 물결을 돕는다'는 확신이 있기 때문이다. '은혜는 은혜로 갚고 모멸은 모멸로 갚는다'는 믿음, 그리고 '은혜를 모르는 것은 당나귀뿐이라'는 확신으로 단행한다. 최소한 '은혜를 원수로 갚는다'는 염려만 없으면 저를 위해 충성한 사람이나 학연, 지연, 그 외의 다양한 인연에 따라 분배한다. 그렇게 베푸니 '작은 나무는 큰 나무 덕을 못 봐도, 사람은 큰사람 덕을 본다'고 하는 것이다.

인재를 선발하는 근저에는 인간에 대한 따뜻한 시선과 애정의 손길이 전제되어 있어야만 한다. 그렇게 될 때에 비로소 인간의 밖에서 그를 규정하고 있는 무수한 관계의 그물을 벗어나 알몸의 인간을 직접 대면할 수 있을 것이다. 그것은 다른 한편으로 개인적 욕망에서 자유로워야 한다는 것을 말하는 것이기도 하다. 선발하는 사람이나 응시하는 사람이 모두 개인적 욕망이나 이익에서 한 걸음 떨어질 때 비로소 그 직책이 의도하는 원래의 목적에 근접할 수 있기 때문이다. 혈연, 지연, 학연 등 기타 무수한 조건들은 그의 능력을 평가하는 부차적인 조건이라야 한다.[28]

허균의 산문 〈공정한 인재 등용〉에서 인용한 부분이다. 지금 보아도 안목이 빼어난 인물이었다. 권위적인 자세로 사람을 고르는 게 아니라, 지극히 인간적인 자세로 임할 때 사람을 채용하기 위한 모든 불합리를 벗어난다는 것이다. 이런 충고는 현대의 우두머리들도 명심해야 할 점이다.

인연으로 뭉치는 게 참 유치하기도 하고 고약하기도 하다. '고향 까마귀는 보기만 해도 반갑다', '까마귀도 내 고향 까마귀가 반갑다'고 해서 최우선 조건이 된다. 이 좁은 땅덩이에서 고향과 타향, 객지를 구분한다는 게 가소로운 일이다. 또한 지역별 사람의 특성을 들어 쓰고 안 쓰고를 판단하는 짓은 정말로 유치찬란하다. 때때로 의외의 인물을 택하기도 하는데, 별다른 인연이 없는 사람도 그 무리에 들어가면 닮을 수밖에 없다. '개의 무리에 섞이려면, 함께 짖진 않아도 꼬리는 저을 줄 알아야 한다'고 하지 않던가.

사람의 속이라는 게 얼마나 좁은지 절실하게 느끼는 또 다른 경우는 학연이다. 같은 학교를 나왔다는 사실만으로 이미 같은 울타리 속으로 들어가는 것이다. 대학, 중고등학교, 초등학교 중 겹치는 것에

정종진 87

비례해서 친밀도는 강화된다. 게다가 진골과 성골을 따진다. 인간 뼈다귀가 다 그게 그건데 이들에게는 '한 치 걸러 두 치', '한 발 건너 두 발'이다. 그렇다 보니 정치가들, 정부의 각 기관, 회사들까지 학교 동창회 수준을 벗어나지 못한다. 새로운 정부가 들어서면 향우회, 동창회가 새로 시작되는구나, 하는 기분이 들 수밖에 없다.

아무리 '정이 앞서고 촌수가 뒤 선다'고 할 정도로 '정 만능' 사회라고 하지만, 공적인 일을 사적으로 해결하려는 것은 공공질서를 무력화시키는 짓이다. "대한민국 정치판은 동문회 수준"이라는 백성의 탄식을 가볍게 봐서는 안 되는데 오불관언이다. '한 치의 기쁨에는 한 자의 걱정이 따른다'고 했는데, 그 걱정은 오롯이 백성의 차지다.

문제는 알음알음으로, 또는 정으로만 뭉친 집단이 의외로 체계가 허약하다는 점이다. 정으로 만나 정으로 일을 하다 보니, 윗사람만 쳐다보고 다른 곳을 배려하지 못한다는 점이다. 배려한다고 했지만, 공적인 집단에서는 채용 자체가 곧 백성 전체의 공적인 일이다. 사단이 생기면 주위에서 정으로 배려해 주기 때문에 책임을 허술하게 묻는 경우가 허다하다. '읍참마속泣斬馬謖의 심정'이라는 고사성어를 내세우며 가끔 결단을 한다 해도 백성들이 느끼는 배신감은 헤아릴 수 없을 것이다.

그놈의 정 때문이라고 하는데, '정으로는 돌도 녹인다', '정을 베는 칼은 없다'고 했다. 맞는 말이기는 하지만, 만약 사달이 나면 그때부터는 달라진다. '정은 날로 두터워지기도 하고 식어지기도 한다'는 것을 모를 리 없다. '정이 원수요, 정이 병이라'는 후회가 덮치면 걷잡을 수 없게 된다. '정을 따르자니 앞날이 울고, 앞날을 따르자니 정이 운다'며 탄식을 하게 되는 것이다.

어쨌든 이렇게 나눈 권세는 준 사람이나 받은 사람 간의 협력으로 훨씬 더 커지게 된다. 상호간의 기대와 견제 속에서 팽팽한 긴장과 흡인력을 갖게 되는 것이다. 힘을 품은 하나의 그룹을 형성하여 필요한 곳곳에 빨대를 꽂거나 뿌리를 뻗기 시작한다. '먹을 콩으로 알고 덤빈다'는 말이 딱 맞다. '먹을 일이 많은 곳에 인심은 없다'고 했는데, 당연한 말이다. 이익을 다투는 데는 어디나 인심이 사납기 마련이다. '사람만큼 무서운 게 없다', '사람 영악한 것은 범보다 무섭다'고 하지 않는가. '먹자는 놈과 하자는 놈 못 당한다'는 말, 당해보면 진짜 그렇다는 걸 알게 된다.

'어사는 가어사假御史가 더 무섭다'고 했다. 우두머리보다 주변 사람이 행악을 부리며 더 큰 이익을 차지하는 경우가 적지 않다. '대감댁 권세보다 아랫것들 행악질이 더 못됐다', '대감댁 송아지는 범 무서운 줄 모른다'고, 제 우두머리를 교활하게 이용한다. 위압적 몸짓으로, 아니면 능청을 떨며 이익을 챙길 만큼 챙기는 것이다. 그러다 보니 '진상은 꼬챙이로 꿰고 인정은 바리로 싣는다', '손안에 진상을 들고, 말에는 인정물을 싣고 간다'는 말처럼, '배보다 배꼽이 더 크다'는 격이 된다.

세도 있는 집에서 숱한 일을 해보고, 사람을 숱하게 대접해 보았으니 눈치는 오죽 빠를 것인가. '눈치 하나는 파발마보다 빠르다', '눈치 빠르기는 주막집 개 같다', '눈치 빠르기가 비린내 맡은 고양이 콧구멍 같다'고 하겠다. 우두머리에게 가는 뇌물을 덜어내는 배달 사고도 있을 것이고, 우두머리 몰래 좋은 것을 빼내는 경우도 있을 것이다. '곧은 나무는 산지기 차지요, 굽은 나무는 산주 차지라'는 예는 허다할 것이다. 사실 세상 돌아가는 속이나 사람 속여먹을 궁리는 '아랫것들'이 더 잘 안다. 잔머리 굴리는 데는 '귀신 찜쪄먹을' 정도가 된다. 그래서 아랫사람을 잘 써야 한다.

'인사人事가 만사萬事'라고 했는데, '인사가 망사亡事'인 경우가 허다하다. 그만큼 윗사람이 아랫사람을 골라 쓰기 어렵다는 뜻이다. '말은 상등 말을 타고, 소는 중등 소를 부리고, 사람은 하등 사람을 부리랬다'는 말대로 행해서 그런가. 앞의 속담을 바꿔, '사람은 상등 사람을 쓰고, 소는 중등 소를 부리고, 말은 하등 말을 타라'고 한다면 어떨까. 소와 말은 제쳐두고, 사람만 두고 말한다면 상등 사람을 쓰는 게 정상일 것이다.

사실 사람을 두고 상중하를 따진다는 게 아니 될 말이기는 하다. 어쨌든 지배욕이 강한 위정자는 저보다 능력 있는 사람을 꺼리며 단순하고 무지한, 그리고 충성심이 강한 사람을 주변에 둔다. 그런 사람들을 하등 인간이라 할 것이다. 저보다 똑똑하다면 불평불만을 해댈 테고 언젠가 돌아설 기회만 도모할 테니까 말이다. 그래서 이 사회나 나라가 발전하기란 '병풍에 그린 닭이 홰를 치고 울 때까지' 기다려야 한다. 부지하세월인 것이다. 권력자 자신보다 나은 사람을 두고 못 보니까 그렇다. 아주 단순해서 오로지 충성심만 가득 찬 아랫사람을 찾게 되는 것이다.

'양반은 하인이 양반 시킨다'고 했다. 하인이 떠받들어 모시기 때문에 양반이 위세를 보이게 된다는 뜻이다. 그러니까 권력자의 위세는 추종자들이 만들어 준다는 얘기다. 거기에다 '양반집 마당쇠가 양반보다 곱절 권세 부린다'는 말을 더해 보자. 이것이 이를테면 시너지효과요 윈윈전략이다. '누이 좋고 매부 좋고', '도랑 치고 가재 잡고', '마당 쓸고 돈 줍고', '꿩 먹고 알 먹고 둥지 헐어 불 지피고 꼬리깃 뜯어 부채 만든다'니 이보다 더 좋을 수가 있을 것인가.

우두머리가 인심을 잃지 않으려면 우선 데리고 있는 사람을 제대로 단속해야 한다. 단속은 권위의식으로 될 수 없다. 허균이 충고한

대로 천진난만한 언행으로 모든 사람을 대하고 설득해야 한다.

　권력자에게는 큰돈이 들고 많은 사람이 필요하다. 일거수일투족에 엄청난 세금이 소비하는 것이다. 혹시 권력자들이 공연한 나들이라도 하게 되면, 그만큼 많은 돈을 백성들이 내야 한다는 것은 뻔한 사실이다. 권력자에게는 주위에 있는 많은 사람이 후광後光역할을 하게 된다. 사자 머리에 긴 털, 크라운을 자초해 위세를 더해주는 것과 같다.

　공권력을 다른 데 쓰면 백성의 삶에 그만큼 더 도움을 줄 텐데, 위세를 보이는 맛에 자제를 못 하는 경우도 허다하다. '사람 한 생애 길은 구절양장 고갯길이라'서 '쓴맛 단맛 다 보았다'고 하는데, 저만 '구름 위를 밟는 듯', '구름의자에 앉은 것 같이' 사는 맛이 기가 막히게 행복할 것이다. 끼리끼리 호가호위하는 맛에 살지 말고, 백성의 눈치라도 잘 봐야 하겠다. '잠자는 호랑이 코털을 건드려' 깨게 되면, '가재 뒷걸음치듯' 도망할 날을 생각할 일이다.

3) '세상인심 오동지 설한풍이다'

　'남의 골병이 내 고뿔만 못 하다'는 말이 있다. 누구나 제 위주로 생각하며 살아가기 마련이다. 많은 사람이 자기를 떠받들어 주었으면 하는 영웅심리에 빠지기 일쑤다. 객기일 따름이다. 제 이익에 영향을 미치는 사람이 아니고서야 누가 남을 떠받들며 살겠는가.

　루이제 린저의 《생의 한가운데》를 읽다 보면, 작가가 목표하는 인간탐구의 방향을 말하고 있다. "우리는 영웅이 아니야. 가끔 그럴 뿐이야. 우리 모두는 약간은 비겁하고 계산적이고 이기적이지. 위대함과는 거리가 멀어. 내가 그리고 싶은 게 바로 이거야" 하고 말한다.

그렇다. 인간은 특별한 경우를 빼고는 결코 영웅이 되기 힘들다. 특별한 시대상황이 아니고서야 인간은 지극히 평범하다. 이기적이고 때로는 비겁하기까지 하다. 그래서 "우리는 착하면서 동시에 악하고, 영웅적이면서 비겁하고, 인색하면서 관대하다는 것, 이 모든 것은 밀접하게 서로 붙어 있다는 것, 그리고 좋고 나쁘고를 떠나서 한 사람으로 하여금 어떤 행위를 하도록 한 것이 무엇이었나를 아는 일은 불가능하다는 걸 말야. 모든 것이 복잡하게 얽혀 있는데도 그것을 간단하게 만들려는 게 나는 싫어"[29]하고 루이제 린저는 작품 속에서 말하고 있다.

인간은 변화무쌍하다. 적응력이 뛰어나고 처세술이 좋다는 건 그만큼 변신술에 통달했다는 뜻이다. 모든 가치의 양면성으로 살아가기에 인간은 전혀 위대할 수가 없다. 위대하기는커녕 훌륭하기도 힘들다. 훌륭하기는커녕 평범하기도 어렵다. 제정신을 지키기가 쉽지 않다는 말이다. '사람은 백지 한 장 앞을 못 본다', '사람의 마음처럼 간사한 것이 없다'고 했는데 남에게는커녕 저한테도 무슨 기대를 할 수 있으랴.

백성의 마음이 변화무쌍하면 위정자들의 마음도 역시 그렇다. 백성과 위정자들이 때로는 반목하고 때때로 어우러지며 '오방난전이 제 짝을 찾듯' 살아가는 것이다. 어느 쪽에서도 돈을 받는 것도 아닌데 목청을 높여 편을 들고, 원수를 진 것도 아닌데 욕을 퍼부어대기도 한다. 독재자를 옹호하기도 하고, 덕 있는 우두머리를 비난하기도 한다.

백성이란 그렇다. 땅값이 오르는 것을 반겨하는 사람이 있는 반면, 떨어지는 것을 좋아하는 이들도 있다. 쌀값이 오르면 농민은 좋아하지만, 소비자는 싫어하게 된다. 늘 이율배반二律背反적이어서 갈피를 잡을 수 없는 게 백성들의 삶이다. 이런 세태를 곤혹스럽다고 하소연하면 위정자 자격이 없는 것이다. 그런 것을 최적화시키는 것이 위정자의 임무다.

　위정자가 속 좁은 안목으로 어느 한 편에 치우치면 당장 백성의 비난이 뒤통수를 칠 것이다. 균형감각이 예사롭지 않아야 제 감투를 놓치지 않는다. '인심 잃기는 하루아침, 얻기는 백 년'이라 했다. 늘 인심을 살피며 제가 딛고 있는 곳이 불편부당不偏不黨한 곳인가를 잘 판단해야 한다.

　정권이 바뀌면 크고 작은 감투가 거의 바뀌기 마련이다. 우두머리가 바뀌는 곳에는 줄을 바꿔서는 변화가 생겨난다. 여야가 바뀌면 '신발을 바꿔 신는다'는 격으로, 재빨리 자세를 고친다. 작은 우두머리들은, 여야가 적대적이면 알아서 이전 정권을 적으로 간주한다. 알아서 수사를 하고 알아서 비난을 해댄다. 어제의 아군이 오늘의 적으로, 어제의 적이 오늘의 아군으로 바뀌는 격이다. 그야말로 '세상만사 물레바퀴 돌 듯 한다'는 말이 틀리지 않는다.

　평범한 백성의 호불호 구실도 가지가지다. 가진 자들은 세금을 높였다고 지지를 철회하고, 복지에 과도한 세금을 쓴다고 반대한다. 제가 싫어하는 지역 사람이라고 비꼬고, 시원찮은 대학을 나왔다고 깔본다. 얼굴이 잘 생겼다고 지지하고, 학벌이 훌륭하다고 호감을 갖는다. 재산이 많아 부정을 저지르지 않을 거라고 믿으며, 군인 경찰 출신이라 과감하고 결단력이 있다고 좋아한다. 즉흥적으로 사람을 택할 수 없는 일이지만, 백성들은 즉흥적으로 평가하고 짧게 말한다. '사람은 고를수록 멀어진다'고 하지만, 나라의 일을 맡기려는 사람 선택은 다르다. 고르고 골라야 한다. '생각하고 또 생각하면 귀신도 통할 수 있다'고 하잖는가.

이런 게 모두 세상인심이다. 이런 세태에 분노하면 위정자의 그릇이 못 된다. "백성은 늘 그렇다. 백성은 늘 그럴 수밖에 없다"고 여겨야 한다. '백성百姓은 백성百性이라'고 생각해야 한다. 백성은 숱한 성을 가진 사람들이고, 마찬가지로 다양한 성품을 가진 사람들이다. 여기에서 선과 악의 개념을 들이댈 필요는 없다. 숱한 종류의 가치관이 뒤섞인 아주 거대한 공동체가 백성이라 생각할 일이다.

'벼슬 떨어진 양반은 개도 안 무서워한다'는 말이, 세태란 냉혹하다는 것을 알게 해준다. 그러나 생각해 보자. '세도 좋을 때 인심을 써라'고 했다. 우두머리가 감투 자리에 있을 때 잘했다면 외면했을까. 오히려 물러났기에 더 잘 모실 것이다. 자리를 차지하고 앉아 허세만 부리고, 제 이익을 차릴 짓만 했으니 눈 밖에 난 것이다. 권력은 악착같이 잡으려 하지만, 책임은 악착같이 피하려는 게 위정자다.

해리스는 《작은 인간》이란 저술에서 정치가가 없어도 되는가에 대해 질문을 한다. "지배자와 피지배자가 없이도 인간은 존재할 수 있는가? 정치학의 선구자들은 그럴 수 없다고 생각했다. '모든 인류가 공유하는 일반적인 성향 하나가 있다. 줄기차고 무모하게 힘을 추구하는 욕망, 죽어서야 비로소 끝이 나는 권력욕이 그것이다'라고 토마스 홉스 Thomas Hobbes는 단언한 바 있다"고 말한다. 인간의 권력욕은 선천적이라고 주장하는 홉스의 생각에 거의 동조하고 있는 것이다. "이렇듯 선천적인 권력욕 때문에 국가 이전의(또는 그 이후의) 삶은 '만인에 대한 만인의 투쟁'- 고독하고 궁핍하며, 추잡하고, 야만적이고, 비명횡사하는 – 이었다고 홉스는 생각했다"[30]는 주장에서 벗어나지 못한다. 그러면서도 해리스는 소규모 공동체에서는 지배자와 피지배자 구별이 없는 삶이 가능하다는 것을 증명하려 했다.

위와 같이 제기된 권력욕은 인간의 일반적 성향이 아니라는 것을 해리스가 증명하려 했다. 소규모 종족의 호혜적 교환 관습에서 인간 지배의 욕망이 필요 없다는 것을 설명하고 있는 것이다. 특히 한 밴드당 50~150명 정도의 인구집단에서 그렇다는 것인데, 이런 생각은 마하트마 간디의 생각과 상통하는 것이다. 작은 공동체를 이루고 살면 위정자가 따로 필요 없다는 말이다. 그러나 현대사회에서 그런 작은 규모로 집단을 나누어 살라고 권할 수도 없고 가능한 일이 아니다. 현대인은 어떻든 떼를 지어 살려고 하기 때문이다. 도시문화가 그렇게 길들여 놓았다.

그래서 현대에 위정자는 필요악이다. 전혀 원하지도 않는데 찾아든 과객이지만 할 수 없이 받아들이게 된다. 잠깐 머물다 갔으면 좋겠는데, 하나같이 아예 붙어살려고 한다. '마루를 빌리더니 안방까지 빌리란다', '마루 디딘 놈이 안방 못 들어갈까' 하는 격이다. 돈 달라, 먹을 걸 달라, 잠잘 곳 달라고 온갖 떼를 써댄다. 못된 과객은 주인 행세를 하려다 쫓겨나기도 한다.

김수영의 시 〈우선 그놈의 사진을 떼어서 밑씻개로 하자〉는 독재자를 향한 혐오감이 절정에 달한 작품이다. 관공서를 비롯해 곳곳에 붙어 있는 독재자의 사진부터 떼어버리자는 구호를 시로 써낸다. "우선 그놈의 사진을 떼어서 밑씻개로 하자 / 그 지긋지긋한 놈의 사진을 떼어서 / 조용히 개굴창에 넣고 / 썩어진 어제와 이별하자 / 그놈의 동상이 선 곳에는 / 민주주의의 첫 기둥을 세우고 / 쓰러진 성스러운 학생들의 웅장한 / 기념탑을 세우자 / 이이 어서어서 썩어빠진 어제와 결별하자"고 나선다. '오래 참고 살면 시어미 죽는 날도 본다'더니, 그야말로 그 짝이라는 듯 기뻐하는 시인의 표정이 느껴진다. "그놈의 사진일랑 소리없이 떼어치우고 / 우선 가까운 곳에서부터 / 차례차례로 / 다소곳이 / 조용하게 / 미소를 띄우면서 / 극악무도한 소

정종진 95

름이 더덕더덕 끼치는 / 그놈의 사진일랑 소리없이 / 떼어 치우고 - "[31] 할 정도니, 독재자가 백성에게 어찌 원수가 아니랴.

〈우선 그놈의 사진을 떼어서 밑씻개로 하자〉는 매우 긴 시작품인데 독재자 이승만과 하수인들을 비판하고 백성의 분발을 촉구한다. 과객이 주인 노릇, 그것도 아주 악독한 짓을 해대는 주인 행세를 오랫동안 하는데 누가 오냐 오냐 하겠는가.

아직도 이런 독재자를 숭상하는 사람들이 있다. 역사책에서는 장점을 부풀려 신화를 만들고 학자답지 않은 학자는 이런저런 고증을 하면서 논문을 쓰고 학술회의를 통해 또 다른 신화를 만들려고 애를 쓴다. '고양이 보고 범을 그린다'는 말이 있는데 그 짝이다. 추종자들이 아무리 분칠을 해대도 백성이 잘 안다. 아닌 건 아닐 뿐이다.

누구를 위해 역사를 쓰나. 왜 그렇게 영웅을 만들려고 하는가. '도깨비는 쳐다볼수록 커 보인다'는데, 독재자가 도깨비로 보이는 걸까. '도깨비는 방망이로 쫓고 병은 의원한테 물으라'고 했다. 영웅은 독재자가 아니라 백성이다. 그 못난 위정자의 폭정을 견디고 모진 세월을 이겨내고 악착같이 나라를 이어온 이들이 진짜 영웅이다.

'인심은 조석변이라' 했다. 백성의 마음은 쉽게 변한다. 백성을 원망할 수는 없는 일이다. 제가 나선 것이 죄가 되었을 뿐이다. '자신을 아는 사람은 남을 원망하지 않는다'고 했다. '백성이 원하는 것은 하늘도 따른다'는데, 어찌 과객이 주인의 뜻을 거스를 것인가.

4. '윗사람이 돛을 구하면, 아랫사람은 배를 만들어 바친다'

정약용의 산문 〈귀족들에게는 희망이 없습니다-형님께 1〉은 참으로 혁신적인 생각에서 쓴 글이다. 양반이 지배하던 시대에 양반 계층을 통렬하게 비판하고 나섰으니 어찌 진정한 용기가 아니랴. 더구나 '자식 농사가 농사 중에서 제일 큰 농사라'고 하는데, 양반들의 농사가 형편없다고 한 것이니 양반에게는 악담 아닌 악담으로 들렸을 것이 뻔하다.

귀족의 자제들은 모두 기상이 쇠약한 삼류들입니다. 정신이 총명치 않아서 책을 덮으면 금방 잊어버리고, 뜻과 취향은 저속한 데 안주해 버립니다. ……《시(詩)》《서(書)》《역(易)》《예(禮)》등 경전 중의 미묘한 논의 같은 것들을 때때로 말해주면서 공부하도록 권하기라도 하면, 그 모습이 마치 발을 묶어놓은 꿩 같습니다. 모이를 주어도 쪼아먹을 줄 모르고, 머리를 낱알에 대고 눌러서 부리가 곡식알에 닿도록 해주어도 종내 쪼아먹지 않는 그런 자들 말입니다. ……귀족 집안의 자제들이 나면서부터 기름지고 맛난 음식을 물리도록 먹어서, 비록 꿩 기름, 곰 발바닥 같은 귀한 음식이라도 예사로 여기는 것과 같습니다. 그러니 굶주린 사람이 허겁지겁 음식을 향해 달려들어, 목마른 말이 시내를 향해 달리는 것 같은 그런 기상이 없습니다.[32]

위와 같이 말하면서 다산은 속학俗學의 중요성을 말한다. 귀족들은 아학雅學밖에 모르고 그것 때문에 오히려 아학을 속학으로 오해한다고 말한다. 그래서 아학과 더불어 속학을 겸해야 한다고 주장한다. 결국 속인俗人의 세계에 관심을 둬야 한다는 말이다. 사회나 나라를 지탱하는 힘은 귀족에서 나오는 것이 아니고, 오히려 평범한 백성에서 나온다는 말이다. 부잣집 자식은 믿느니 돈이요 가난한 집 자식은 믿느니 제 능력뿐이니, 여기서 차이가 생기는 것이다. '있는 놈은 돈으로 일을 시키고, 없는 놈은 힘으로 일한다'는데, 누가 더 진취적이겠는가.

아무래도 부잣집 자식이 덜 진취적일 수밖에 없다. 과잉보호하고 어려운 일을 겪지 않기 때문이다. '부잣집 가운데 딸', '부잣집 가운데 자식'이란 말은 아무것도 하지 않고 낭비만 하는 사람을 말한다. '부잣집 자식은 저자에서 죽게 하지 않는다'는 말은, 부잣집 자식은 지극 정성으로 보호한다는 뜻으로 빗대는 말이다. 지극히 보호받고, 낭비만 즐기면 게으를 수밖에 없다. 게다가 측은지심조차 메마르게 된다. '부자에게 양심이 있으면 강물이 거꾸로 흐른다'고, 예절이나 의로움마저 없다. 이러니 부잣집 자식에게 무슨 희망을 가질 수 있겠는가.

권세가나 부잣집 자식들 대부분이 이렇게 성장해 후에 가업을 이어받으려 한다. 사람 위에 군림하려고만 하니 인간미가 없고, 어려움을 겪지 않았으니 모험심이 없어 추진력이 부족하다. 돈으로 세상일을 해결하는 버릇을 들였으니, 돈만 숭배하게 된다. 모든 조건을 일류로 뽑아내니 겸손과는 거리가 멀게 된다. 이런 사람이 정치판에 나오면 백성과 정서적 거리는 아주 요원해지기 마련이다. 오로지 '있는 놈이 왕이고, 있는 놈이 법이라'는 것만 배우고 익혀 '세상만사 돈 놓고 돈 먹기'로만 생각하는 것이다.

돈이 많다는 것은 신분을 높이는 최상의 수단을 가졌다는 것이다.

오죽하면 '돈이 마패라'고 하겠는가. '가진 놈이 더 가지려 한다', '돈은 돈을 끌어다닌다'고 했다. '돈 쥔 놈이 흥정 끝낸다'는 것을 알기에 기업인이나 정치가는 돈을 더욱 쌓아두려고 하는 것이겠다.

정치가에게 돈은 권세를 유지하기 위한 최고의 수단이다. 배부르고 등 따습고, 돈도 많은 정치가들이 왜 돈을 더 벌어들일까. 왜 뇌물을 받을까. 더 큰 권력을 가지기 위해 필요하고, 자자손손 부富를 세습시키기 위해서다. '돈과 권력으로 안 되는 일 없다'는 걸 권력자들은 누구보다 잘 알고 있다. '돈 없고 빽 없는 놈은 시체'라는 것을 누군들 모르랴.

같은 위정자 사이에 오가는 돈은 좀 더 편안하게 먹을 수 있을 것이다. 윗사람이 아랫사람을, 큰 우두머리가 작은 우두머리의 뒤를 봐주는 대가다. 선거를 앞두고 공천과정에서 국가기관의 임직원 천거에 이르기까지 대가가 없을 것인가. 뇌물이 탄로 나면 대가성이 있는지 여부를 법정에서 판단한다는데, 이거야말로 '손바닥으로 하늘을 덮는다'고 욕먹어 마땅하다. '세상에 공짜 없다'는 것은 강아지도 안다고 하지 않던가.

아랫사람이 윗사람으로부터 신임을 받는 방법은 무엇일까. 우선은 충성심이다. 그 다음엔 제 일을 잘해야 할 것이다. '일이 황금이다', '삼대독자 외아들도 일해야 곱다'고 했으니, 일을 잘해야 눈에 들 것이다. 다음으로는 인정이다. '인정은 바리에 싣고 진상은 꼬치로 꿴다'고 하는 '인정'이다. 사실 작거나 큰 뇌물의 다른 이름이겠다. 그러나 이 순서는 사람에 따라 다르다. 인정, 또는 뇌물이 우선순위가 되기 쉽다.

인정을 받거나 뇌물을 받아 뭣에 쓰려는지 모르는 사람 없을 것이다. '돈이 없다는 사람은 있어도, 돈이 남는다는 사람은 없다'고 해서 그렇다. 결국 자식에게 물려주기 위해서 그렇게 할 것이다. '부잣집 아들 일생 중 가장 기쁜 날이 아버지 죽는 날이라'는 말을 알아도 그런다.

'돈이 없었더라면 자식이나 버리지 않았지' 한다는데, 이미 때는 늦었다. '돈과 자식은 마음대로 되지 않는다'는 것을 뒤늦게 깨닫게 된다. 많은 돈 때문에 자식까지 버렸으니, '게도 구럭도 다 잃었다'는 격이 된다. '산돝을 잡으려다가 집돝까지 잃는다'는 신세가 되는 것이다. '사람이 한 치 앞을 내다보지 못한다'고 했는데, 자식 문제도 그렇다. '아들에게 금 한 상자 주지 말고, 책 한 권 주랬다'고 했는데, 시시껄렁한 말로 여겼으리라.

정치판이 뇌물판으로 타락하는 것을 막으려고 별짓을 다하는 것도 사실이다. 별짓에 법을 강화시키는 것도 포함된다. 정치후원금을 받을 수 있게 하는 것으로부터 김영란법 따위 수없이 많다. 그러나 '열 놈이 한 도둑 못 지킨다'는 말대로 뇌물의 고리를 끊어내기 쉽지 않다. 주려고 하는 사람은 '돈다발로 처대는 매질 앞에서 버티는 장사 없다'는 것을 알고 밀어붙인다. 받는 사람은, 입으로 거절하고 뒤로 손을 내민다.

위정자들이 '눈 가리고 아웅 한다'는 것 중 하나가 출판기념회다. '오줌 누고 뭐 볼 새도 없다'는 사람들이 웬 책은 그리 잘 써내는지 탄복할 일이다. 선거를 앞두면 여기저기 출판기념회를 한다는 소식이 들린다. 책값으로 들어오는 수입은 세금도 없단다. 정치후원금으로 계산되지 않는단다. 책값이야 상한선이 없으니, 특별한 고객은 책값에 백 곱에서 천 곱은 해야 하리라. '사기 장수는 사 곱, 옹기 장수는 오 곱, 칠기 장수는 칠 곱'이라 했는데, 위정자 겸 책 장사에 비하면 그야말로 '새발에 피'다. 책값을 낸 사람 명단도 공개되지 않음은 물론이다. 평소에 돈 주고 싶어 안달하는 사람들이 이 기회를 놓치겠는가. 크게 한번 뇌물을 질러대는 것이다. 입법기관에서 뇌물이 오가는 문 하나를 슬며시 열어놓은 게 출판기념회다. 이 나라 위정자들은 하필 선거에 바쁠 때 저술활동까지 하느라고 매우 고생한다. 보좌관이나 작가가 쓰지 않고 제가 직접 썼다면 정말 가상한 일이다.

위정자가 물러나면서 또 출판기념회를 한다. 대부분 '자서전自敍傳'이다. 그들 대부분은 타서전他敍傳을 자서전이라고 부른다. 물러났지만 책값을 내러 올 사람이 헤아릴 수 없다. 의리로 뭉쳤던 동지나 수하들이 외면할 수 없을 것이다. 책 내용을 누가 보겠는가. 보나 마나 제가 애국자라는 소리일 것이다. 3류 글쟁이가 애쓴 글일 뿐이다. 이 땅의 큰 벼슬아치들은 정치를 주업으로, 저술을 부업으로 하는 재능을 가지고 있다.

정치가나 고위공직자들이 직접 뇌물을 받지 않는다 해도 이렇게 저렇게 챙기는 구멍이 있겠다. 이런저런 명분을 내걸고 일을 벌이는 것이다. 왜 이런 일을 벌이는가에 대해 물을 필요도 없다. '구실을 뒤집으면 이기심이 드러난다'고, 어떤 명분의 속내를 들여다보면 이기심이 필히 감추어져 있다는 뜻이다.

'먹은 개는 짖지 않는다', '기름 먹은 개는 짖지 않는다'고 했다. 뇌물은 먹었으니 '꿀 먹은 벙어리 꼴'이 된다는 말이다. 일단 뇌물을 먹으면 제 말발이 서지 않을 것이 뻔하다. '때린 놈은 오그리고 자도, 맞은 놈은 다리 뻗고 잔다'고 했는데, '뇌물 먹은 놈은 오그리고 자도, 준 놈은 다리 뻗고 잔다'고 할 수 있을까. 뇌물을 받으면 제 위세가 약해질 것은 뻔하다.

윗사람이 돈이 필요하다고 말하지 않아도 알 것이다. 달걀이 필요하다면 알 잘 낳는 암탉을 드릴 것이다. 거북이를 기르고 싶다면 금

정종진 101

세공 거북이를 바칠 것이다. 우유가 먹고 싶다면 젖소를 바쳐야 하나, 고민하게 되는 게 정치판에서 아랫사람일 수 있다. '눈치 코치 다 안다'고 해야 충성심 좋고, 일 잘한다 소리를 들을 것이다.

'가식적인 청백이 솔직한 탐욕보다 낫다'고 했다. 대놓고 내놓으라면 인간에 절망을 느끼게 될 것이다. 그래도 부끄러운 줄 아는 마음, 즉 수오지심羞惡之心이 남아 있는 것을 보면 절망이 좀 덜할 것이다. '제 돈 세 푼은 아까운 줄 알면서, 남의 돈 칠 푼은 아까운 줄 모른다'는 파렴치에 속 안 쓰린 사람이 없겠다. '공물公物은 훔쳐먹고 보라'는 파렴치로부터 시작해서 앓기보다 힘들다는 남의 돈 먹기까지, 짜다 소리 한마디 없이 '아귀 먹듯 하는' 우두머리를 만나면 하늘이 까만색으로 보일 것이다. '남이 주는 것 다 받아먹고 나니 벙어리가 되었다'는데, 받아먹는 놈도 속이 마냥 편치는 않으리라.

청백리淸白吏가 있다. '청백리 똥구멍은 송곳부리 같다'고 했다. 무척 가난하다는 말인데, 먹은 게 없으니 나올 것도 없다는 뜻으로 빗대는 말이다. 남의 것을 먹지 않았으니 얼마나 당당할 수 있을 것인가. 그래서 '사람이 청백하면 가난해도 두려울 것이 없다'고 했다.

1) '법이라는 게 돈하고는 친형제요 권세하고는 부부 간이라'

'돈은 귀신도 싫어하지 않는다'는 말이 있다. 귀신이 싫어하기는커녕 아예 '돈의 신'이 있다고 상상하기도 하는데. 중국인 대명세의 글 〈그대, 돈의 신이여〉에서 그런 생각이 구체화 되어있다.

너희들은 관리의 득실에도 관여하여 정사가 뇌물로 이루어지고, 백성을 두드려 골수를 빨고 서로 돌려가며 착취하지. 그러니 세상에 너의 손에 죽은 사람이 이루 헤아릴 수가 없어. 흙과 나무를 다듬어 신상神像을 만들어 억지로 의관을 갖춰 입혀 놓고는, 양과 이리처럼 강퍅하고 탐욕스런 무리들이 가난하고 외로운 사람들을 포악하게 괴롭히기도 하지. 자네는 이루 헤아릴 수 없이 포악한 행동에 힘을 보태준 것일세.[33]

'돈의 신神'에게 '나'라는 사람이, 돈의 악함을 추궁하는 것 중 일부다. 대부분 사람이 '돈은 일생의 보물이라'고 생각하는데, 한이 맺히면 위와 같이 추궁하고 싶어질 것이다. '돈은 좋은 사람이 쓰면 약이 되고, 나쁜 사람이 쓰면 독이 된다'고 했지만, 말이 그렇지 사람을 어찌 선악으로 구분하여 돈을 유통할 수 있을까.

있는 자에게는 '호랑이에 날개를 달아주는 격'이고 없는 자는 '자빠진 놈 꼭뒤 차기'로 당하는 것과 같으니, 그 누가 돈을 탐하지 않겠는가. '없다 없다 해도 있는 것이 빚이요, 있다 있다 해도 없는 것이 돈이라', '없다 없다 해도 있는 게 근심이고, 있다 있다 해도 없는 게 돈이라'고 하지 않는가. 있을 만큼 있는 사람들도 그들 스스로 생각하기엔 없는 것이다. 그러니 어차피 세상은 돈으로 미쳐 도는 세상이 될 수밖에 없다. '돈으로 틀어막아서 안 되는 것은 재채기뿐이라'지 않던가.

돈보다 큰 권세가 있을까. 벼슬이야 관운도 따라주어야만 하고 유통기한도 있지만, 돈은 죽을 때까지는 움켜쥐고 있으면 세도를 부릴 수 있는 것이다. '돈만 있으면 염라대왕 문서도 바꾼다', '돈만 있으면 제왕도 살 수 있다'는 말을 괜히 만들어냈겠나.

'도둑질 잘 하는 놈이 벼슬 밝힌다'고 했다. '감투 좋아하는 사람은 돈도 좋아한다'고도 했는데, 그렇다면 도둑과 감투, 벼슬은 동전의 앞뒷면이 되는 꼴이다. '감투만 쓰면 돈은 생긴다', '벼슬을 좋아하는 사람은 돈도 좋아한다'고 했으니, 감투와 돈은 '찰떡에 조청 궁합', '상추쌈에 된장 궁합'으로 맞아 떨어지는 것이다. '권력과 재물은 실과 바늘이라'는 말대로, 벼슬을 차지한 자는 돈과 재물이 자기에게 쏠리고 있는 것을 느끼고 황홀할 것이다. '도둑질을 하더라도 사모 바람에 거드럭거리고, 망나니짓을 하여도 금관자 서슬에 큰기침한다'는 말이 있는데, 공직 또는 벼슬살이의 봉급이 '간에 기별도 안 간다'고 생각하기 때문일 것이다. 돈 빼먹는 것이 주업이고 관직은 여벌로 생각하는 게 틀림 없다.

　나라의 큰 재산은 국경 안의 하늘과 땅, 바다일 것이다. 작은 재산은 각종 사회적 간접자본과 재물이다. 정부는 해마다 예산을 세워 백성들에게 세금을 거두어 쓴다. '나랏돈'인 세금은 백성으로부터 거두지만, 동시에 백성 모두가 거기에 빨대를 꽂아 삶을 살아간다. 능력과 지위 또는 권세에 따라 굵고 질긴 빨대가 있는가 하면, 가늘고 약한 빨대를 가지고 있는 사람도 많다. 요즘에는 복지제도가 점점 좋아져 빨대 없는 백성이 거의 없다.

　세금을 잘 빼먹는 것도 능력이라면 능력일 것인데, 파렴치한 능력이겠다. 정부가 정한 백성 개개인의 몫 외에 각종 다른 일을 도모해서 나랏돈을 빼먹는 사람이 많고도 많다. '간이 배 밖으로 나왔다'고 할 대도大盜로부터 소도小盜인 좀도둑까지, 간의 크기에 따라 빼먹는 규모도 다를 것이다.

　문제는 벼슬아치, 즉 공직에 있는 사람의 경우겠다. '군인은 목숨을 모르며, 문관은 돈을 몰라야 나라가 보존된다'고 했다. 문관이란 벼슬아치나 공인公人을 두고 말함이다. 공직에 있는 사람이 제 직분에 충실하면 세금도둑을 막을 수 있다. 그러나 만약 조장하든지 방관하면 나라의 돈창고는 '가랑비에 옷 젖는 줄 모른다'는 말대로, 서서히 비어갈 것이다.

"나라에 돈이 없는 것이 아니라 도둑놈이 많은 것이다" 하는 말을 만들어낸 사람이 있다. 선거 때만 되면 이 말을 보고 듣게 되는데, 다른 후보가 써먹으면 시비가 붙기도 한다. 정말이지 통쾌하게 핵심을 찌른 말이다. 벼슬아치나 백성들도 공감할 경구임에 틀림이 없다.

'도둑놈은 집안에서 찾아라'는 말에 경각심을 가져야 한다. 집안 식구 중에 돈을 헤프게 쓰는 사람이 다름 아닌 도둑놈이라는 뜻이다. 맞는 말이다. 정권을 잡은 사람들은 제 무리 안에 도둑놈이 있나 잘 살필 일이다. '도둑 다 잡은 나라 없고, 피 다 뽑은 논 없다'고 했다. 문제는 도둑을 서민 속에서 찾으려고 하니까 그렇다. '원수는 밥상머리에 있다'. 권력자 근처에서 도둑을 먼저 찾을 일이다. 백성들의 세금을 무서워하지 않고 함부로 쓴다면 다 도둑놈이다. '필요한 최소'가 아니라 '필요한 최대'를 벼슬아치나 공직자를 채용할 경우 도둑이 된다. 논공행상에 따라 한직閑職에 가까운 사람을 두는 것 역시 도둑질이다. 남의 물건을 조금 실례하는 것은 좀도둑이지만 세금을 낭비하는 것은 대도大盜다.

기왕의 속담에도 비슷한 것이 있다. '나라가 망하려면 도둑놈이 많아진다'는 말이 그렇다. '나라의 돈은 먼저 쓰는 놈이 임자라'는 말은 항간에서 자주 듣는 말이다. '공물은 훔쳐먹고 보라'고 했는데 공물貢物이란 나라나 궁중에 바치던 물건이다. '나라의 고금도 잘라 먹는다'고 했다. 고금雇金은 삯돈인데 무척 뻔뻔하다는 뜻으로 쓰는 속담이다.

나라의 돈만 돈이 아니다. 백성들의 돈도 돈이다. '사모 쓴 큰 도적, 벙거지 쓴 작은 도적'이라고, 옛날에야 관리들이 백성의 돈을 직

정종진

접 착취하기도 했다. '뇌물 먹은 고지기 환자 받듯'이라는 말이 있다. 환자還子란, 백성에게 꾸어주었던 곡식을 받아들이는 일이다. 뇌물을 먹은 창고지기가 곡식 받는 일을 대충대충 한다는 뜻이다. 지금으로 말하면 뇌물을 먹고 세금을 깎아준다는 것이겠다. 결과적으로 나라의 돈을 빼먹는 것이다.

　백성들 돈을 알뜰하게 빼먹는 게 세금이지만, 그건 납세의 의무에 해당하니 불평이 그리 크지 않겠다. '모기 다리에서 피뽑기'라 할지라도 정당성이 있다는 말이다. 벼슬아치들이나 공직자 모두가 새나가는 세금을 막으려 한다면 나라의 곳간이 결코 비는 경우는 없을 것이다. 그러나 모두가 빼먹는 재미로 산다면 나라의 앞날은 볼 장 다 보게 되는 것이다. 무능한 정권이란 바로 이 점을 소홀히 한다.

　나라 곳간을 지키기 위해 법을 강화시키면 된다고 믿는다. 그러나 법이 만능은 아니다. 그러니 '육법에 무법 불법을 합해서 팔법을 쓴다'고 하는 세태가 되었다. 기왕이면 '탈법'까지 포함하여 구법이면 더 구색이 맞겠다. 사회가 온통 무법천지로 돌아갈 지경이라는 것을 빗대는 말이다. 말이 그렇다는 것이지, 민주주의가 역사에 비해 빠르게 성숙한 이 땅이 무법천지가 될 리는 없겠다. 아주 은밀하게 자행되어 눈에 띄지 않을 뿐이다.

　법이 촘촘해질수록 불법행위는 확실히 눈에 덜 띄게 된다. '그물코가 삼천이면 귀신도 잡힐 날이 있다', '그물이 삼천 코면 걸릴 날이 있다'지 않는가. 그렇지만 '그물코가 삼 천이라도 걸려야 그물이라'는 말도 있다는 걸 알아야 한다. 워낙 정계에서 오래 굴러먹어, 지상전 공중전 산전수전 게릴라전까지 섭렵한 사람들은 '그물 속에 든 고기도 빠져나갈 구멍이 있다'는 걸 잘도 안다. 더구나 '과부가 과부 사정 안다'는 상황이 되면 '그물을 쳐야 고기도 잡는다', '그물로 바람 막기' 꼴이 되기도 한다. 직접 눈으로 보지 않고 뇌물을 말하면 무고죄라고 할 것인가. 잔머리 쓰는 것이 아주 기막히다는 것을 알 뿐이다.

'법이라는 게 돈하고는 친형제요 권세하고는 부부간이라'고 했다. 돈과 권세를 손에 쥐려면 합법적일 수가 없을 것이다. 육법전서라는 덫이나 그물을 피해야 큰돈을 쥘 수 있으니까 불법과 탈법에 능해야 할 것은 물론이다. 김수영의 시 〈육법전서와 혁명〉을 보면 법과 혁명에 대한 답답한 인식을 안타까워한다. "기성 육법전서를 기준으로 하고 / 혁명을 바라보는 자는 바보다 / 혁명이란 / 방법부터가 혁명적이어야 할 터인데 / 이게 도대체 무슨 개수작이냐 / 불쌍한 백성들아 / 불쌍한 것은 그대들뿐이다" 하고 원망 어린 말투를 내놓는다. 당시 위정자들, 특히 자유당 정권의 불법과 탈법을 온건하게 대처해서는 안 된다는 것을 말하려 한다. "자유당이 감행한 불법을 / 혁명정부가 구 육법전서를 떠나서 / 합법적으로 불법을 해도 될까 말까 한 / 혁명을 - / 불쌍한 것은 이래저래 그대들뿐이다 / 그놈들이 배불리 먹고 있을 때도 / 고생한 것은 그대들이고 / 그놈들이 망하고 난 후에도 진짜 곯고 있는 것은 / 그대들인데 / 불쌍한 그대들은 천국이 온다고 바라고 있다"[34]고 토로한다.

독재정권이 저지르는 불법에 비해 백성들의 대응이 너무 어처구니가 없다는 뜻이겠다. 온갖 불법을 저지르는 독재정권을 타도해야 하는데, 정작 주권자인 백성은 지나치게 소극적이어서 안타깝다는 것을 하소연하고 있다. 나라의 주인인데 어찌 위정자를 믿고 있느냐는 경고인 것이다.

큰 도둑은 평범한 백성에 있지 않다. 정치판에 있다. 어떤 시인의 첫 구절이 기막히다. "큰 폭력은 / 작은 폭력을 폭력이라 부르고 / 스스로를 폭력이라고 부르지 않는다. / 스스로를 평화라고 부른다"[35], 했다. 이를 흉내 내고 싶다. "큰 도둑은 / 작은 도둑을 도둑이라 부르고 / <u>스스로</u>를 도둑이라 부르지 않는다 / <u>스스로</u>를 정의라 부른다". 다른 것도 가능하다. "큰 불법은 / 작은 불법을 불법이라 부르고 / 스스로를 불법이라 부르지 않는다 / 스스로를 법이라 부른다"고 말이다.

'형제는 남이 되는 시초라'고 했다. '부부는 돌아누우면 남이라'고 했다. 법과 돈이 언제 형제애를 끊을지, 법과 권세가 언제 부부애를 끊을 수 있을지 모르겠다. '삶은 달걀에서 병아리 나올 때를 기다리는' 게 나으려나. '은진미륵의 코 떨어질 날을 기다리는' 게 나을까. '동헌 기둥에 새싹이 나길 바라는 게 낫다'고 할 것이다.

2) '돈 밑에 사람 있고, 돈 위에 아무것도 없다'

'돈은 벌기도 어렵고 지키기도 어렵고 쓰기도 어렵다'고 했다. '사람은 움직이면 돈이라'는데, 돈을 무시하기는커녕 밤낮으로 모시려 해도 뜻대로 될 수 없다. 그래서 조정래도 장편소설 《태백산맥》에서 보조인물을 통해 돈에 대한 강박증을 보여주려 한다. "일 전을 보고 물밑으로 오십 리를 기어라. 하루에 십 전을 벌기로 작정했는데 구 전밖에 못 벌었으면 굶고, 십일 전을 벌었으면 일 전어치만 먹어라. 한 번 수중에 든 돈은 이문을 물고 들어오지 않는 이상 절대로 내놓지 말아라. 이익이 남는 장사를 하는데 손님이 열 번 밟으면 백 번 밟히는 시늉을 해라. 돈을 빌려주지 말고 차라리 마누라를 빌려줘라."[36]고 속을 터놓는다.

싸릿대를 엮어 만든 숯가마니를 지게에 지고 행상을 다니는 염무칠의 가슴에 있는 말인 것이다. 그가 돈에 대해 얼마나 집착하고 있는

지를 보여주고 있다. '없는 사람은 입이 원수고 손이 보배라'고 했듯이 덜 먹고 부지런히 손발을 놀리는 수밖에 없다. '돈은 악해야 번다'는데 맞는 말이다. '사람 생기고 돈 생겼지, 돈 생기고 사람 생겼나'고 말들 하지만, '씨도 먹히지 않을 소리'라는 걸 잘 알 것이다. '사람이 돈을 따를 것이 아니라, 돈이 사람을 따라야 한다'고 했다. 어느 세월에 돈이 나를 따를까 인생은 짧은데, 하며 통탄을 할 것이다.

'돈을 벌려면 이마에 소 우 자를 붙여야 한다'고 했다. '소같이 일해서 쥐같이 먹는다'는 정도가 돼야 돈을 모을 수 있을 것이다. 이렇게 심한 육체노동을 해서 벌 수 있는 돈은 정말 하찮다. 쉬운 일을 하면서 많은 돈을 벌기는 어렵다. 그런 게 있다면 누구나 그 일을 하려 덤빌 것이다. 그래서 공부에 목을 맨다. 사람들은 "3년 고생하면 30년을 편하게 산다"고 말하며 자식이 공부 열심히 하기를 다그친다. 고등학교 3년만 열심히 해서 그럴듯한 대학에 들어가면 평생이 보장된다는 의미다. 이 땅에서 공부는 이렇게 한정되어 있고, 또 그 단기간 결실이 아주 오래 효과를 볼 정도로 단순하고 강력하다.

'공부를 해야 돈을 잘 번다'는 말은 부분적으로 맞는 말이다. 학교 공부를 우선으로 칠 것이다. 그것을 토대로 각종 고시를 통해 고위공직자로, 정치가로 풀리면 돈이야 따라오니까 그렇다. 힘든 육체노동이 아니고서도 적지 않은 돈을 벌어들일 수 있기 때문이다.

돈을 충분히 가진 정치가는 명예 때문에 벼슬을 탐할 것이고, 돈이 충분치 않은 정치가는 돈 때문에 벼슬을 탐할 것이다. 그러나 아무리 돈을 많이 가진 정치가라 해도 봉급을 받지 않고 벼슬자리만 지키겠다는 이를 보지 못했다. '권력과 재물은 실과 바늘이라'고 하는데, 여기서 재물은 매달 받는 봉급만은 아니겠다. 봉급과 기타 수입은 그냥 알돈으로 남고 이런 저런 수단을 통해 제가 쓸 돈을 챙길 수 있기 때문이다. 크고 작은 우두머리에 줄을 못 대서 환장하는 사람들이 오죽 많은가. '도랑 치고 가재 잡고', '고래 치고 재 거름한다'는 것을 모를 수 없기 때문이다.

'돈은 있을 때 아끼고, 권력은 있을 때 쓰랬다'고 했다. 권력이 있을 때 도와줄 사람은 도와주라는 뜻인데, 권력자들에게는 권력을 쓰면 돈이 쌓인다는 뜻으로 받아들여질 것이다. '돌팔매 한 번에 두 마리의 참새를 잡는다'고 하는데, 기껏 참새 두 마리일까. 적어도 몇 마리 호랑이를 쓸어 담는 기분일 것이다. '있는 것 같으면서도 없는 게 돈이라'니까 어쩔 것인가.

김삿갓이 살던 시대에도 모든 사람이 돈이 걱정거리였다. 그의 〈돈錢〉이라는 시를 보면 알게 된다. "천하를 돌아다니되 / 다 환영하여 / 나라를 일으키고 집을 일으키는 / 그 세력이 가볍지 않다. // 갔다가 다시 오고 / 왔다가 다시 가는 사이에 / 산 사람을 능히 죽이고 / 죽은 사람을 능히 살구어" 하는 시구가 있는데, '돈이 마패라'고 인식하는 것과 다름 없다. '돈이 많으면 장사를 잘하고, 소매가 길면 춤추기가 좋다'고 했듯, 시인도 이에 맞는 시구를 만들어낸다. "아무리 장사라도 이게 없으면 / 종시 힘을 못 쓰며 / 바보라도 이것 있으면 / 반드시 이름을 떨치니 - // 부자는 잃을까 무서워하고 / 가난한 사람은 얻으려고 애써 / 몇천 몇만 사람이 / 이 속에 늙어가나"[37] 하는 말이 그렇다. '돈이 사람을 죽이기도 하고 살리기도 한다'는 말이 딱 맞다.

돈 때문에 고통받는 백성에게 '거침없는 하이킥'을 날리는 사람은 위정자가 대부분이다. '돈은 제 발로 들어와야 한다'고 하는데, 평범한 사람들에게 그게 가능한 일인가. 위정자야 가만히 있어도 제 발로 들어오는 돈이 적지 않을 것이다. '돈은 많아야 하고 병은 적어야 한다'

는데, 그걸 누가 모를까. '돈은 돈다고 돈이라'는데, 왜 평범한 사람에게는 돌아오지 않을까. '돈은 눈이 없다'는데 말짱 거짓말이다. 돈도 위정자와 부자에게 찾아가는 걸 보면 눈이 있는 듯 여겨질 것이다.

파업을 하면 백성의 사정을 먼저 살펴야 하거늘, 수출의 문제, 국가의 경쟁력, 성장률 따위를 앞세우면서 압박을 해댄다. 수출하는 것은 결국 백성을 잘살게 하기 위한 것이다. 우선 젖 달라고 우는 애부터 달래고 돈 벌러 나가야지, 돈 번 후에 애 달래나? '돈에는 권세가 따라야 한다', '돈에는 교만이 따라다닌다'고 했는데, 돈이 있고 권세가 있으니 백성 알기를 화투판에 싸리껍데기로 아는 것이다. '돈맛을 알면 인색해진다'고 했는데, 돈에만 인색한 게 아니고 마음 씀씀이 모두가 인색해지는 것이다. 백성에게 그리 교만해서 되겠는가.

정부를 대변하는 사람은 주로 상위의 우두머리다. 당비를 비롯해 활동비를 충분히 쓸 수 있는 사람들이다. 하루 벌어 하루 먹고 사는 사람이 아니다 보니 처음부터 끝까지 배부른 소리다. 자신들은 특권층이니, 돈이 충분치 않으면 좋은 정치를 하기 어렵다는 말을 하고 싶은 것이다. 백성의 세금을 한껏 쓰면서 좋은 정치를 하면 밥값은 한다고 하겠다. 그러나 정치는 개떡같이 하면서 돈은 찰떡같이 쓰려고 하니 문제다. 그럴 때 '돈은 요물이라'는 말이 맞다.

'돈이 요사를 부린다'는 말이 맞는가. 아무리 생각해 본들 아닐 것이다. 사람의 마음이 요사를 부린다. 돈이야 무슨 죄가 있는가. 사람이 어떻게 다루거나 말거나, 어떻게 생각하거나 말거나 그냥 있는 것일 뿐이다. 분명히 인간이 요물이지. 돈이 요물은 아니다. '돈이 있으면 겁이 나고, 돈이 없으면 근심이 생긴다', '돈이 있으면 무죄요, 돈이 없으면 유죄라' 는 말들도 모두 사람의 마음이 요사를 부려 만드는 일이다. '돈이 법이라'는데, 더 이상 말할 게 있겠나. 법은 거의 돈 많은 강

정종진 111

자 편을 든다. '돈이 있으면 있는 죄도 없어지고, 돈이 없으면 없는 죄도 있게 된다'고 하니, 과연 '돈이 제갈량보다 낫다'고 해야겠다.

　나라나 개인에게 돈이 중요하다는 건 말할 나위가 없다. 세상에서 나라의 힘을 경제력으로 따지고, 개인의 능력도 돈을 얼마나 가졌느냐에 따라 판단을 한다. 그래서 정치판이나 위정자들도 경제, 또는 돈으로 백성을 유혹한다. 나라는 물론 지방자치 선거공약에도 무조건 경제구호부터 내놓고, 시의원 군의원까지도 거시경제를 앞세운다. 나라에서도 감당 못할 것을 제가 해낸다고 허세를 부린다. 백성들이 잘도 속아준다.

　이렇게 되면 온 나라 온 백성이 돈만이 최고라는 심각한 병에 걸린다. 그렇지 않아도 돈에 미쳐 돌아가는 세상인데, 완전 속물근성을 조장하는 풍토가 될 수밖에 없다. 이 땅의 경제가 약탈적, 투쟁적 경제로 성장했고, 아직도 그런 세태에서 벗어나지 못하고 있다는 것은 누구나 아는 사실이다. 남이야 어떻게 되든 말든 나만 많이 벌면 된다는 식으로 가치관이 형성되었다. 진정한 의미에서 선진국과 아주 딴판인 경제관이다.

　정치판이나 정치가들은 백성의 이런 사고방식을 순화시킬 책임도 가지고 있다. 삶의 질이라는 것이 돈의 많고 적음과 비례하는 것이 아닌 세태를 만들어야 한다는 것이다. 돈과 경제에 관한 위정자의 가치관이 백성을 속물로 만들 수 있다. 당연히 나라의 품격으로 이어진다.

　직업을 갖는다는 것은 돈을 벌기 위함이다. '사람 밥 빌어 먹는 구멍은 삼천 몇 가지라'고 했는데, 현대에 들어 수만 가지 직업이 있다. 직업 나름의 숭고한 목적이 있다 해도 결국은 돈을 버는 것이 최종 목표다. 사농공상士農工商 중 선비나 사대부 계층이 오늘날 정치가와 비슷한데, 이젠 예외 없이 모두 돈에 목을 맨다.

정치가도 직업이다. 더구나 정치가는 아마추어라도 프로처럼 대우를 받는다. 정치는 말 잔치라서 입만 잘 놀리면 되는 직업이다. '입이 보배다', 혹은 '혀가 보배라'고 할 직업이다. 백성이 모아준 권세로 웬만큼 돈을 벌 수 있는 직업이다. 그러나 비리를 저질러 긁어모으는 돈은 언제나 회수당하고 망신살이 뻗치게 된다. 청백리는 아니어도, 나라의 녹봉만 받더라도 감지덕지하며 아쉬울 게 없는 직업이다. '욕심이 세면 도둑이 반이라'고 했다. '욕심은 법도를 깨고, 방종은 예의를 무너뜨린다'고도 했다. 욕심을 줄이면 백성의 호감을 얻기 마련이다.

3) '제가 놓은 덫에 제가 걸려든다'

조선시대 학자 윤기의 글 〈사람이 짐승만도 못하다오〉는, 동물과 사람을 등장시킨 우화다. 동물과 인간에게 똑같이 은혜를 베풀었는데, 인간만 배은망덕했다는 이야기다. '짐승은 구하면 은혜를 갚고, 사람을 구하면 앙분한다'는 속담으로 요약할 수 있는 민담이다. 은혜를 베풀고 배신을 당한 주인공은 다음과 같이 탄식한다.

> "내가 은항아리를 얻지 않았던들 어찌 이런 재앙이 생겼겠는가? 무릇 재화(財貨)의 재(財) 자는 재앙(災殃)의 재(災)이며 화(貨) 자는 재화(災禍)의 화(禍)며, 사환(仕宦)의 사(仕) 자는 죽을 사(死)이며 환(宦)자는 근심 환(患)이다. 세상 사람들이 재화(財貨) 때문에 재화(災禍)를 당하고, 사환(仕宦) 때문에 '사망의 환란(死患)'에 걸려들게 되는 것은 당연한 이치인데, 내가 명분 없는 재물을 보고 그것을 손에 넣었으니 걸려든 것이 마땅하다."[38]

동음이의同音異義어를 통해 진실을 말하는 기법이 탁월하다. 글 전체가 꾸며낸 이야기인데, '짐승도 은혜를 안다', '머리 검은 짐승은 은혜를 모른다'는 말을 거듭거듭 되새기게 한다. '고기는 이깝에 물리고 사람은 욕심에 죽는다'는 말이 추호도 틀리지 않다.

결국 돈과 권력이다. 인간 세상에서는 돈이 덫이요 그물인 것이다. '돈바람 맞고 신세 온전한 사람 없다'고 했지만, 피해가지 못하고 당하는 사람이 적지 않다.

'살다 보면 마른 길 두고 진창 걷는 날도 있다'는 말을 누구나 절감할 때가 있을 것이다. 평소에는 방심하다가 막상 당하면 후회를 하게 된다. 사람 한평생 사는데 덫을 피하는 게 최상의 지혜라는 걸 깨닫게 되는 것이다. 덫에 잡히는 일을 겪고서야 수 없는 덫이 내 앞에 있다는 걸 알게 된다.

사람은 너나 할 것 없이 미련이 먼저 나고 슬기가 뒤에 따라온다. 덫에 걸리면 일단 남들을 원망하게 된다. 남들이 내 앞에 덫을 한없이 뿌려 놓았다고 비난한다. 그러나 곰곰이 생각해 보면 남이 덫을 놓지 않았는데도 내가 걸려들었다는 것을 알게 된다. 그럴 때 덫은 내가 놓은 것이 된다. '제가 기른 개에게 발꿈치 물린다'는 격이 된 것이다. 제 재주 자랑, 재물 자랑, 감투 자랑, 지식 자랑. 인물 자랑 따위 때문일 수도 있다. 누가 자랑하라고 한 적이 없다. 한껏 자랑하다가 불붙으면 자랑도 덫이라는 걸 깨치게 된다.

위정자들 대부분은 자랑으로 시작해서 자랑으로 끝난다. 누구보다 제가 잘났으니, 제가 그 감투를 써야 한다고 우겨댄다. '제 자랑하는 놈 반 머저리고, 부인 자랑하는 놈 상머저리라'는 것을 알 턱이 없다. 상대방을 깎아내리고, 급기야 백성의 수준이 낮아 저를 몰라준다고 원망하기도 한다. '제 얼굴에 분 바르고 남의 얼굴에 똥칠한다'는 행동을 즐겨 하는 것이다. "모든 나라는 백성 수준에 맞는 지도자를 갖기 마련이라"는 서양 사람의 말을 인용하기도 한다.

　백성이 그럴 때도 있다. 우리나라처럼 민주주의 역사가 짧다 보면 대의명분과 실리 사이에서 백성이 잠깐 방황하는 경우가 있다. 감언이설에 속아 잠시 퇴행하기도 한다. 그러나 진보란 줄곧 앞으로 나갈 수만은 없다. 진취적인 나라도 2보 전진 1보 후퇴의 패턴을 반복하면서 나가는 것이다. '개구리가 주저앉는 뜻은 멀리 뛰자는 뜻이라'고 하지 않는가. 못난 위정자 때문에 죽을 고생을 하다, 그걸 경험으로 정말 훌륭한 위정자를 뽑게 된다. 학습효과가 빠를 때 지혜로운 백성이라 할 수 있는 것이다.

　"…오호라! 기린은 붙잡을 수 없고 봉황은 유인할 수 없듯이, 군자는 도리를 알기에, 오랏줄에 묶여 감옥에 있는 것이 재앙이 될 수 없소. 아무쪼록 이것을 잘 보시고 삼갈 것이며 힘쓸지어다! 스스로의 이름을 팔지 말고 스스로의 재주를 함부로 자랑하지 말며, 이익을 추구하다가 재앙을 부르지 말며 재물 때문에 죽지 마시오. 스스로 똑똑한 체 망령되이 굴지 말고, 남을 원망하거나 시기하지 마시오. 땅을 잘 가려서 디딜 만한 곳인지를 알아본 뒤 발을 내디디고, 때에 맞추어 갈 때 가고 올 때 오도록 하시오. 그렇지 않으면 세상에 훨씬 큰 거미가 있으니, 그 그물은 내가 쳐 놓은 경계 정도가 아니고 훨씬 크다오."

　이 선생이 그 말을 듣고, 지팡이를 던져 버리고 세 번이나 자빠질 정도로 허겁지겁 내달려 문간에 이르러 문에 자물쇠를 채우고는 바닥을 굽어보면서 비로소 한숨을 쉬었다. 거미는 다시 나와서 종전처럼 그물을 치기 시작했다.[39]

정종진　115

조선시대 학자 이옥의 산문 〈선생, 세상의 그물을 조심하시오〉의 마지막 부분을 인용한 것이다. 이 선생과 거미가 대화하는 형식을 통해 인간의 행태를 비판하는 글이다. 사람은 제가 저를 가꾼다. '사람 가꾸기가 소 가꾸기보다 어렵다'고 했는데 왜 아니겠는가. 복잡한 사람의 심사를 가꾸기는 보통 일이 아니다. 사람값을 따지는 데도 돈으로 따지니 그것도 심란스럽다. '사람값도 돈이 있어야 값이 나간다'고 하는 말이 그렇다. 사람을 가꾸는데 돈까지 개입시키니, 보통 어려운 문제가 아니다. 돈 욕심이 더할수록 가꾼 것이 망가지는데, 진퇴양난이다.

위의 인용문 속에서 거미가 훈계하는 대상은 모든 인간이다. "스스로의 이름을 팔지 말고 스스로의 재주를 함부로 자랑하지 말며, 이익을 추구하다가 재앙을 부르지 말며 재물 때문에 죽지 마시오. 스스로 똑똑한 체 망령되이 굴지 말고, 남을 원망하거나 시기하지 마시오." 하는 말이 누구에게나 다 해당되겠지만, 특히 위정자들이 새겨들어야 할 교훈이다. 평범한 백성이야 어디 제 이름을 내려고 할까? 명예욕을 추구하다 오히려 제 이름을 더럽히는 위정자가 적지 않기 때문이다.

제 이름을 팔려고 하고, 제 재주를 함부로 자랑하고, 이익을 추구하다 재앙을 부르고 재물 때문에 죽는다. 이런 덫이나 그물에 걸려 죽는데, 그 덫이나 그물을 피하기 위해서 제 욕심과는 정반대로 살아야 하는 것이다. 내숭이 아니라 진실로 겸손하게 사는 것이 덫과 그물을 피하는 지혜다.

품위 있게 사는 사람을 예전에는 군자君子라 했다. '군자는 취해도 말이 없다', '군자는 입을 아끼고, 범은 발톱을 아낀다'고 했다. 경박스럽게 입을 놀리지 않아 화를 자초하지 않는다는 말이다. '군자도 시속을 따른다' 했다. 제 고집을 피우지 않고 백성들을 따른다는 말이다. 그러니 옛날에는 군자가 다스리는 세상을 최상으로 여겼던 것이다.

요즘 세상에서 백성도 군자를 요구하는 것이 무리라는 것을 안다. 소인은 말고 그저 군자 비슷한, 혹은 대인 비슷한 사람이면 좋겠다고 생각한다. '세상이 요지경 속으로 돌아간다'더니, 정치판도 '봉황이 날아가니 꿩 오리가 활개를 치는' 세상으로 변했기 때문에 그렇다. 옳으나 그르나 시시비비를 따지고 깎아내리려 하니 군자는 세속을 피해 산속으로 달아났을 것이다.

백성은 닭으로 보이는데 아랫사람들은 제 윗사람을 봉황이라 한다. '봉황이 닭장에서 산다'고 하면서 주변에 모든 닭들이 홰를 치고 있는 모습이다. 꿩이나 닭을 둘러싸고 봉이니 학이니 떠들어대니 '소가 하품을 할 노릇'이다. 그러면 닭이나 꿩도 봉황인 체하느라고 고역이다. 아무리 삶이 연기演技라고 하지만 끼리끼리 모여 하는 짓이 치졸한 소극笑劇으로 끝나게 생겼으니 안타깝기 짝이 없다.

제 이름을 숭배받으려 하면 그물에 걸릴 것이다. 제 자랑을 하면 덫에 걸릴 것이다. 돈이나 이익을 밝히면 그물과 덫에 걸릴 것이다. 그 덫과 그물은 백성이 놓은 게 아니다. 정적政敵이 놓은 것도 아니다. 바로 제가 놓은 것일 뿐이다. '제 얼굴 가죽 제가 벗긴다'는 말이 꼭 맞다. 행여 다른 사람을 원망하지 말라. 자신을 원망하고 반성하면 패자부활전이라도 간다.

요즘 세상의 이치는 돈으로 따지기 때문에 모든 게 돈과 연결된다. 그러니 사람들을 잡는 그물과 덫 역시 돈일 수밖에 없다. '감찰 선생도 쑥떡 하나 주는 것은 치더라'는 말처럼, 정말 하찮은 것은 인정으로 칠 수도 있다. 그러나 그것도 어떤 감투를 쓰고 있느냐에 따라 다르다. 법으로 잘잘못을 따지는 위치에 있는 사람은 콩 반쪽을 받더라도 받은 쪽으로 저울 바늘이 기울게 된다.

뭐가 아쉬워도 아쉬운 사람은, '아부하고 뇌물 써서 손해 보는 일 없다'고 생각할 것이다. '돈은 일생의 보물이라'는데, 작은 보물을 들여 아주 큰 보물을 갖게 되는데 누군들 마다고 하겠는가. 어차피 '사람은 돈과 싸우다 죽는다'고 했다. 돈과 싸우다 안 되면 장렬한 전사를 하겠다는 결심으로 대드는 사람이 어디 한둘인가. 더구나 '돈으로 안 되는 일 없다'고 했는데, 돈을 외면하는 것은 가능하지 않다는 것을 모를 리 없다. '남의 것 둘 먹지 말고, 내 것 하나 아껴라'고 하지만, 호박이 한번 구르는 것이 참깨 백번 구르는 것보다 효율적이라는 생각을 버리지 못한다.

덫과 그물을 피하기 위해, 뇌물을 받거나 주는 사람은 온갖 계책을 짜낼 것이다. 온갖 잔머리를 동원해 성긴 그물 구멍을 찾는다. 이리저리 더 큰 감투에 줄을 대려고도 할 것이다. '삼정승 사귀느니보다 제 한 몸 건사하는 게 상수라'고 했지만, 진실과 현실은 다르다고 무시했을 것이다.

'재수가 나쁘려면 소나무 아래 땀들이다가 솔방울 하나 맞고 죽는다'고 했다. '재수가 없으려면 누운 개꼬리를 밟는다'고도 했다. 누가 재수 탓을 하지, 제 잘못을 탓하겠는가. 남들도 다들 나처럼 사는데, 나만 재수 없이 걸렸다고 생각하는 게 일반이다. '강풍에 땡감 떨어지듯 한다'는 게 인생이라 깨달음이 순식간에 덮치게 된다. '자업자득自業自得이요, 자작자수自作自受라'는 뜻도 잘 터득하게 될 것이다.

순식간에 감투가 떨어지니, '날벼락에 썩은 소나무 부러지듯' 무너지게 된다. 죄가 확정되기 전에는 아니라고 아니라고 거듭 말하지만, 백성은 이미 정을 떼기 시작한다. '드는 정은 몰라도 나는 정은 안다'는 말이 맞다는 것을 절절히 느끼게 될 것이다. 주위 사람들이 모두 제 가까운 울타리라고 여겼는데, 신기루蜃氣樓처럼 사라져버린다. 자존심이 허락하지 않지만, '몸밖에 재물이 없다'는, 그 소중한 몸을 스스로 포기하는 결단을 내리기도 하는 것이다.

정치가에게 임기는 제 치부致富기간이 아니다. 구름장 타고 앉아 명예를 드높이는 게 아니다. 백성보다 낮은 자리에서 즐겨 고난을 받는 자기단련 기간이다. 자기 자신을 위해 전속력으로 치단던 생활을 잠시 제쳐놓고, 힘든 사람들과 어깨를 나란히 하며 가는 기간이다. 멀리 가려고 혼자 걷던 길을 오래 천천히 백성과 더불어 길을 가는 것이다. 백성과 함께 걷는 길에는 덫도 그물도 없다는 것을 알게 된다.

4) '평안감사도 저 싫으면 그만이라'

다산 정약용은 벼슬살이하는 사람이 언제 그만두어야 하는가에 대해 좋은 말을 남긴다. 〈작록과 지위〉라는 글에서, 백성을 위해 일하려다가 윗사람이 들어주지 않으면 단호하게 결단을 내려야 한다고 주장한다.

무릇 작록과 지위를 다 떨어진 신발처럼 여기지 않는 사람은 하루도 이 지위에 있어서는 안 된다. 흉년에 백성에게 밝게 은혜를 베풀기를 구하다가 들어주지 않으면 떠나간다. 윗사람이 요구하는 것이 있을 때, 이를 거부하였으나 듣지 않으면 떠나간다. 예모에 결함이 있으면 떠나간다. 상관이 언제나 나를 휑하니 날아갈 새처럼 여긴다면 말하는 것을 감히 좇지 않을 수가 없고, 베푸는 바가 감히 무례할 수가 없을 것이다. 이렇게 되면 내가 정사를 돌봄이 성대하여 마치 강물이 흐르는 것과 같을 것이다. 만약 큰 구슬을 품은 자가 강한 사람을 만나 오로지 빼앗길까 봐 두려워하는 것처럼 한다면 또한 그 지위를 보전하기가 어렵다.[40]

벼슬자리에 앉는 것이 중요한 것이 아니라 떠나는 것이 중요하다는 말이다. 제 신념에 맞지 않으면 미련 없이 떠나야 한다는 생각이다. 윗사람이나 아랫사람에게 만만하게 보이지 않는 무기는 바로 감투나 자리에 집착하지 않는다는 뜻을 보여주는 것이다.

작고 큰 우두머리가 제 사고에 의해서, 또는 도의상 물러날 수밖에 없는 경우가 있다. 그럴 때 미련 두지 말고 즉각 물러나면 비난을 덜 받는다. 대부분 아쉬워서 머뭇거리며 시간을 보낸다. 보통 자리에 연연하지 않는다고 말은 한다. 그러면서 감투를 내놓는데 미적거린다. 비교적 큰 감투를 차지한 사람들이 그렇게 한다. 속이 빤히 들여다보이는데 속이려 한다. '도깨비 살림 붙듯' 부귀를 키울 수 있는 자리인데, 그만두자니 얼마나 속이 쓰리겠는가. '도깨비 감투를 뒤집어 쓰기'가 그리 쉬운가.

'배짱이 곰의 발바닥 같다', '배짱이 땅거죽이다', '배포가 배 밖으로 나왔다' 할 정도로 강하게 내쳐야 하는 것이다. 오로지 백성을 위한 일인데 윗사람이 들어주지 않으면 자리를 박차고 떠나라. 윗사람에게 당당하지 않고 아부하고 굽실거리며 일을 행해서는 안 된다. 제 이익될 것을 먼저 생각하면 처량해진다. 감투가 클수록 제 명예의 크기도 비례한다. 제 윗사람보다 백성이 어떻게 생각할 것인가를 먼저 따져라. 그게 명예다.

아마도 못난 위정자라면 이런 사람을 바로 내칠 것이다. 너 아니라도 사람이 많다고 분개할 것이다. 의롭지 못한 사람 밑에서 이익을 얻느니, 손해를 감수하는 게 낫다. 못난 우두머리는 그렇게 유능한 사람을 잃는 것이다. '사람은 먹고살기 마련이다', '사람 살리는 부처는 골골마다 있다'는 말에 힘을 얻어라. '죽을 지경에 빠져야 살길을 찾게 된다'고 했으니 용기를 내라. 그게 명예를 얻는 길이다.

못난 우두머리는 항상 모든 것을 제가 판단하고 결정하려 한다. 높은 우두머리, 중간 우두머리가 있어도, 작은 일부터 큰일까지 모두 제 손으로 결정이나 결재를 하려 한다. 별것도 아닌 것을 제가 다 하려니 몸만 바쁘고 아랫사람을 원망한다. '똥뀐 놈이 성내는 격'이다. 그러니 다른 우두머리들이 모든 책임을 최고 권력자에게 미루는 격이 된다. 권력을 나누어야 한다고 했는데, 최고권력도 모자라서 나눠야 할 권력도 거두어 갖는다. 누가 수하 노릇을 할 마음이 있겠는가. 허수아비 다름없는데 말이다. 명색만 우두머리일 뿐이다.

사람을 불러다 우두머리 감투를 주고 자주권이 없으니, 웬만한 우두머리라면 바로 자리를 박차고 나올 것이다. 떠나려니 직함이 아깝다. 떠나려니 봉급이 아깝다. 인정과 뇌물이 아깝다. 아랫사람들의 서비스가 아깝다, 그래서 못 떠나면 그물에 갇히게 되는 것이다.

퇴계 선생이 고봉 기대승에게 편지로 답한 글, 〈벼슬과 학문 사이〉를 보면 두 사람이 얼마나 진지하게 위정자의 품격에 대해 생각하고 있었는가를 알게 된다. 학문이나 인품의 수준이 남들의 기대에 미치지 못할 때 벼슬길에 나설 수 없다고 충고한다. 명분과 실제가 부합하지 않으면 관직에 결코 응해서는 안 된다는 생각이다. "무릇 원하는 배움은 아직 실제로 얻지 못했는데도 사람들이 내게 주는 대우는 이미 놀라워서, 성현의 자리로 떠받들거나 아니면 성현의 사업을 짐 지웁니다. 그런데 만약 그것을 두려워할 줄 모르고 받아들여 성현으로 자처한다면, 이름과 실제가 맞지 않은 곳을 꾸미거나 덮어 버림으로써 자신을 속이고 남을 속이지 않을 수 없는 것입니다" 하는 말이 감동적이다. 남들에 의해 평가절상되는 것에 모르는 체 응한다는 것은 속임수라는 생각이다. "우리는 섣불리 사람들에게 알려지고 기림을 받는 것이 곧 좋은 소식일 수 없고, 갑자기 관직에 나가 일하게 되는 것이 기뻐할 만하거나 바랄 만한 일이 될 수 없습니다."[41]하는 답변을 통해 이들 인품이 참으로 고결했다는 것을 짐작하게 한다.

쉽게 말해 백성들이 '닭을 꿩으로 알았다'는 것이다. 자기 자신은 아직 닭인데 주위에서 꿩으로 떠받들 때 어떻게 처신을 할지에 대해 깨우쳐 주는 글이다. 그러니까 남들이 자신을 과대평가하는데, 그런 척하면 백성을 속이는 것이란 말이다. 만약 그것을 좋아하게 되면 스스로 망가지게 된다는 뜻이다. 겸손한 사람이라면 남들이 자신을 낮게 평가한다 해서 서운하게 생각하지 않는다. '꿩을 닭으로 알았다' 해도, 결코 안타깝게 여기지 않을 것이다. 겸손한 사람은 남들이 비판하면 바로 자기반성을 하기 때문이다.

어느 시대 사람들이든 당시 환경에서 나온 생각이 최선이었다고 할 수밖에 없다. 현대인의 안목으로 옛사람을 판단하여 케케묵은 생각을 했다고 여기지만, 각성한 사람들의 언행과 인간성은 현대인과 견줄 수 없을 정도로 빼어났다. 백성이 자신을 과대평가했을 때, 조금도 달가워하지 않았다는 것은 그만큼 인격이 고상했다는 것이다. '제 팔자 제가 짓는다'는 말이 있는데, 두 사람은 자신들의 팔자를 고결한 인품으로 지어냈다고 하겠다.

우두머리 감투를 주겠다는데, 내 인격이 함량 미달이라서 받지 않겠다는 사람 드물겠다. 그런 사람이 많다면 정말 건강한 사회가 될 것이다. 정신이 건강한 사람이라면 정치판에 싫어서, 또는 제 경력에 흠이 많아서 감투를 받지 않겠다고 사양하겠다. 저 자신이 바라는 수준에 스스로 미흡하다 해서 벼슬을 내치는 사람은 정말 용기 있는 사람이다. 아무리 우두머리라 해도 그런 사람은 존중할 수밖에 없다.
　삼고초려三顧草廬아니라 수십 번을 찾아와 감투를 맡겨도 아닌 건 아니다. '고집이 당나귀 뒷발굽같이 세다', '양반 고집은 쇠고집'이라 해도, 버텨야만 패가망신을 면할 수 있다. '정승도 저 하기 싫으면 그만'이라는데, 남 탓할 것 없으리라. 윗사람이 감투를 주겠다는데 그저 재미로 사양하는 것이 아니다. 제 가치를 더 올리기 위한 것도 아니다. 감투를 쓴다는 것 자체가 두려운 것이다. 백성의 기대에 못 미칠까 두려운 것이다.
　남들이 평가절상해주는 것이 고마워서, 또는 남들이 평가절하하는 것이 억울해서 감투를 받아들였다가는 뒤늦은 후회를 하게 된다. 더구나 경쟁상대를 굴복시키려 하거나 재물에 탐나서 얼른 자리를 꿰찬다면, '남의 고기 한 점 먹고 내 고기 열 점 준다'는 처지에 빠지기 일쑤다.
　의리는 사적인 의리보다 공적인 의리가 더 중요함은 물론이다. 백성에게 의리를 지키는 게 중요하다는 말이다. 감투를 준 사람만 생각하는데, 소견이 좁아 그렇다. 감투를 준 사람도 백성한테 권력을 위임받은 것뿐이다. 크기를 따지면, 백성의 권력에 윗사람 권력을 견줄 수 있을까.
　우두머리 자리에서 사임辭任할 때는 윗사람 말고 백성에 사임한다고 생각해야 한다. 제 윗사람은 다만 중간 역할을 한 것뿐이라고 여겨야 할 것이다. 수천만 백성의 눈앞에서 저희끼리 거래하듯 하는 게 무슨 정당성이 있겠는가. 제 능력과 성실도는 백성에게 검증을 받는다고 생각하면 진실로 인물이라 여겨지게 될 것이다.
　제 국가관, 정치관에 맞지 않으면 박차고 나와야 사람값에 든다고 하겠다. 애초에 천지신명은 '사람값에 들지 않는다'는 사람을 내지 않왔다고 했다. 그런데 도깨비 감투에 환장해서 날뛰는 사람이 많게 된 것이다. '사람을 보려면 다만 그 후반을 보라'고 했다. 못난 위정자에 휩쓸려 후반을 망치는 것보다는 백성의 호감을 사는 게 훨씬 더 보람 있을 것이다.

5. '나랏일은 전례를 따르고 집안일은 선조를 따른다'

　아이스퀼로스의 비극인 〈아가멤논〉을 읽다 보면 자식, 자손에 대해 경구가 나온다. 인간이 행복하면 필히 자식을 낳게 되고, 그 자식들은 오히려 고통을 겪게 된다는 것이다. '흥망성쇠와 부귀빈천이 물레바퀴 돌 듯 한다'는 말, 흥진비래興盡悲來라 할 것이다. "사람들 사이에 전해오는 옛말에 이르기를, / 인간의 행복이 클 대로 커지면 반드시 / 자식을 낳고 자식 없이 죽지 않는 법이라 / 그 자손들에게 끝없는 고통이 / 행운으로부터 태어난다고 했다네" 하는 글귀가 그렇다. 그러나 작가는 전해오는 이런 말을 부정한다. 부모의 선악에 따라 자식도 닮아 대를 잇는 게 진실이라는 생각이다. "하나 나는 그렇게 생각지 않는다네. / 불경한 짓은 제 뒤에 / 그 종족을 닮은 / 더 많은 자식을 낳지만, / 정의를 지키는 집에서는 / 언제나 훌륭한 자식이 태어난다네"[42] 하는 말로 뒤를 잇는다. '악하면 악한 끝이 있고, 착하면 착한 끝이 있다'는 것이겠다.

　'선악 보복은 도망하기 어렵다'는 교훈이다. 한 집안은 자식으로 이어지고, 나라는 새로 태어난 백성으로 이어진다. 자손이나 백성이 무엇을 삶의 가치로 삼겠는가. 집안에서는 조상, 나랏일은 앞선 정치가들이 해오던 일을 바탕으로 삼는 것이 당연하다. 집안일은 '자식이 재산이라', '자식이 제일 큰 보배라'고 하듯, 자식을 제일로 삼고 일을 넘겨야 한다. 나랏일은 '백성 없는 나라 없다'고 하듯, 후손이 나라를 잇는 제일 큰 보배고 재산이라는 믿음으로 일을 넘겨야 한다. '나무의 보배는 열매고, 사람의 보배는 자식이라'는 말을 믿어야 한다.

새로운 권력자들은 뭔가를 새롭게 시작하려고 한다. '새 술은 새 도가지에 담가야 한다'는 강박증을 가지는 것이다. '헌 구두는 새 고무신만 못하고, 헌 고무신은 새 짚세기만 못하다'고 생각하기 일쑤다. 앞선 권력자의 틀을 벗어나지 않으면 스스로 열등해진다고 생각하는 모양이다. 그래서 뭐든 앞선 권력자들과 반대로 일을 꾸미게 된다. 그러나 제가 도취해 벌이는 일이지, 백성을 더욱 낯설게 할 뿐이다. '헌 주머니에 마패 들었다'는 생각은 못한다. 옛것에 취할 것이 많지, 버릴 것이 많지는 않다. 왜냐하면 과거 정부가 마련한 것들은 당시 백성이 원한 것이든지, 백성에 의해 조정된 결과이기 때문이다. 물론 독재 정권에서는 못된 법규가 훨씬 많겠지만 말이다.

'새 도끼자루를 만들려면 묵은 도끼자루를 쥐고 새 도끼자루가 될 나무를 베어야 한다'고 했다. 새롭게 어떤 일을 하기 위해서는 옛것을 토대로 한다는 뜻이다. 생각이 한참 모자라면, 새로 터를 닦아 주춧돌을 놓고 기둥을 세우고 집을 지으려 한다. 마치 '솔 심어 정자 삼는다'는 격이다. '세월아 너는 먼저 가거라'는 듯, 새로일 일을 꾸미는데 정신을 쏟는다.

자식이 가업을 이어받는 것을 생각해 봐라. 몇 대에 걸쳐 내려오는 노하우를 받는 것은 조상이 주는 최고의 선물이다. 수없이 많은 성공이나 실패에서 터득한 비법보다 더 소중한 것이 있겠는가. 정치라는 것도 다를 바 없다. 앞선 정권들이 겪은 경험을 인수받는 것은 얼마나 크나큰 선물인가. 점령군이 의기양양意氣揚揚 분기탱천憤氣撐天한 기세로 들이쳐 패잔병을 쫓아내듯 하는 모습을 보면 입맛이 쓰디쓰다. 대립할 때 대립하고 경쟁할 때 경쟁하더라도, 오가며 정치 경험의 노하우를 주고받는 게 정상이다.

새 정권은, 이전 정권과 확실히 다르다는 것을 보여주려고 애를 쓴다. 각 부처 이름을 바꾸기도 하고 통폐합하기도 한다. 역사에 대한 해석도 달리 해보고, 다른 나라와 외교 노선도 바꿔버린다. 하다못해 집무실의 비품까지 새것으로 깡그리 바꿔댄다. 무슨 이념이나 사상에 따라 바꾸는 경우는 드물다. 그저 이전 정부가 하던 짓이 싫어서 그런다. '참외 버리고 호박 고른다'고 하는데, 정치판에서는 그렇게 한다.

사실 '저 잘난 맛에 산다'는 게 인간인지라, 크게 기대할 바는 없다. '호박에 줄 긋는다고 수박 되랴'는 조롱을 듣기에 딱 맞는 행동을 하기 일쑤다. '밑돌 빼서 윗돌 고인다'고 할 짓을 해댄다. 하늘 아래 새로운 것이 없다고 했는데, 마치 내가 하는 것이 창조고 새로운 것이라는 투로 과시하려 한다.

"이전 정권에서도 열심히 노력한 것이니까, 그것을 잘 이어받고 고칠 것만 고치겠습니다" 하고 말하면 얼마나 기특한 일일까. 그렇게 하면 자존심이 상한다고 생각하는 것이다. 백성이 새로울 것도 없는 정부로 취급할까 봐 불안한 것이다. 하찮은 자존심이 일을 그르쳐 결국 적폐가 되고, 나라 살림을 크게 좀먹는다.

셰익스피어의 비극 〈맥베스〉에서 주인공인 맥베스의 독백은 잘 알려져 있다. "…인생은 다만 걸어가는 그림자일 뿐. 제시간이 오면 무대 위에서 활개치며 안달하나, 얼마 안 가 영영 잊혀져 버리는 가련한 배우, 백치들이 지껄이는 무의미한 광란의 얘기다."[43]하는 부분이 그렇다. "인생은 다만 걸어가는 그림자일 뿐"이란 구절은 아주 유명해 숱하게 써먹는 경구다. 그렇다. 덜떨어진 인간은 제 무대를 차지하고 싶어 안달을 한다. 그것도 독무대를 말이다. 차지하고 연기를 해봤자 어릿광대짓뿐인 것을. '제멋에 들떠 천층만층으로 행동하는 것이 사람이라'고 했는데, 그 짝이다.

제가 무대에 설 수 있는 것이 누구 덕인지 모르고 저 잘난 줄만 안다. 바로 이런 점이 백성의 마음을 잘못 읽는 것이다. '다람쥐 살림에도 규모가 있고, 두꺼비 눈깜짝에도 요량이 있다'고 했다. 백성들의 살림도 그렇고 정부의 살림이라고 크게 다를 것도 없다.

자기 패거리들이 일을 시작하면 '개혁'이란다. 이전 정권은 '적폐'란다. '개혁'을 한다고 야단스럽게 출발하고 저만 깨끗한 척하는 걸 보면, '냉수도 씻어 마신다'고 하겠구나, 싶다. 그래서 온 매스컴을 통해 이전 정부의 잘못을 까발리기에 부산하다. 사사건건 물고 늘어진다. '남을 문 놈은 저도 물린다'는 원리를 모르는 것이다. 때가 문제지 반드시 물리게 된다. '주머니 털어 먼지 안 나오는 사람 없기' 때문이다.

말이 개혁이지, 쉬울 리가 없다. 저희끼리야 문패만 바꿔 달아도 개혁이라면 개혁으로 알 것이다. 개혁은 결과를 보고 백성이 수긍해야 개혁이다. '시작은 용머리고 마무리는 뱀꼬리'가 될 것을 뻔히 아는데 백성이 같이 흥분하겠는가. '서울 갈 당나귀는 발통 보면 안다'고 했다. 싹수가 노란지, 파란지를 백성은 이미 눈치 채고 있는 것이다.

'남의 흉은 내가 보고, 내 흉은 남이 본다'는 말을 이해한다면, 너나없이 개혁이나 적폐라는 게 선동선전에 지나지 않고 결국 도긴개긴으로 끝나기 마련이라는 걸 알게 된다. 알고 보면 어떤 정권이든 이전 정권에 덕을 보면서 탄생한 것이다. 그러니까 제 권력도 이전 권력에서 나온 것이란 말이다. 앞선 정권이 뭐라고 할까. '내 장 한 번 더 떠 먹은 놈이, 내 흉 한 마디 더 본다'고 할 것이다.

진정으로 개혁을 하려면 이전 사람들의 공功을 큰 소리로 말하고, 과過를 작은 소리로 말해라. '가만 바람이 대목을 꺾고, 모기 소리에 소가 놀란다'는 게 허풍이 아니다. '큰일을 하려면 똥물을 안겨줘도 삼켜야 하는' 법이다. '손끝에 물 한 방울 튀기지 않'으면서 어찌 큰

일을 도모하라. '겁 많은 개가 큰 소리로 짖는다'는 걸 알 사람은 다 아는 법이다.

'적폐'라고 생각하면 그때그때 싸워서 말려야지, 훗날로 미뤄 원수를 갚으려 하면 악순환이 되기 마련이다. 그 많은 국회의원과 행정부 사법부가 일을 제대로 하면, 청산할 적폐도 없고 개혁도 없을 것이다. 오로지 정부와 정부가 백성 앞에서 평화롭게 손잡을 것이다. 위정자가 제 이익을 잠시 미루고 제 몸을 '올인'하면 안 될 일이 있겠는가.

1) '제 바늘 끝만한 공로만 보고 다른 사람의 홍두깨만한 은혜는 못 본다'

백범 김구 선생의 《백범일지》를 읽으면, 누군가 외쳤다는, "아, 여기 진실로 한 인간이 있구나" 하는 말이 떠오르게 된다. '사람이 커야 포부도 크다'는 말이 있는데, 그릇이 크니까 오로지 나라 발전에 전념한 인물이 되었던 것이다. 백범은, "현실의 진리는 민족마다 최선의 국가를 이루어 최선의 문화를 낳아 길러서 다른 민족과 서로 바꾸고 서로 돕는 일이다. 이것이 내가 믿고 있는 민주주의요, 이것이 인류의 현단계에서는 가장 확실한 진리다"하고 전제한다. 그러면서 우리 민족이 해내어야 할 임무를 제시한다. "첫째로 남의 절제도 아니 받고 남에게 의뢰도 아니하는 완전한 자주독립의 나라를 세우는 일이다. 이것이 없이는 우리 민족의 생활을 보장할 수 없을뿐더러, 우리 민족의 정신력을 자유로 발휘하여 빛나는 문화를 세울 수가 없기 때문이다. 이렇게 완전한 자주독립의 나라를 세운 뒤에는, 둘째로 이 지구상의 인류가 진정한 평화와 복락을 누릴 수 있는 사상을 낳아 그것을 먼저 우리나라에 실현하는 것"⁴⁴이라 주장한다.

　국방과 외교의 문제는 물론, 나라 발전의 방향을 문화를 통한 인류평화에 기여하는 것으로 잡고 있다. 누구나 완전한 자주독립국이 현시대에 불가능하다고 할 것이다. 경제나 국방, 모든 게 세계화된 판에 우리나라 단독으로 애를 쓴다 해도 가능한 일이 아니라고 하겠다. 사실 그렇기는 하지만 일단은 비전 제시다. 어느 정권이 들어서더라도 제일 먼저 할 일이 백성에게 이렇게 거시적인 정책을 제시하는 일이다. 특히 조국통일의 문제는 어느 정권이든 가장 중요한 정책으로 삼고 최대한 노력을 쏟아야 한다. 통일문제에 정치, 국방, 외교, 경제 등 모든 것이 긴밀하게 연관되어 있기 때문이다.

　김구 선생이 경제보다 문화발전을 강조한 것이 특별하다. '먹고 사는 데만 급급한 사람은 천하게 여긴다'는데 나라도 마찬가지다. 천민자본주의에 빠지지 않기 위해서 문화역량 강화가 중요하다는 것을 간파해낸 것이겠다. 먹고사는 것이 웬만큼 해결되면 나라의 격을 높이는 건 결국 문화다. 먹고사는 일은 식량의 자급, 자주독립은 정치와 국방이 높은 수준에 이른다는 것을 의미한다.

　이 나라가 지속되기까지 온갖 우여곡절이 많았지만 저와 같은 이념에 부합하기 위해 노력한 백성이 있었기에 가능했던 것이다. 저런 이념을 두고, 그동안 나랏일을 맡았던 정권들을 견주어 보라. 공과功過가 확연히 구분될 것이다. 어떤 정권은 외세에 기대어 독재를 하며 세월을 보냈고, 어떤 정권은 독재를 하면서도 나라가 발전할 수 있는 동력을 마련했다. 어떤 정권은 독재를 하면서 앞선 정권이 차려놓은 것을 잔칫상 받아먹듯 했으며, 어떤 정부는 민주주의를 발전시키는데 전념을 했다는 평가를 내릴 수 있을 것이다. 물론 판단 기준은 그 사람의 수준에 따라 다르다.

'나라가 흥하면 손님도 많다'고 했다. 나라가 발전하면 외국 사람들이 많이 몰려온다는 뜻이다. 요즘 그것이 입증되고 있다. 독재자가 설치는 나라에 손님이 얼마나 들겠는가. 민주주의가 발전하고 경제, 문화 수준이 높아지면서 외국인의 왕래가 번잡해졌다. 문화의 발전 속도가 이 정도라면 김구 선생의 기대를 머지않아 성취할 수도 있겠다.

나라를 발전은커녕 후퇴시킨 정권도 뭔가를 했다는 것을 '채반이 용수가 되도록 우긴다'. 나라의 역사책을 봐라, 사실이다. 백성에게 폐만 끼치고, 이른바 국격이라는 것도 형편없이 추락시킨 우두머리인데도 버젓이 국사책에는 이리저리 공헌한 것으로 적혀 있다. 진짜로 가짜신화다. '동네마다 후레아들 하나씩 있다'는데 이 말이 꼭 맞다.

제 정권이 백성들 없이, 또는 이전의 정권 없이 어떻게 가능했을까. 제 무리에서 나온 권력자만 권력자로 인정하는 것을 보면 '소견이 바늘구멍만 하다'는 말이 맞다. 앞선 제 우두머리 사진 몇 장만 사무실 벽에 걸어놓지 말고, 어떤 일을 해서 앞선 정권들보다 훨씬 훌륭한 성과를 보여줄까를 고민해야 한다. "현실 유지가 정부 수립보다 어렵다"고 괴변을 늘어놓을 것인가. 앞서 인용한 김수영의 시 〈우선 그놈의 사진을 떼어서 밑씻개로 하자〉를 봐라. 역사의 평가가 얼마나 냉정한가를 말이다.

정권을 잡은 권력자들이 가장 먼저 해야 할 일은 무엇일까. 말할 것도 없이, 제 정권의 방향을 잡는 일이다. 백성을 위해 무슨 일을 할 것인가를 목표로 삼는 일이다. 물론 이 목표는 정권 시작부터 끝나는 날까지 계속되는 과제다. 목표를 세우고 추진하는 힘은 갈수록 약해지기 때문에 정권 초기부터 강하게 추진해야 한다. 최우선을 무엇으로 잡을까 분명해야 한다. 환경문제인가, 남북문제인가, 외교인가, 국방인가를 분명히 해야 제 성과가 선명해질 것이다. 물론 정치는 백성의 삶에 관한 모든 것에 관여한다. 그러나 '소가 할 일이 있고 개가 할 일이 따로 있다'고 했다. 모든 것에 관여할 것이라면 큰 틀을 각각 제시해야 한다. 그렇지 않으면 설계 없이 집을 짓는 것과 마찬가지다.

시작부터 전 정권의 비리청산에 몰두하는 게 공통적이다. 전 정권의 자취청산을 강하게 시작하면 백성에게 웬만큼 참신함을 맛보여 주겠지만, 제 정권의 동력은 지체된다. 백성을 위한 희망찬 사업에 몰두하면 자연히 전 정권에 대한 정리나 설욕이 되는 것이다. 전 정권에 대해 잘잘못을 따지는 것은 검찰, 경찰에서 하는 일이지 정부 전체가 나서서 할 짓은 아니다. 전 정부의 적폐청산이란 명분을 내세우는 것은 무엇을 어떻게 할 줄을 몰라 무능을 숨기는 수단일 수 있다.

정부가 경제에 몰두하는 것이 제일 중요한 것은 사실이다. 백성은 먹고사는 데 관심을 우선 두기 때문이다. 그러나 나라의 힘을 지속적으로 키워가기 위해서는 먹고사는 일에만 급급해서는 곤란하다. 국토가 심각하게 오염된 속에서 잘 먹고 잘 살 수가 있겠는가.

백성이 요구하는 대로 따라가며 구멍을 때우듯 한다면 결국 눈에 띄는 성과가 없게 된다. 이 정권은 아무것도 한 일이 없다는 평가를 받게 될 것이다. 미래의 비전을 제시하고 백성이 요구하기 전에 한발 앞서 실천해야 한다. 일류들이 모였다는 우두머리들이 그 정도는 해야 정상 아닌가.

새 권력자는 취임부터 공功을 인정 받고 싶어한다. 권력을 잡은 것 자체를 백성이 공으로 인정해주길 원한다. 그러기에 뻐기고 다니는 것이다. 권력을 인정받고 넘겨받은 것은 공이 아니다. 운동으로 비유하면 선수 교체일 뿐이다. 코트에서 열심히 뛰어 승리에 기여했을 때 공이 되는 것이다.

그야말로 '이제 감꽃 떨어졌는데 홍시 찾는' 격이다. 공이야 정권

말기에 저절로 드러나는 법인데, 초기부터 갈증을 낸다. '급하기는 우물에 가 숭늉 달라겠다', '콩밭에 간수 치겠다'고, 백성의 호감을 받기 위해 하찮은 일들을 해결하고 선전을 해댄다. 전 정권에 대한 지루함을 해소시켜 주기 위해 '적폐' 청산이란 것부터 시작하는 게 패턴이다. 백성은 잠시 환호하게 된다. 백성을 계속 만족시켜 주기 위해 전 정권의 비리를 계속 찾아내려 하지만, 바로 그것이 새로운 정권의 발목을 잡게 된다.

정권 초기에 참신한 비전과 추진력이 보이지 않으면 그 정권은 백성을 만족시킬 수 없게 된다. 초기에 상대를 끌어내리는데 에너지를 소진했기 때문이다. 그러다 보면 제 정권의 정체성이 흐려지고 진부하기 짝이 없는 정치판이 되고 만다. 소위 레임덕이란 게 일찍 찾아오기 마련이다. '진흙밭에 개싸움'만 하다 퇴장하게 된다. '제 얼굴 더러운 줄 모르고 거울만 나무란다'고, 남 탓만 하다가 한세월을 보내고 티격태격으로 한두 해를 보내면 후회만 남을 것이다. 공을 남기려 했는데 어떻게 과오가 되는지도 모르고, 더구나 죄가 되는지 알아챌 겨를도 없을 것이다. 못난 정권이 이어받으면 또 적폐대상이 되어 제 정권이 이전 정권에 가한 만큼 고통을 받게 될 것이다. 그래서 '공은 공으로 갚고, 원수는 원수로 갚는다', '공은 닦은 사람에게, 죄는 지은 놈에게 간다'는 말이 있는 것이다.

어느 정권은 나라 기간산업을 발전시켰고, 어느 정권은 지방자치제를 활성화시켰다. 어느 정권은 외자유치에 큰 성과를 올렸고, 어느 정권은 남북관계와 외교에 성과를 올렸다. 우리 정권을 무엇이 대표적 성과일까. 적폐청산? 아니면 이전 정부가 키워놓은 과실나무에서 과일만 따먹으며 즐겼나?

제 성과가 시원찮으면 이전 정권을 시기하게 된다. 제 바늘 끝만한 공에 허풍만 떨 것이다. 그것마저도 이전 정권이 아니었으면 가능하지 않은 일이다. 남의 홍두깨만한 공을 못 보면 두더지 눈이라고 조롱받는 일만 남게 된다. '제 염통에 쉬 슬은 건 모르고, 남의 손톱 밑에 가시 든 건 안다'는 말을 이해한다면 나라 발전을 위해 '올인'해야 할 것이다.

2) '새 도랑 내지 말고 옛 도랑 메우지 말라'

한승원의 장편소설 《추사》에 보면, 추사 김정희가 아들 상우에게 이르는 말 중 매우 인상적인 부분이 있다. 먼저 추사라는 인물이 마치 신을 향해 도전을 하듯, 수백 자루의 몽당붓을 닳도록 써서 이룬 경지를 강조한다. 천재성을 타고난 것이 아니라 오로지 노력을 했다는 말을 하는 것이다. 그러면서, "사람은 남자이건 여자이건 내 손으로 세상을 바꾸어놓겠다는 의지와 열정을 가져야 한다. 세상을 바꾼다는 것은 물의 흐름, 바람의 흐름을 바꾼다는 것이 아니다. 세상을 비치는 햇살의 색깔을 바꾼다는 것이다. 검게 보이던 세상을 밝고 희게 보이게 한다는 것이고, 무지갯살을 일어나게 하여 더욱 아름답게 보이게 한다는 것이다. 그 짓을 나는 경전 읽기와 글씨 쓰기로써 해온 것"[45]이라고 말해준다.

"세상을 바꾼다는 것은 세상을 비치는 햇살의 색깔을 바꾸는 것"으로 요약할 수 있는데 매우 상쾌한 경구다. 혁명이라는 것이 있을 수 있겠나? 옛날에는 역성易姓혁명이라는 게 있었다. 글자 그대로 성姓을 바꾼다는 뜻이다. 이성계가 정권을 차지했다고 해서 이씨조선, 이조시대라고 말하기도 했지만, 어떻게 나라가 한 사람 또는 한 성씨의 것이란 말인가. 하나의 씨가 차지하는 나라가 아니고 수백 가지 성을 가진 사람들이 모여 이루었다고 해서 백성百姓 아닌가.

군사쿠데타건 역성혁명이든 수백 번을 해봐라. 그건 진정한 혁명이 아니다. 백성이 바뀌는 게 혁명이다. 백성이 원하는 대로 되는 게 혁명이다. 정권을 차지한 게 무슨 혁명이란 말인가. 기껏 몇 년, 길어봤자 몇십 년 설치다가 몰락하는 권세가 혁명일 수 없다. 지금 세계 여러 나라에서 백성들의 움직임이 있는데, 그게 성공했을 때 진정한 혁명이라 할 수 있을 것이다.

권력자들의 입맛에 맞게 세상이 돌아갔다면 오늘날과 같은 나라가 아니었을 것이다. 권력자의 그릇된 정치가 절정에 이를 때쯤 백성이 일어나 방향을 조정해주는 게 혁명이었다. 시민혁명, 백성혁명이 진정한 혁명이 되는 것이다. 그 혁명을 지휘한 사람이 혁명의 주체가 아니라 백성이 주체다. 한때는 동학난東學亂이라 했다. 권력자 쪽에서 볼 땐 그렇겠다. 그러나 백성 쪽에서 보면 혁명이다. 그래서 동학혁명으로 바뀐 것이다. 4.19혁명도 마찬가지다. 그래서 국가가 영원하다는 것이다.

백성은 어느 날 갑자기 변하지 않는다. 개인이나 권력자가 갑자기 바뀐다고 해서 백성의 마음이 갑자기 바뀔까. 정권이 바뀌면 정치가 들이나 '참깨방정 들깨방정 다 떤다'고 할까, 백성은 잠시 시끄럽다가 이내 평온해진다. 잠시 시끄러운 것도 방송 신문의 나팔소리 때문일 뿐이다.

제발 권력자들은 크고 새롭게 뭘 하겠다고 나서지 마라. 혁명이란 없다. 조금씩, 아주 조금씩 백성들에게 인정받는 게 중요하다. 조금씩 개선된 것이 후에 크게 이루어지는 것이지, 단번에 큰 것을 이룰 수 없다. 아무리 거센 파도도 잠깐일 뿐, 이내 제 질서 속으로 돌아간다.

거시적 안목으로 볼 땐 한 차례의 하찮은 소란일 뿐이다. 제 좁은 소견으로 '백 번을 돌아도 물레방아 팔자라'고 하는 것이다. 초보 또는 풋내기는 처음을 보면 안다. 세상이 어떻게 돌아가는지도 모른 채, 새롭게 변화시킨다고 설쳐댄다. '척 하면 담 너머 호박 떨어지는 줄 안다'고 '초장에 초삭 파장에 파삭' 하기 일쑤다.

한 차례 정권을 잡은 사람도 그렇지만, 작은 우두머리, 또는 작은 권력도 마찬가지다. 제 작은 세도에 도취하지 말아야 인간다운 면모를 잃지 않는다. 작은 세도를 모으고 모아 큰 힘을 가지려 마라. '세도 좋을 때 인심을 써라'는 말이 있다. 이 말이 곧 인간다움을 잃지 말라는 말이다.

박노해의 〈하늘〉이라는 시가 있다. 백성을 도와야 할 관리들이 오히려 위세를 부리거나, 백성 속에서 돈을 버는 사람들이 백성을 하찮게 아는 세태를 냉소적으로 표현한다. "관청에 앉아서 흥하게도 망하게도 할 수 있는 / 관리들은 / 겁나는 하늘이다 // 높은 사람, 힘있는 사람, 돈많은 사람은 / 모두 하늘처럼 뵌다 / 아니, 우리의 생을 관장하는 / 검은 하늘이시다"[46]하는 부분이 그렇다.

푸른 하늘이 아니고, '검은 하늘'이라는 표현에 뜻이 응축되어 있다. 힘 있고 돈 많은 사람의 위세를 어쩔 수 없으니 검은 하늘 아니고 무엇이겠는가. '백성이 있어야 관청도 있다'는 말은 당연하다. 그런데 정치의 기강이 잡히지 않으면 관청도 백성에 대한 서비스 정신이 없어진다. 그럴 때 백성은 하늘마저 검게 보일 것이다. 한 사람을 '흥하게도 망하게도' 할 수 있어서 희열을 느낄 것인가.

정치의 역할이라는 게 바로 이런 색깔을 바꾸는 것이다. 검게 보이는 하늘을 푸르게 보이도록 회복시키는 일이다. 더 나아가 아름답게 보이도록 돕는 일이다. 이런 일은 기본적으로 정치의 몫이지만 세상의 모든 사람이 같이 참여하는 일이기도 하다.

정치인들은 늘 '혁신'을 말한다. '변화' 정도로는 자극이 너무 여리다고 생각하는 것이다. 기존에 있던 틀을 사정없이 깨부수고 새로운 틀을 만들겠다고 호언장담하며 덤빈다. 그러나 '하늘 아래 새것이 없다'고 했다. 인간의 사고와 능력이 '오십 보 백 보'인데 그런다.

새로 권력을 잡은 사람이 아주 순조롭게 많은 부분을 혁신했다고 하자. 다음 권력자가 또 다시 개혁을 하게 되면 원위치로 돌려놓는다. '말짱 도루묵'이 된다. 그러니 '옛것을 폐하지도 말고 새것을 세우지도 말라', '옛 법을 고치지도 말고 새 법을 만들지도 말랬다'고 한 것이다.

'물길과 혼인은 끌어대기에 달렸다'고 했다. 물은 사람이 터주는 데로 흐르고, 혼인도 이끌어 주기에 달렸다는 뜻이다. 다만 도랑물 정도에 그친다. 강이나 큰 냇물의 줄기를 함부로 막는다는 것은 가능하지 않다. 백성이 휘몰아 가기도 하고, 소용돌이를 치기도 하고, 굽이쳐 내달리는 힘을 누구라서 막아서랴.

'물은 흘러도 도랑은 도랑대로 있다', '물은 흘러도 여울은 여울대로 있다'고 했다. 인간이야 바뀌어도 인간사의 틀이야 크게 변할 게 없다. 정의와 불의, 선과 악, 염치와 파렴치, 풍습과 제도 따위의 윤곽을 잡아가는 것이다. 그런데 이 윤곽, 즉 둑은 '만드는' 것이 아니고 자연스럽게 '만들어지는' 것이다. 인간 생활사의 자취일 뿐이다.

정치는 백성들의 사면팔방에 다 간섭하려는 습성을 가지고 있다. 앞에 나서기 좋아하는 사람들은 제 언행으로 신선한 바람이 불기를 열망한다. 그것도 백성들의 삶을 계도하거나 선도한다는 망상에 사로잡히기 일쑤다. 그래서 자타가 인정하는 지도자가 되려는 열망에 빠진다. 인간 삶의 물길을 앞서 터주겠다는 교만을 부리게 되는 것이다.

지도자라는 말이 참으로 듣기 거북하다. '사람은 다 제멋에 산다', '사람은 다 제 갈 길이 있다'는데, 감히 누구를 지도한다고 나서는가. 백성 개개인의 지도자는 저 자신일 뿐이다. '제가 갈 길은 제가 걸어야 한다'는 말대로, 제 의지가 방향을 잡는 것이다.

백성의 삶이 흘러가는 시간이 바로 물길이다. 이 거대한 물길 때문에 둑도 생겨나는 것이다. 물길을 이리저리 간섭을 하지 마라. 도랑이건 강물이건 옛 도랑과 새 도랑이 없다. 하나로 도도하게 이어진 것이다.

3) '전하고자 하는 공명은 곧 잊혀도, 잊어주었으면 하는 허물은 전해진다'

세익스피어의 〈햄릿〉에는, 인간 성격에 대해 햄릿이 제 생각을 내놓는 부분이 있다. 수많은 미덕을 지닌 사람도 단 한 가지 성격적 결함 때문에 인생 전체가 이지러질 수 있다는 주장이다.

"인간으로선 태어나는 것 그 자체를 선택할 순 없는 일이거든. 그렇지만 그 사람의 어떤 한 가지 성질만이 유난스럽게 발달하여 이성의 울타리를 허물어뜨렸을 때나, 혹은 공교롭게 못된 버릇만이 쌓이고 쌓여 미덕을 해쳤을 때에는, 그것이 선천적인 것이든 후천적인 것이든 그런 결함을 짊어진 사람은 아무리 빼어난 미덕을 지니고 있을지라도, 높은 덕망을 지니고 있을지라도, 그 한 가지 결함으로 인해 세상의 지탄을 받게 되는 법이지. 티끌만한 오점 때문에 우수한 본질이 오해를 받고 비난을 받는다 그거야."[47]

햄릿이 호레이쇼와 마셀러스에게 하는 말인데, 숙부나 어머니를 염두에 두면서 인간론을 펼치는 것이다. '백 가지 잘하기보다 한가지 실수를 하지 마라'는 말로 요약할 수 있는 말이다. '성격이 팔자'란 말을 하려는 것이다. 햄릿은 어머니나 숙부의 성격이 크게 그르지는 않지만 호색적이라는 단점이 있다는 것을 암시하는 것이다.

인간의 실수는 대부분 욕심에서 비롯된다. 욕심은 하찮은 인간을 괴물로 만들기도 한다. 돈이나 자식 욕심은 명예욕에 비해 더 허황된 면이 있다. 돈과 자식이야 인간성하고 큰 관계가 있지는 않다. 그러나 명예욕은 성숙한 품성이 바탕에 깔리지 않으면 얻기 힘들다. 품성이 좋지 않아도 큰 권력을 잡을 수는 있다. 그렇게 되면 제 이름은 허물로 전해지기 마련이다. 마음속 명예욕은 '어둑서니 커가듯' 하지만, 품성이 따라가지 못하니 백성에게 폐가 될 뿐이겠다.

우두머리들은 크건 작건 이름과 성과를 남기려고 한다. 옛날 벼슬아치들의 공적비를 봐도 알 수가 있다. 경관 좋은 곳에 이름 새겨진 바위를 봐라. 이름 석 자 남기려는 심정을 생각하면 애처럽게만 여겨진다. 곳곳에 이런저런 비석을 세우고 군수니 시장이니 도지사니 직함과 함께 새겨진 이름을 봐라. 나무 밑에 기념식수를 했다고 새겨진 이름과 직함을 봐라. 그게 이름을 남긴다고 남긴 것이다. 경관이나 해칠 뿐, 부질없는 짓을 그렇게 해댄다. 공명심이 오히려 추한 결과가 된 것이다.

큰일을 해보겠다고 한 것도 마찬가지다. 제 임기 4, 5년에 무슨 큰일을 하겠는가. 성당 하나를 짓자고 해도 최소 수십 년에서 수백 년이 걸리는데, 짧은 시간에 대역사를 한다니, 애초에 글러먹을 짓을 한 것이다. 4대강 사업이란 것이 좋은 예다. 4대강 살리기라 했는데, 언제 4대강이 죽기라도 했는가. 거기에 들어간 수십 조 돈으로 각 도에 하나씩 거대한 도서관이나 박물관을 세웠다면 훌륭한 지도자로 평가받았을 것이다. 문화국가로 가는 지름길을 놓았다고 찬사를 받았겠다. 퐁피두도서관을 넘어서는 대역사를 몇 번 해낼 수 있었을 것이다.

'버는 사람 따로 있고, 돈 쓰는 사람 따로 있다'지만 도깨비도 이런 도깨비를 만난 것이 통탄스럽다. '도깨비는 방망이로 떼고, 귀신은 경으로 뗀다'고 했는데, 아직도 떼어내지 못하고 있으니 한스러울 수밖에 없다. 당시 권력자들과 그 농간의 주변인물들은 어쩌구저쩌구 지금까지 궤변을 늘어놓고 있지만, 부실인간들에 의한 부실공사를 어찌 궤변으로 막을 수 있겠는가. 뭔가 작은 것 하나 해놓고, '잘한다 잘한다 하니까, 시아버지 앞에서 속곳 벗고 춤춘다'는 꼴이다. 어쨌거나 그들의 이름이 아름답게 남아 있는가. 명예가 드높아졌는가.

제 명예를 억지로 추켜 올리려면 오히려 추락한다. 제 욕망을 땅 위에 구체화시키려 하지 말라. 대대로 백성의 비웃음만 이어질 것이다. 공명 아닌 허물로 전해질 것이다. 위정자들의 잘못은 백성이 고쳐줘야 한다. 백성의 도움으로 정권은 방향을 제대로 잡아가게 되는 것이다. 그러나 겸손한 정권에 한한다. 만약 정권이 백성의 인심을 외면하면 제 잘못은 끝끝내 허물로 전해질 것이다.

정권이 잘못하는 것 중 첫째는 백성의 생명과 안전을 지키지 못하는 것이다. 특히 많은 백성이 죽는 것은 참을 수 없는 실책이다. 짧은 시간에 숱한 백성이 죽음을 맞는 것은 당연히 전쟁이다. 전쟁은 지진이나 홍수처럼 천재지변이 아니다. 위정자의 잘못으로 인한 인재가 분명하다. '천재天災는 노력하면 피할 수 있어도, 사람이 저지른 재앙은 막아낼 수 없다'고 했다. 인간 세상의 재앙은, 정성이 지극하면 피할 수 있거나 화를 최소화시킬 수 있다.

전쟁은 아무리 이기는 전쟁이라도 벌여서는 안 된다. 어떤 전쟁이라도 정당한 전쟁은 없다는 말이 맞다. 전쟁은 늙은 정치가가 일으키고 죽는 것은 젊은이라고 말했는데, 현대전은 남녀노소 구별하지 않고 살육을 벌인다. 러시아와 우크라이나 전쟁을 보면 많은 걸 느끼고 배울 것이다. 전쟁에 이겨도 많은 백성이 죽는 것은 물론 폐허가 된 국토를 회복하는 데는 헤아릴 수 없는 세월과 돈이 필요하다. 살아남은 백성도 가슴에 악몽을 담고 평생을 살아야 한다.

어쨌든 전쟁을 피하는 게 정권의 도리다. 어리석은 권력자가 하는 말은 따로 있다. "전쟁을 불사한다"는 말이다. 백성의 동의도 얻지 않고 제멋대로 지껄여댄다. 괜히 큰소리만 치는 줄 백성은 잘 안다. '못난 개 울타리만 믿고 짖는다'는데 그 짝이다. 이 나라 권력자 마음대로 전쟁을 할 수도 없다. '전시작전권'도 없는 주제에 큰소리만 요란하다. 어리석은 권력자는 전쟁에 이긴 후에 평화를 누린다고 한다. 전쟁 후를 제가 어떻게 알 수 있는가. 이 나라에 전쟁이 일어나면 누가 기뻐하겠는가 생각해 봐라. 백성은 죽어 나자빠지고 있는데 일본이나 중국은 장사가 잘 돼 기뻐 날뛸 것이다. '못난 놈 울뚝밸은 석 달 열흘이 고작이라'고 하는데, 얼마 가지 않아 제풀에 주저앉을 것이 뻔하다.

전쟁 위험을 사전에 방지하는 게 권력자의 임무다. 서로 갈등에 싸이면 좋을 게 없다. '떨어지는 칼날은 피하는 게 상책이라'는 말은 언제나 새겨들어야 하는 경구다. 어떤 형태든 전쟁을 야기한 정권은 비난받아 마땅하다. 아니 비난 정도로 안 된다. 죽어 마땅하다. 백성을 볼모로 잡는 어떠한 말도 가볍게 해서는 안 될 일이다. 백성 앞에서는 전쟁에 대한 어떤 말도 하지 마라. 말없이 필요한 만큼의 국방력과 경제력을 꾸준히 강화하면 된다.

국방의 일선을 지키는 군인들에게 물어봐라. 우리 국방력이 세계 4위니 5위니 떠들며 자기도취에 빠져 있을 때인가를 말이다. 아직도 공군 조종사들은 수십 년 된 구닥다리 전투기를 타고 훈련을 하고 있다. 전방 소총부대를 가봐라. 아직도 구식무기를 쓰고 있다. 누군가 말한 대로 예비군 세 명당 한 자루의 총을 확보하고 있다. 국방에 대해 허세를 부리지 말라. 곳곳에 수백 수천억 세금을 쏟아부었지만 결실이 형편없는 사업이 얼마나 많은가. 우선순위가 국방 아닌가. 관공서를 훌륭하게 지어놓는 게 먼저일까. 무조건 씩씩하고 자신있게 보고하고 대답하는 군대의 우두머리를 믿지 마라.

일본이나 중국은 국방비를 두 자리 숫자로 증액시키고 있다. 이 땅의 위정자들은 표를 얻기 위해 병사들의 월급을 대폭 인상시키고 있다. 국방비를 거의 인건비로 쓰고 있는 실정이다. 말만 국군의 현대화지 멀고 먼 일이다. 미군이 없으면 위정자의 휜소리는 잦아들 수밖에 없을 것이다.

숱한 백성을 잃는 사고를 예방하지 못한 정권은 비난받아 마땅하다. 백성의 안전을 지키는데 정부의 무한책임이 있다고 말로만 지껄여댄다고 책임이 가벼워지는 것은 아니다. '죽은 다음에 청심환'도 유분수지, '입이 광주리만한 게 열 개 있어도 말 못한다'. 백성을 지키라고 세금을 내는 것 아닌가. 석고대죄席藁待罪를 해도 시원치 않을 판인데, 가증스런 핑계만 대고 감투는 붙잡고 있으니 하급인간으로 취급되는 것이다. 이러니 백성의 행복지수가 형편없이 낮아진다. 출산율은 세계에서 최저 수준인 것은 당연한 결과다. 자살로 교통사고로, 산업재해로 죽는 백성은 많고도 많다. 사고공화국이라 빗대는 말을 언제까지 들어야 할까. 사고를 예방하는 것이 정부의 역할이지 뒤처리만 하자는 것이 아니다. '사람 죽인 놈이 아홉 번 조상弔喪간다'고 했는데, 때늦은 일이고 속 보이는 짓인 줄 모를 사람 있을까.

아무리 출산율을 높이기 위해 천문학적 규모의 돈을 쓰면 뭘하겠는가. '시루에 물 붓기'일 뿐이다. 설령 출산율이 높아진다 해도 무슨 소용이 있을까. 하루에도 자연사를 제외해도 숱하게 죽어나가는 것을. 낳는 것도 중요하지만 백성이 사고를 당하지 않도록 보호하는 일이 시급하다. 매일 싸움박질만 해대고 있지 말라. 일이나 하라는 백성들의 채찍이 보이지 않는가. 사회가 평안하면 아이들이 태어날 것이다. 젊은 사람들이 아기를 낳는 것이 아니라 평안한 사회가 낳는 것이다.

 권력자들이 임기 동안 한 가지씩만 잘해 놓아도 된다. 위정자들이 뭐를 할지 몰라 우왕좌왕하느니, 백성의 생명을 보호하는 일 하나만 똑소리 나게 하겠다면 백성들 쌍수를 들고 환영할 것이다. 강아지가 제 꼬리 물고 뱅뱅 돌면서 세월 보내는 걸 보면 누가 한심하다고 아니 하겠는가. 이런 게 하찮은 일이 아니다. 제 공명을 전할 수 있는 일거리다.

 '호랑이는 제 털을 아끼고 사람은 이름을 귀하게 안다', '호랑이는 죽어서 가죽을 남기고 사람은 죽어서 이름을 남긴다'고 했다. 누구나 제 삶이 제대로 포장된 흔적을 남기고 싶을 것이다. 그러나 역사에 기록된 우두머리로부터, 기록이 외면당한 필부필부에 이르기까지 의미 없는 짓이다. 너나 할 것 없이 위대하거나 훌륭한 사람은 역사책을 채울 만큼 많지 않기 때문이다.

 지금까지 역사는 백성이 한 것을 거의 최고 권력자가 한 것으로 기록했을 뿐이다. '사람값에 들지 못하는' 권력자처럼 미화美化작업을 통해 역사책에 기록되느니, 차라리 역사책에 보이지 않는 그림자가 되는 게 나을 것이다. '떨어진 석류가 안 떨어진 탱자를 부러워하지 않는다'는 말이 그것을 뜻한다. 만약 각성한 역사가가 있다면, 백성이 한 일은 백성 집단의 이름으로 역사책에 기록해야 할 것이다.

 "너 자신을 알라"는 말을 누가 했든, 해석은 무척 다양하게 할 수 있다. 남은 속여도 너 자신은 못 속인다는 의미가 가장 가까울 듯하다. '일은 병신, 먹기는 장수', '일은 반 몫도 않고, 말썽은 열 몫을 한다'는 말을 들으면 이름은 잊혀지고 전해지지 않는다.

'사람은 이름이 나는 것을 삼가고, 병은 이름이 없는 것을 두려워한다'고 했다. 누구나 삶의 마루에서 굴복하고 만다. 제 삶을 정리하면서 불가피한 전사를 하게 된다. 그 후에 이름이 남는 것은 저와 관계가 없다. 제 언행의 실제가 아니고, 다만 해석이기 때문이다.

4) '원수는 세월이 갚고 남이 갚아준다'

조선시대 학자인 유몽인의 〈범의 꾸짖음〉이란 글이 있다. 호랑이가 무섭다고는 해도 인간처럼 무서운 동물이 없다는 것을 깨우치게 하려는 글이다.

> "인간은 동류인데도 또 어찌해서 약속을 저버리며 마음으로 음해하고, 입을 놀려 해치고, 무기를 휘둘러 이기고, 코를 베고, 발뒤꿈치를 자르고, 목매달아 죽이고, 베어 죽이며, 심지어는 일족을 멸하는가? 무릇 인간의 포악함은 장군(호랑이)보다 백 배, 천 배 더하다. 그대는 다만 함정을 놓아 장군을 잡을 줄만 알지, 인간 세상이 평지 한걸음에 백 개, 천 개의 함정이 있음을 알지 못하는구나."[48]

무인 홍공洪公이 호랑이의 피해가 극심하자, 함정을 파다가 피곤하여 잠이 들고 꿈을 꾼다. 창귀倀鬼가 호랑이를 타고 나와 홍공을 꾸짖는 부분이다. 박지원의 〈호질문〉은 호랑이가 직접 꾸짖지만, 여기서는 창귀가 꾸짖는다.

'사람만큼 무서운 게 없다'고 했다. '사람이 짐승만도 못하다'고도 했는데, 결코 틀린 말이 아니다. 사람은 빚은 안 갚고 원수는 갚으려 한다. '없다 없다 해도 있는 것이 빚이라'고 했는데 누구나 다른 사람 빚으로 산다. 물론 빚이라니까 돈만 생각하지 말아야 한다. 아무리 잘난 사람이라도 남의 신세로 산다. 그런데 제가 힘이 생기면 '은혜를 원수로 갚는' 경우가 허다하다. 그래서 '머리 검은 놈은 은공을 모른다'고 한 것이다.

많은 민주국가가 양대정당 구도로 정치를 한다. 두 정당이 팽팽하게 맞서 당당한 승부를 내게 하는 구도인 것이다. 번갈아 정권을 잡으면 참신함도 있고 균형도 잃지 않을 수 있는 장점이 있다. 정권을 잡은 쪽은 당장 정적을 없애고 오래도록 권력을 놓고 싶지 않을 것이다. 그러나 정적을 없앤다 하더라도 다른 정적이 등장하게 된다. '원수의 자식일수록 여러 남매라'고, 원수를 갚듯 하면 끊이지 않고 나타나기 마련이다. '묵은 원수를 갚으려다가 새 원수가 생긴다', '오랜 원수를 갚으려다가 새 원수가 생겼다'는 말이 진리다. 악순환하지 말고 선순환하라고, 상생 상극하라고 발달해온 것이다. 물론 다당제라고 해도 크게 다를 건 없다. 독재가 되지 않게 번갈아 정권을 잡는다는 것이 중요하다.

정권을 잡으면 먼저 상대방을 정적으로 만들어 타도하려는 생각부터 한다. 사실상 정적이 제 권력을 차지하게끔 했는데 말이다. 원수가 아니라 은혜를 갚아야 하는데 정반대로 행동한다. '은혜를 원수로 갚는' 대표적 경우다. 제가 이전 정권보다 낫다는 것을 백성에게 보여주기 위함이다. 그러나 잘 생각해 보면 이런 언행은 열등감에서 비롯되는 것이다. 상대를 끌어내려야 내가 올라간다는 생각 때문이다. '저

정종진 145

만 제노라 한다'는 말이 있는데, 저만 잘난 척한다는 말이다.

정권이 교체될 때마다 원수를 갚듯이 해대면 백성은 안중에서 벗어난다. '낡은 원수를 잡으면 새 원수가 생긴다'고 했다. '때린 놈은 길가로 가고, 맞은 놈은 길 가운데로 간다'고 했다. 때린 놈은 다음 저 맞을 준비를 해야 한다. 그러니 불안하고, 또 불안하니 제 방패막이를 준비한다. 정권은 이제 막 시작했는데, 제 권력을 이어갈 후계자 내세울 걱정부터 하게 된다. 후일에 앙갚음을 받지 않기 위해서다. 여지없는 악순환이다. '제 똥 밟고 주저앉는다'는 생각을 전혀 하지 않는 것이다.

서로 죽이고 테러를 하지 않는다면, 많은 사람에게 죄를 씌워 감옥에 보내지 않는다면 정적政敵이라 할 것도 없다. 원수가 아니라 그저 경쟁 집단이다. 정권을 잡으려는 무리들이 일삼아 싸운다는 것은 나라의 신성함을 모독하는 것이다. 입으로 점잖게 경쟁할 일이다. '말로 짓는 원한은 백 년을 가고, 글로 짓는 원한은 천 년을 간다'는 말이 있지만, 우선 말을 조심해야 한다. 말이 서로 간에 상처를 주는 것은 분명하지만, 보고 듣는 백성에게도 큰 고통을 주게 된다. 자기들끼리 하는 싸움 같아도 백성은 더욱 아픔을 느끼게 된다는 것을 알아야 한다.

본래 권력이라는 게 쥐고 있거나 얻으려는 무리들의 것이 아니기 때문에, 빼앗긴 사람도 없고 빼앗은 사람도 없다. 권력이란 백성의 것이어서 나눠 받으면 잠시 누리고 못 받으면 다음 기회를 노리면 된다. 빼앗은 자가 없으니 원한을 품거나 원수라 여길 수 없는 것이다. '원수니 악수니 한다'고 하는데, 티격태격한다는 뜻으로 진짜 원수는 아니라는 말이다. 원수를 갚으려는 자는 언행을 야단스럽게 하지 않는다. 에너지를 모아 조용히 결단할 뿐이다. 상대방을 없애는 게 원수를 갚는 최선이다.

원수도 아닌데 원수처럼 생각하면, 그 화는 자기에게 돌아온다. 제 에너지를 급격하게 소모하여 지레 무너지게 된다. '제풀에 죽는다', '제풀에 제가 친다'는 말이 그래서 있다. 경쟁하는 무리가 서로 싸우는 것은 백성들에게 잘 보이기 위한 것이다. 백성들이 제 편을 들어주기를 원한다. 격투기에 심판을 봐달라는 요구와 같다.

'개는 인사가 싸움이라'고 했다. '개 한 마리가 헛짖으면, 동네 개가 다 따라 짖는다' 고, 제 무리 중 하나가 싸움을 걸면 패거리 싸움으로 확대된다. 여당 야당이 만나 싸우는 건 당연하다. 그러나 재미없는 싸움이라는 게 문제다. 백성들이 보기에는 너무 치졸한 싸움이다. '싸움 끝에 정 붙는다'고 그것을 목표로 하는 것도 아니다. '개싸움에는 뜨거운 물이 제일이지만, 사내들 싸움에는 북을 쳐라'는 말이 멋쩍을 정도다. '남을 이기기 좋아하는 사람은 반드시 적을 만나게 된다', '남을 불에 넣으려면 저부터 들어가야 한다'고 했다.

제 무리가 상대 무리에 품고 있는 증오감을 '되로 받고 말로 갚는다'는 말을 들을 것이 아니라, 호감을 '되로 주고 말로 받는다'는 정도가 돼야 성취감이 생길 것이다. 갈등이나 원한으로 대립하는 것은 어느 경우라 할지라도 비생산적이다. '남의 눈에 피를 내려 하면, 자기 눈에는 고름이 나야 한다'는 말을 명심할 일이다.

네 불행이 내 행복이라고, 권력을 잡든 잡지 못했든 정적이 불행해져야 행복해진다. 집권하는 동안에 불행한 일을 당해야 내가 돋보일 수 있다는 심리다. 마치 '내 집 송아지 죽는 것보다 이웃집 황소 죽는 것이 기분좋다'는 심사다. 정적끼리는 그렇다 하더라도 백성은 뭔가. '새우 싸움에 고래등 터진다'는 격 아닌가.

정적을 이기려 말고 백성들의 선택을 받는 게 진정으로 이기는 것이다. 정적을 원수로 생각한다면, 백성에게서 호감을 얻을 때 원수를 갚게 되는 것이다. 정적을 직접 상대해서 싸움을 하지 마라. '싸움은 지는 것이 이기는 것이라'고는 하지만 자존심이 허락하지 않을 것이다. 그럴 때는 싸우지 않고 이기는 것이 최상이라는 신념을 가져야 한다. 정적을 상대하지 말고 백성의 평가를 목표로 하면 될 것이다.

저 스스로나 제 편이 우월하다는 것을 보여주기 위해서 상대방을 깎아내리는 것은 가장 하수가 쓰는 방법이다. 경쟁심이 강하면 우선 쓰는 방식이다. 그렇지만 제 약점은 없는가. 상대편도 물고 늘어질 약점을 쥐고 있다. 그럴 때, '남의 눈에 티끌만 보았지, 제 눈의 들보는 못 본다'고, 폭로전은 가열된다. 그러나 경쟁은 시소 타기가 아니다.

'원수는 순리로 풀어라', '원수는 은덕으로 갚아라'는 말을 명심해야 한다. '밤 잔 원수 없고 날 샌 은혜 없다'고 했으니 말이다. 알고 보면 원수나 나나 결국 똑같이 탐욕을 부리는 것 아닌가. 한번은 네가 먹고 한번은 내가 먹는 동업자인 것이다.

정적을 원수라 치자. 선거는 일정기간 동안 저희들끼리 벌이는 동업이자 전투였다. 대통령 선거든 국회의원 선거든 6대 4든 7대 3으로 졌다고 하자. 그래도 백성의 지지는 4 또는 3만큼 받았다. 전투가 꼭 상대방보다 많은 숫자여야 이기는 것인가. 군대가 상대방보다 훨씬 열악해도 승리를 하는 경우가 적지 않다. 정치판은 군대가 아니라고 할 것인가.

제 이익을 챙기는데 빠지지 않고 정당이 공공선에 올인했다면 승리를 못 했어도 백성의 마음이 떠나지 않을 것이다. 싸움에서 이기지 못하고, 뒷북을 치는 것은 분명 적폐다. 상대방이 자멸하기를 기다려 승리를 얻는 것이 상수는 아니다.

원수를 갚겠다면 백성의 원수를 찾아야지, 왜 제 원수를 찾는가.

백성의 원수와 제 원수가 똑같은가. 백성의 권력으로 왜 제 원수를 갚는가. 백성의 원수가 누군지 우선 백성에게 물어봐야 할 것이다. 자신들이 말하는 '적폐청산'이란 제 앙갚음에 불과한 것이 아닌지 저에게 다시 물어볼 일이다.

    4년 또는 5년이라는 시간은 잠깐이다. 백성이 권력을 맡긴 그 시간에 공공선에 올인하지 않으면 냉혹한 심판을 받을 것이다. 우선은 권력에 취해 여기저기 찔벅거리며 다니는 맛이 좋겠다. 백성 분열에 앞장을 섰으면서 권력자가 되니 국민통합, 국민화합을 외치고 다닌다. 좌우익, 보수와 진보를 가르는데 앞장섰다가 국민총화를 외치고 다니니 꼴불견이 따로 없다. '두 목소리 쓰는 놈 믿지 말라'고 했는데, 어찌 믿음이 가겠는가.

    '흘러간 물은 물레방아를 돌리지 못한다'는 말대로, 권력을 넘겨준 무리의 좋은 세월은 흘러갔다. '권세가 빨랫줄 같다'던 때를 생각하면 '놓친 고기는 생각할수록 커진다'는 말이 옳다. 백성의 지지를 못 받은 것은 제 그릇에 비해 감투가 컷던 탓이다. '감투가 크면 어깨를 누른다'고 했다. 큰 감투를 노리지 말고 제 그릇을 키워야 했다. 다시 물레방아를 돌리려면 출발점으로 돌아가 새로 시작해야 한다. 속좁게 말고, 오지랖 넓게 말이다.

6. '흰둥이나 검둥이나 도둑만 잘 지키면 된다'

　조지 오웰은 《1984》, 《동물농장》의 작가로 유명하다. 이 시대에도 사회체제와 결부하여 현대적 해석이 가능해 유효기간이 끝나지 않는 명작인 셈이다. 또 하나의 책 《위건부두로 가는 길》은 소설이 아니다. 1936년 당시, 영국과 유럽에 퍼지는 전체주의에 맞서기 위해 쓴 리포트reportage다. 이 책에서 그는 사회주의에 대한 해석과 적용을 섬세하게 해낸다. "우리가 함께 목표로 삼고 단결할 수 있는 이상은 사회주의의 바탕이 되는 이상밖에 없다. 그것은 바로 정의와 자유다. 허나 이런 이상은 거의 완전히 잊혀버려 '바탕'이란 말을 쓸 수도 없는 지경이다." 하고 안타까워한다.

　자유와 정의라는 것이 사회주의의 바탕인데, 당시의 현실에는 바탕은 없고 설익은 이념만 있었다는 생각이다. 그래서 그는, "이 이상은 이론 일변도의 독선과 파벌 다툼과 설익은 '진보주의'에 층층이 묻혀버렸다. 똥덩이 속에 감춰져버린 다이아몬드가 되어버린 셈이다. 사회주의자가 할 일은 그것을 찾아내는 것이다. 정의와 자유 말이다! 이 두 마디야말로 온 세계에 울려퍼져야 하는 나팔소리이다. 오랫동안, 적어도 지난 10년 동안은 확실히, 제일 멋진 소리는 악마들이 다 냈다."[49]고 주장한다. 사회주의 이념을 제대로 세우기 위해서는 어설픈 진보주의 이념에서 벗어나 자유와 정의라는 바탕을 제대로 확립해야 한다는 생각이다.

　작가 자신의 말대로, 자신이 쓴 진지한 글들은 모두 전체주의에 대항하기 위한 것이다.《1984》,《동물농장》과 같은 작품들이 모두 그런 신념에서 나온 것이라는 말이다. 세상의 어느 나라든 정의와 자유를 명분으로 내걸지 않는 나라는 없을 것이다. 심지어 공산주의 국가들도 자유와 정의를 명분으로 내건다. 비록 '양가죽을 뒤집어쓴 승냥이'지만 말이다.

조지 오웰은 '민주적 사회주의'를 추구했다. 민주주의와 사회주의를 융합한 이념으로 봐야 할 것이다. 이념은 시대상황이 만드는 것이다. 당대 영국과 유럽의 상황이 '민주적 사회주의'를 갈망하게 만든 것이다. 인용문에서 보는 바와 같이 오웰은 '정의와 자유'를 최고의 이념으로 삼았다. 설익은 진보주의 독선이 오히려 정의와 자유를 매몰시켰다고 주장한다. 정의와 자유는 악마의 탈을 쓴 이념들이 오히려 잘 이용해 먹었다고 주장한다.

이 땅의 모든 과거 정권들도 민주주의, 자유와 정의를 이념으로 내걸었다. 심지어 독재정권도 그랬다. 양심에 좀 걸리니까 '한국적 민주주의'라고 쑥스러운 수식어를 붙여 제 독재를 합리화시키려 했다. '지붕에 호박도 못 따면서 하늘의 천도를 따겠다고 한다'는 꼴이다. '서해 망둥이가 뛰니까 빗자루도 뛴다'더니, 나라는 퇴보했는데 진보라고 우겼다.

아무리 난잡한 정치판이라도 이념은 있어야 한다. 이념은 그 정권의 뼈대가 되기 때문이다. 이념이 있어야 쉽게 타락하지 않을 것이다. 이념은 권력자 자신과 무리의 정체성을 확립하는데 필요하다. 다만 너무 선명한 이념을 고집하면 배타적 태도를 취하기 쉽다. '맑은 물에 고기 안 논다'고 하지 않는가.

이념이 없으면 제풀에 지칠 수 있다. 정치판이 어떤 곳인가. '쓴맛 단맛 다 보고', '산전수전 공중전 다 겪은' 사람들의 싸움터가 아닌가.

거기서 이겨내려면 굳센 이념과 신념을 가진 사람들이 동지애로 뭉쳐야 승산이 있을 것이다. 이념과 정체성이 굳고 뚜렷해야 험난한 정치판에 어떤 질서를 잡을 수 있겠다.

이념과 신념이 아니고 제 이권에 따라 모인 사람들은 시간이 가면서 오합지졸이 되기 쉽다. 최고 권력자의 국정 장악력이 느슨해지면 제 먹을 것을 챙기느라고 대의명분이고 뭐고 다 무시하고 제가 살 길만 찾게 된다.

이념이라고 하면 이 땅의 백성은 큰 트라우마가 있다. 해방기 좌우익에 대립에 하도 데어서 그렇다. 또한 군사독재 정권이 좌우익의 대립을 한껏 이용했기 때문에 그렇다. 더구나 지금도 북쪽의 공산주의와 대립이 계속되고 있기 때문이다. '뱀에게 놀란 놈은 새끼만 봐도 놀란다'는 강박관념이 지속적이다.

어떤 정권이든 이념을 제 간판으로 너무 강하게 내세워서는 안 된다. 백성은 이념적이기보다 실질적이기 때문이다. 백성에게는 자유와 정의를 실천하는 실제적 태도를 보여주어야 한다. 또한 이념이 백성의 삶을 풍족하게 할 수 있다는 것을 증명해줘야 한다. 백성은 '흰둥이나 검둥이나 도둑만 잘 지키면 된다'는 생각을 가지고 있다. 그래서 선명한 이념을 가진 사람들은 백성 앞에 더욱 겸손해야 한다. 이념은 제 이상이지 백성의 이상은 아니기 때문이다. 또한 라이벌에게도 마찬가지다. 상대방을 설득시키지 못하면 이념의 힘도 아무 소용이 없게 된다.

'새도 두 날개로 날아야 한다'거나 '외손뼉이 못 울고, 한 다리로 가지 못한다', '외손뼉이 울지 못하고, 외가닥 실은 엮지 못한다'고 했다. 이런 이치를 모르는 사람이 없다. 다 알고는 있지만 모험이라고 생각하기 때문에, 또는 제 어리석은 신념 때문에 편한 대로 이끌려 가는 것이다. 백성들이야 '좌로 가나 우로 가나 서울만 가면 된다'고 생각할 뿐이다.

"편견은 인간의 입법자"라고 말한 서양 사람이 있다. 이 말을 처음 했을지 몰라도 이미 모두 알고 있는 사실이다. 그러면 좀 낫다고 뽑아놓은 사람이라면 편견을 줄이고 제 진영을 꾸리는데 균형감각을 발휘해야지, 오히려 편견 편애로 굳히기에 들어가면 될 것인가. 끼리끼리 노는 인사라는 쉬운 방법을 택했기 때문에 필연코 망사亡事가 될 수밖에 없다.

잘난 사람이라는 것은 제 이익을 취하는데 잘났다는 것이지, 남을 위하거나 공공선에 제 능력을 잘 발휘한다는 뜻은 아니다. 공인公人이 아닌 다음에야 인간의 이기적인 면을 나무랄 수 없는 일이다. 그러나 일단 공인이 되면 다르다. 사리사욕을 앞세우면 잘난 사람이 오히려 큰 해악을 끼친다. 잘난 사람들이 모이면 배가 산으로 가게 되는 이치다. 각자 제 이익에 따라 움직이기 때문이다. '잘된 건 내가 잘한 덕이고, 안 된 건 형님이 잘못 시킨 탓이라'는 말은 늘 잘났다는 사람에게서 나오는 말이다.

여당과 야당이 협치는 못할망정 일마다 적대적으로 맞서지 말아야 하는 게 기본 태도다. 정권을 잡으면 마치 점령군처럼, 상대 당을 타도의 대상으로 여기는 것부터 잘못이다. 정권을 교대로 잡을 수 있는 경쟁자로 여겨야 한다. 그러기 위해서는 홍세화의 《나는 파리의 택시운전사》에서 그토록 강조하는 똘레랑스, 즉 '관용'이 필요한 것이다. 잘한 것에 대해 포용, 격려를 하고, 못한 것에 대해 교정 방향을 가르쳐 주는 행위 말이다.

승자독식이란다. '열에 열'이라는 몫을 차지하며 한껏 승리의 기쁨을 누리지 말라. '십 중 칠팔'을 최대치로 삼아 절제하는 모습이 필요하다. '자랑 끝에 불 붙는다', '자랑 끝에 쉬 슨다'고 하지 않던가. 행불행은 번갈아 찾아온다. '인생이란 행불행을 한 줄에 엇갈아 꿰어놓은 염주와 같다'고 했으니까 말이다. 어릴 적 어른들의 밥상머리 교육을 상기해보자. '위장이 칠팔 할 차면 밥숟가락을 놓아라' 하는 소리가 그것이다. '만끽'하면 곧 극빈極貧이 찾아오는 원리 때문에 그렇다. 흥진비래興盡悲來, 고진감래苦盡甘來의 원리는 누구든 자주 겪는 현상이다. 행불행에 따라 감정을 한껏 고조시키지 말고, 감정의 기폭을 최소화하는 것이 최상의 지혜다.

길을 간다. 보수주의자는 멈춰선다. 여기서 머물며 뭔가를 수확해야 한다고 생각한다. 진보주의자는 자꾸 앞으로 걸어나간다. 이곳에서는 얻을 게 없고 다른 곳에서 뭔가 새로운 것을 찾아야 한다고 생각한다. 앞에 여러 갈래 길이 있다. 어느 길을 가야 할지 논란이 분분하다. 차라리 가지 말고 머물자 한다. 그게 진보와 보수의 차이다.

성城 안에 들어 있다. 보수주의자는 성에 머물며 지켜야 한다고 주장한다. 진보주의자는 성 밖으로 나가 진격을 해야 한다고 말한다. 보수는 머무르다 나간다. 진보도 나가다 머무른다. 머무르는 뜻이나 나가는 뜻은 같다. '개구리 움츠리는 것은 멀리 뛰자는 속셈', '지렁이가 움츠리는 것은 앞으로 나가자는 것이라'는데, 뭘 바라고 뛰겠나. 제 욕심이지, 백성들의 희망을 충족시키기 위함은 아니다. '두꺼비가 못가에 움츠리고 앉아 있어도, 하늘의 별 따먹을 궁리를 하고 있다'지 않던가. 머무르고 나가는 행동이 다 필요한 것인데, 머무르면 머무른다고 욕하고, 나가면 나간다고 불평이다. 문제는 뜻이 옳으냐 아니냐에 달려 있는 것이다. 위정자의 포부나 통이 크다면 보수, 진보를 용광로에 녹여 새로운 이상세계를 펼칠 수도 있을 것이다. 오로지 위정자들의 속이 좁은 탓이다.

사람은 가지각색이다. 매사에 적극적인 사람도, 소극적인 사람도 있다. 의지가 강한 사람도 약한 사람도 있다. 모두가 진취적일 수 있다고 생각하지 마라. 모두가 온건할 수 있다고 생각하지 마라. 큰 차이는 없다. 제 가치관에 따라 살아가는 것이다. 무엇보다 제 포용력을 키워라. 가진 사람, 못 가진 사람 차별을 말라. 배운 사람, 못 배운 사람 구분을 하지 말라. 뭐든 차별하여 벽을 쌓는 일은 그만큼 통이나 속이 비좁다는 의미도 되지만, 인류발전에 역행하는 일이다. 진화가 아니라 역진화이며 퇴행이다. 인류사는 잘난 자들에 의해 진보도 했지만 그만큼 퇴행도 했다. 제인 구달이 그렇게 염원하는 인류의 진화는 잘난 사람들에 의해 문명이 발전하는 것이 아니라, 인간 영혼의 포용력이다. 즉 인간만을 위한 휴머니즘이 아니라 지구평화주의, 만물평등주의 차원인 것이다.

보수냐 진보냐의 문제가 아니다. 건강한 보수, 건강한 진보라면 상생, 상극하면서 아주 건전한 정치판을 만들 수 있다. 문제는 보수가 가짜 보수, 진보는 가짜 진보라는데 있다. 좌우가 잘 발달한 훌륭한 두 날개로 나를 수 있고, 비익조가 훌륭한 짝을 만난 듯 할 것이다. 지금은 좌우 날개에 깃털이 한껏 빠져 땅 위에 퍼덕거리고 있을 뿐이다.

백성 대부분은 강한 이념보다 '상식적 도리'를 요구한다. 많은 희생자가 생긴 사건을 두고 여야간 싸움질을 하는 것이 대표적 예일 것이다. 양쪽이 서로 정쟁으로 삼아서는 안 된다고 목소리를 높인다. 희생자 유족에 대한 기본적 측은지심은 그야말로 '씨로 쓸래도 없다'. 주변에서 권력자 편을 드는 무리는 아예 인면수심人面獸心이다. 슬픔에 잠긴 유족을 모욕하는 말을 쏟아내며 정권을 편든다. 인간의 도리를 저버리면서 얻는 이익이 얼마나 크기에 저 정도 말종 노릇을 할까, 도저히 이해가 가지 않는다. 권력자가 도리에 맞는 행동을 하면, 반인

륜적 행위를 하는 무리가 공공연히 나타날 수 없을 것이다. '고양이가 얼굴은 좁아도 부끄러워할 줄은 안다'고 했다. '족제비도 낯짝이 있고, 미꾸라지도 배통이 있고, 빈대도 콧등이 있다'고도 했다.

도리를 못 갖춘 신념이나 이념은 잔인하다. 가치관의 우열을 논할 대상에 기본도 못 미치기 때문이다. 그야말로 인간이기를 포기한 자들이기 때문이다. 최첨단이라는 시대, 자본주의의 절정이라는 시대와 인간의 측은지심은 반비례한다. 누군가 이런저런 이유로 죽음을 맞이하면 측은지심이 앞서는 것이 아니라, 비난부터 해대니 인간에 대한 절망이 커진다. 백성들은 도리를 회복해야 이념이고 뭐고 따질 수 있다고 여긴다. '벼룩에도 낯짝이 있고, 빈대에도 체면이 있다', '빈대도 콧등이 있고, 족제비도 낯짝이 있다', '메뚜기도 낯짝이 있다'는데 사람이 낯짝이 없어서야 될 것인가.

1) '보수는 부패로 망하고 진보는 분열로 망한다'

김수영은 1960년대 한국현대문학사에서 가장 중요한 작가다. 이 시인은 필요 이상의 기교를 쓰지도 않거니와 언어세공도 투박하다고 할 정도다. 아주 평범한 수사법이 장기長技라서 오히려 민중친화적이다. 그의 시 〈거대한 뿌리〉는 '왕중왕'이라 할 작품이다. "비숍 여사와 연애를 하고 있는 동안에는 진보주의자와 / 사회주의자는 네에미 씹이다 통일도 중립도 개좆이다 / 은밀도 심오도 학구도 체면도 치안국 / 으로 가라 동양척식회사, 일본영사관, 대한민국 관리, / 아이스크림은 미국놈 좆대강이나 빨아라 그러나 / 요강, 망건, 장죽, 종묘상, 장전, 구리개 약방, 신전, / 피혁점, 곰보, 애꾸, 애 못 낳는 여자, 무식쟁이, / 이 무수한 반동이 좋다"는 시구들이 어떤가.

이들 뒤에 따르는 자신감은 어디서 오는가. "이 땅에 발을 붙이기 위해서는 / - 제3인도교의 물속에 박은 철근 기둥도 내가 내 땅에 / 박는 거대한 뿌리에 비하면 좀벌레의 솜털 / 내가 내 땅에 박는 거대한 뿌리에 비하면"[50]으로 끝을 맺는다. 전체 6연 중 제4연만 맛을 보았을 뿐이다.

그의 시들에서 당시의 세태와 정치상황을 잘 유추할 수 있다. 김수영의 전체 작품 중에 가장 의미심장하다는 이 작품은, 유감스럽게도 상소리 또는 비속어가 난무한다. 낯 뜨거워 외면하고 싶을 정도다. 그러나 이 부분이 바로 '어둠의 핵심'이다. 시인은 시어를 통해 시대를 감당하는데, 만약 웬만한 언어로 감당이 되지 않는 시대에는 위와 같이 격정적인 말로 대응을 하려 한다. 이를 통해 시인은 '뿌리가 깊이 박히면 가지도 많이 뻗는다', '뿌리가 깊이 뻗으면 나무는 커진다'는 신념으로 당시의 현실을 감당한다.

위의 시에서 김수영은 진보주의자와 사회주의자를 몰아붙이고 있다. 그의 진심이고, 그래서 시인은 보수주의 편이며 보수주의자라 생각하는가? 천만의 말씀이다. "비숍 여사와 연애를 하고 있는 동안에"라는 조건을 붙였다. 연애한다는 말은 비숍 여사의 책에 빠져 있다는 뜻이다. 비숍 여사는 《한국과 이웃 나라들》이란 저술에서 당시 한국의 상황을 애정 어린 눈으로 관찰했다. 그러면서 주변의 나라 사람들보다 한국인이 여러 면에서 우월하다는 생각을 내놓는다. 혼란스러운 정국에 절망하던 김수영에게 비숍 여사의 주장은 무척 큰 자신감을 주게 된다.

〈거대한 뿌리〉는 조국 문화에 대한 격한 자존감으로 솟구치는 생기고 활력의 표현이다. 당대 상황이 추해서 오히려 아름답고, 열등해서 오히려 더 견고한 용기를 준다는 생각을 표현한 작품이다. 시인은 '사랑에 겨우면 마마 자국도 보조개로 보인다', '사랑에 눈이 멀면 곰보도 째보도 안 보인다'는 식으로 조국애의 절정을 보여주고 있는 것이다.

김수영이야말로 혁신주의자고 진보주의자였으며, 반정부주의자이고 혁명을 고대했다. 그의 시작품 〈우선 그놈의 사진을 떼어서 밑씻개로 하자〉, 〈육법전서와 혁명〉, 〈푸른 하늘을〉, 〈가다오 나가다오〉 작품들이 증거가 된다. 시인은 진정한 진보주의, 진보주의자를 갈망했던 것이다. 그러나 어설픈 진보주의, 어설픈 사회주의가 설치니까 절망에 빠져 있던 것이다. 그때의 정치판은 그야말로 '나는 놈마다 장군이다', '냉수 먹고 갈비트림 한다', '되지 못한 국이 뜨겁기만 하다'고 비꼬기에 딱 맞는 정권이며 시대였다.

이러한 이념 선택의 문제는 시인이 스스로 선택한 것일까? 결코 아니다. 정치가들이 자기들의 이권, 당리당략을 위해 뿌려 놓는 덫이었다. 정치권에서 좌우익을 따지고 진보와 보수를 구분하려는 것이 이미 습관처럼 굳어져 있던 것이다. 위정자들이 서로 신분 확인을 하듯, 보수와 진보를 구별하니 백성들이 할 수 없이 따라가게 된 풍조였던 것이다.

종종 진보와 보수의 태도를 명확히 하라고 요구를 받을 것이다. 어느 한쪽을 택해야 아군인지 적군인지 구분하여 동패가 될 수 있다는 말이다. 그러나 따져보자. 지금 이 땅의 보수 진보의 개념 설정과 태도가 명확한가. 혹시 되는 대로 지껄이고 행동하는 것이 아닌가. 설령 보수 진보의 언행이 명백하다고 해도 그렇다. 백성 삶의 스펙트럼이 어느 한쪽을 택하야 할 정도로 좁아서야 쓰겠는가. 소가지가 그리 좁아 되겠느냐 말이다.

'충신도 천명天命이요, 역적도 천명이라', '충신의 편이 천명이면, 역적의 편도 천명이라'고 했다. 천명으로 기본을 삼으면 충신이나 역적은 결국 같은 것이다. 다만 사람의 생각이나 탐욕이 더해진 것뿐이다. 그렇다면 '보수도 천명이요, 진보도 천명이라'는 말도 가능할 것이겠다. 서로 양쪽 끝에 있는 것 같지만, 서로 앞으로 나가기도 하고 뒤로 밀기도 하면서 중심을 잡거나 균형을 맞추는 방법이 되는 것이다. 그러니 결국 보수나 진보는 내세운 명분일 뿐 서로 의존해 발전할 수도 있다. 하지만 대의大義를 선택하지 않아 문제가 되는 것이다. 대의를 선택하면 잇속이 적어지기 때문이다. 대의란 '나를 크게 아름답게' 하는 일인데, 내가 크게 아름답게 되려면 내 이익을 최소화시켜야 한다. '내 텃밭 배추가 주인 밭 배추보다 속살이 더 여물게 찬다'는 게 필연인데, 어찌 대의를 바랄 것인가.

바둑에 '좌우가 동형同形이면 중앙에 수가 있다'는 말이 있는데, 보수와 진보는 결국 동형이다. 그래서 중앙, 즉 중용의 터전에서 겨루어야 한다. 그러나 이런 '회색지대'를 택하면 박쥐에 비유한다. 그런 비난을 듣지 않으려니까 '보수적 진보'니 '진보적 보수'니, '따뜻한 진보', '부드러운 직선' 따위 말이 꾸며진다. 그야말로 '박쥐가 춤을 추고 초상 상제가 웃을 노릇이다'. '박쥐는 두 가지 마음을 버리지 못한다', '박쥐가 저는 못 보며, 들보의 제비를 비웃는다'고 비난한다. 동물의 본성을 인간의 좁은 안목으로 생각하는 어리석음이다. 좀 더 포용력을 가져야 한다.

윌리엄 포크너의 장편소설 《내가 죽어 누워있을 때》에 보면 인간 분별력의 한계에 부딪혀 갈피를 잡지 못하겠다고 실토하는 부분이 있다. '누가 홍길동인지 모르겠다'는 속담과 딱 맞는 경우인 것이다. "가끔씩 난 확신할 수가 없다. 누가 미치고 누가 정상인지 알게 뭐란 말인가. 어느 누구도 완전히 미치거나, 완전히 정상일 수는 없을 거다. 마음의 균형이 제대로 잡히는 것이 쉽진 않으니까. 중요한 것은 사람이 어떻게 행동하느냐가 아니라, 대다수의 사람들이 그의 행동을 어떻게 생각하느냐다."[51]하는 말이다.

그렇다, 인간 누구나가 제 이념을 어떻게 균형 잡을 수 있겠는가. 다른 사람들이 생각하는 대로 평가될 수밖에 없다. '나그네 모양 보아 표주박에 밥을 담고, 주인 모양 보아 손으로 밥 먹는다'는 격으로 임기응변으로 대치하기 일쑤다. '부엌에 가면 며느리 말이 옳고, 안방에 가면 시어머니 말이 옳다'는 식으로 마음의 흔들림을 어쩌지 못한다.

이념은 가치관에 대한 신념이다. 이념은 뼈대를 갖춘 사상이다. 체계를 갖추었기 때문에 현실적인 작은 문제에 쉽게 흔들리지 않는다. 신념은 누구나 가질 수 있는 사상의 파편이다. 생각의 조각인 것이다. 그러니 현실적인 격랑에 의해 쉽게 움직일 수 있다.

제 가치관을 견고하게 유지하려면 이념이 필요하다. '소가 밟아도 꿈쩍 없다'고 할 정도의 이념이 핵심으로 가슴 깊이 들어차 있어야 하는 것이다. 그것이 다양한 현실과 마주칠 때 응용되면서 견고한 신념으로 유지될 수 있다. 문제는 우리 현실에서 이념이라고 말하는 것이 너무 어정쩡하다는 것이다. 신념이 나올 핵심인 이념이 제대로 형성되어 있지 않기 때문이다. 그러니 상식조차 못 되는 '보수', '진보'로 뭉뚱그려 제 진영의 이념으로 내세우고 있는 것이다. '조선 공사 길어야 사흘'이라는 자조적인 말이 있다. 이념도 신념도 없이 기분 내키는 대로 일을 하다 보니 그런 것이다.

'소가지가 꼬막 껍질에 긁어 담아도 하나 차지 않겠다'는 속담이 있다. 소가지란 심지心志의 속어인데, 마음 씀씀이가 매우 옹졸하다는 뜻이다. '소가지가 노래미 창자 같다'든지 '소가지가 밴댕이 창자 같다', '소가지가 밴댕이 콧구멍만도 못하다'는 말들이 다 같은 뜻이다. 한쪽을 택하게 하여 활동영역이나 백성들의 사고영역이 좁아지면 제 영역으로 끌어들이려는 음모다. 그래서 백성들은 저도 모르게 극단에 선다. 대가를 전혀 받지 못하면서도 한쪽 당黨을 무조건 옹호하고 상대 당에 반감을 드러내는 극단적 호불호에 갇히게 된다. 위정자와 함께 '소갈머리가 빈대 속 같다', '소갈머리가 빈대 옆구리처럼 좁다'는 평을 받게 된다. '욕하면서 닮는다'는 말대로 되는 것이다. 백성들 가운데 중용의 위치, 최적의 자리에 서 있지만 양비론자 회색주의자라는 낙인이 찍히는 경우도 있다.

'사람이란 천 층에다 구만 층'이라 했다. 게다가 '사람 마음은 열 겹 스무 겹이라' 했다. 사람마다 제각각인데 둘 중 하나를 택해 선명한 색깔을 보이도록 은밀히 압박하는 것은 분명 퇴행이다. '사람의 마음 물이요 구름이라'고 했다. 사람의 마음이란 늘 변화하여 고정된 자리가 없다는 뜻이다. 사람의 마음을 한쪽에 붙잡아둘 생각을 할 수 없는 법인데, 위정자들의 마음에는 그런 아량이 없다. 그래서 '좁은 집에서는 살아도 마음 좁은 사람과는 못 산다'는 말이 있는 것이다. 위정자들은 우선 제 소가지, 소갈머리를 한껏 키울 일이다.

'사람은 집안에서 만들고 인물은 바깥에서 만든다'고 했다. 여기서 '인물'은 이른바 중심인물이며, 개인의 능력이 무엇보다도 중요하겠다. 능력이라는 스펙트럼은 넓고도 넓다. 그러나 요즈음의 풍토에서 정치적 인물이 되려면 충성도와 돈이 우선이기 쉽다. '사람 팔자란 물줄기 같이 둘러댈 탓이라' 하잖는가. 능력보다는 줄을 잘 서야 한다는 뜻과 같다. 그들이 가장 중요하게 여기는 것은 능력보다 저희끼리 의리다. '사람은 의리가 주장이라'는 말이 그래서 있다. 그 의리는 반드시 옳을 의義가 아니어도 좋은 것이다. 악해도 잘 추종하면 되는 의리인 것이다.

좌우익이든 보수, 진보의 이념은 위정자들의 개인적 이익에 따라 얼마든지 바뀔 수 있다. 대부분 위정자들의 이념은 결코 꾸준하지 않다. 개인의 권세에 위기가 생기면 당적黨籍을 쉽게 바꾸는 것만 봐도 알 것이다. '개도 안 물어갈 소리'를 해서 이념을 욕되게 하지 말일이다.

보수노선을 걷던 사람이 진보로 바뀔 수 있고, 반대로 진보 인사가 보수로 바뀔 수도 있다. 제 동지들이 정치를 잘못한다고 판단할 때 왜 뛰쳐나오지 못하는가. 무지해서 그런가, 알면서도 그런 것일까. 말할 것도 없이 잘 안다. 잘잘못을 안다는 것은 그야말로 삼척동자도 알 수 있을 정도로 쉬운 것이다. 그들은 몽니를 부릴 수밖에 없다. 왜냐하면 몸 담았던 터를 옮기는 순간 그동안 제가 잘못 살았다는 것을 인정하는 것이기 때문이다. '칠십에 육십구 년의 잘못을 안다'고, 반성할 수 있는 용기는 대단한 것이다. 제 무리들이 잘못했다는 것을 깨닫고 뛰쳐나오는 사람은 그래도 용기가 있어 가상하다. 대부분의 작은 권력자들은 그럴 용기조차 없다. 그래서 욕을 먹어도 미적거리는 것이다.

예로부터 젊은 층은 이념에 깊이 빠지기 쉽다고 해서 '경향傾向'이란 말을 썼다. 에너지가 강하기 때문에 저 자신을 이념으로 지키려 할 수 있다. 이에 비해 늙은 사람들은 적지 않게 이념을 가볍게 여긴다. 살아보니 이념이 밥 먹여주는 것이 아니란 말을 덧붙이면서 말이다. 노인은 에너지가 날로 약해진다. 두뇌에 더운 피가 약하게 공급돼서 그렇다. 그러다 보니 흑묘백묘黑猫白描논리, 흰둥이 검둥이 논리가 나온다. 흰 고양이든 검은 고양이든 쥐만 잘 잡으면 그만이라는 논리, 흰 개든 검정 개든 도둑만 잘 잡으면 된다는 생각이다. 보수든 진보든 백성을 잘 살게 하면 된다는 말인데, 조금도 그르지 않다.

위정자들의 자세가 보수냐 진보냐의 문제가 아니다. 백성을 위한 일이 우선이냐 사사로운 이익이 우선이냐에 따라 판정이 되는 것이다. 개인이나 제 무리를 우선하면 아무리 좋은 명분도 무너지고 만다. 제 이익을 앞세우면 보수든 진보든 나라를 위험에 빠뜨리고 만다. 부패로 망한다는 보수나 파벌로 망한다는 진보나, 제 이익을 앞세우면 멸망은 필연이다.

2) '충신도 천명天命이요, 역적도 천명이라'

정약용은 〈고시 27〉이란 작품에서 당파 싸움에 대한 생각을 내놓았다. 마음 상하는 것이야 이루 말할 수 없겠지만 담담한 어조로 현실과 희망을 말한다. "당파 싸움 오래도록 그칠 날 없으니 / 이 일이야 참으로 통탄할 일이로다. / 낙당, 촉당 후예들은 소식이 없고 / 지씨智氏, 보씨輔氏는 편만 가르네. / 싸움판으로 양심마저 가려지니 / 티끌이나 겨자씨의 잘못도 마구 죽인다네. / 순한 양들 외치지도 못하고 죽으나 / 승냥이나 호랑이 언제나 성난 눈. / 지위 높은 자 뒤에서 조종하고 / 낮은 사람은 칼과 살촉을 간다네." 하고 안타까움을 표현한다.

아주 자잘한 문제로 정적을 죽이는 일에 어찌 심정이 담담하겠느냐만, 자신의 감정이 넘치는 것을 우려한 표현이다. 그러면서 희망을 말하는데, "누가 있어 큰 잔치를 베풀어서는 / 금비단 휘장 친 화려한 집에 / 1천 동이의 술 빚어놓고 / 1만 마리의 소를 잡아서 / 옛날 악습 고치기로 함께 맹세하며 / 평화와 복이 오기를 기약할 건가"[52]했다.

자신의 귀양살이가 시·벽의 싸움 때문이라는 걸 말하지만, 그것보다는 당파 싸움이 빨리 그치기를 염원하는 마음이 강하다. 정치인

정종진 163

들이 의기투합하는 잔치를 벌여 대오각성하고 나라에 평화가 깃들기를 바라는 마음이 표현되어 있다. 정치는 의리가 주장이다. '의리는 태산 같고 죽음은 홍모鴻毛같다', '의리는 바위같이 무겁고, 죽음은 깃털같이 가볍다'는 결의가 있고서야 어려움에 도전하고 이겨낼 수 있다. '의가 맞으면 소도 잡아먹는다'는 말이 있는데, 예문에서 1만 마리 소를 잡는다는 것과 상통한다.

큰 욕심이 없다면 싸움을 걸지 않을 것이다. 아무리 이기는 싸움이라도 제 편도 작은 손실을 입기 마련이다. 통이 크다면 싸움이 생기지 않을 것이다. 하찮은 이익에는 눈도 주지 않기 때문이다. '의가 맞으면 금바위도 나누어 가진다', '의가 좋으면 부처도 앙군다'고 했으니 말이다.

천명이라니, 제가 결정해 저지른 일을 천명이라고 감히 말할 수 있는 것일까. 제 이익을 합리화시키는 말이 아닐까. 백성이 하늘이라면, 백성의 명령이 천명이다. 만약 제 이익을 위한 결정이라면 당연히 천명이란 말은 신성모독이다.

천명이란 제 길을 가는 것이다. 명命이란 사명使命이다. 개개인의 일은 자신이 스스로 내린 사명이고, 정치는 백성이 내린 사명이다. 애초 백성이 내린 사명에 충실하지 않겠다면 정치판에 들어서지 말아야 한다. 백성이 내린 사명을 훌륭히 이루었을 때 명예가 따르는 것이다.

하늘이란 백성의 다른 말이라고 생각해야 한다. 하늘을 신神의 다른 말로 생각하면 숱한 해석과 핑계가 생겨난다. 먼저 사람이 사람의 일을 해결할 수 있어야 한다. 큰 공동체에 옳고 이로운 일이라면 정치가는 그것이 제 길이고 사명이다.

'남자는 자기를 알아주는 사람을 위해 죽고, 여자는 자기를 좋아하는 사람을 위해 화장을 한다'는 말이 있다. 제 우두머리 또는 동지와 뜻이 맞으면 죽음도 불사한다는 말이다. 의기가 투합하면 극단적인 결심도 한다는 말인데, 그래서 정치판이 무서운 것이겠다. 개인의 사명은 그럴 수 있다. 그것이 의리라 생각하면 할 수 없다. 그러나 제가 속해 있는 공동체가 의로움을 지향하고 있나를 판단하고 제 사명을 결정할 일이다.

'나라의 일을 하는 것은 관재를 당하는 근본이라'고 했다. 서로서로 복수를 감행하는 곳이 정치판이라서 충분히 재앙을 당할 수 있겠다. 우두머리나 무리가 하겠다는 일에서 빠져나오기가 쉽지 않을 것이다. 그러다 보면 감행한 일이 때에 따라서는 충신으로, 또는 역적질로 취급당할 수 있다. 그것을 운명이라고 생각하기 일쑤다. 흔히 운명을 피할 수 없는 것으로 생각하기 쉽다. 그러나 운명은 제 사명을 스스로 운영하는 것이다. 절대자가 결정해놓은 길이 아니고 제가 개척해가는 길인 것이다. 운이고 명이고 다 제 하기 나름이다.

현대 민주주의 양당 정치는 결국 당파싸움이 잘 발전된 형태다. 옛날의 당파싸움이야 백성이 알 수 있는 정보가 거의 없었지만, 현대에는 즉각 즉각 백성들과 공유되기 때문에 끼리끼리 모든 일을 벌일 수는 없을 것이다. 제 작은 이익을 두고 다투면 소인배의 싸움이 되겠고, 나라와 백성의 이익을 먼저 생각한다면 군자, 대인의 싸움이 되겠다. '콩이 백 번 구르는 것보다 호박이 한 번 구르는 것이 낫다'는 식으로, 무조건 크게 놀면 대인이 되는 것은 아니다.

어느 쪽이 더 정의로운가 하는 판단은 백성이 한다. '순천자順天者는 살고 역천자逆天者는 망한다', '하늘을 좇는 자는 살고, 하늘을 거스르는 자는 망한다'고 하는데, 이런 말을 양쪽에서 서로 쓴다. 마치 자기들을 위한 말인 것처럼 끌어다 쓰는데 부끄러움도 없다. 명분과 실제 사이에 큰 강이 흐르고 있다. 서로 '강 건너 주막 꾸짖기'를 해댄다.

소포클레스의 〈필록테테스〉라는 작품에는 삶에 대한 경구가 많다. 행운과 불행은 돌고 돌기 때문에 부디 위험에 잘 대처하라는 충고가 있다. 특히 잘 나가는 사람일수록 몸조심하라고 타이른다. '행복과 불행이 하나의 오솔길로 이어져 있다'고 하지 않는가. "인간의 운명은 공포와 위험으로 가득 차 있고, / 행운과 불행은 돌고 돈다는 점을 생각하시고, / 고통의 바깥에 있는 자는 위험을 보아야 하며, / 잘나가는 자일수록 인생을 세심하게 살펴야 하오. / 방심하는 사이에 느닷없이 파멸이 닥치지 않도록."[53]하는 충고가 좋다.

예나 제나 인간의 삶이 늘 평온할 수만은 없었던 것이다. '일이 안 될 때는 소똥에 미끄러져 개똥에 코를 박는다'는 수도 있고, '재수가 나쁘려면 장판 위에서 낙상으로 죽는다'는 경우도 있는 것이다. 반면에 '되는 놈은 엎어져도 코에 금가락지 낀다', '되는 놈은 나무를 하다가도 산삼을 캔다'고 했다. 누구든 행불행이 제 뜻대로 되지 않으니 그저 조심해서 살 수밖에 없다. '운은 하늘에 있고, 떡은 시렁에 있다'고 했으니 말이다.

보수와 진보는 상생相生과 상극相剋의 원리로 공존해야 한다. 흔히 '상생의 정치'라고 말하는데, 어찌 상생만이 가능할 것인가. 상생이란 서로 존중하고 생산적인 관계를 맺는다는 것으로 생각하고, 상극이란 서로 배척하고 이겨낸다는 뜻으로 여기지만 그렇지 않다. 상극이 없는 상생이 없고, 상생이 없는 상극이 없다. 정치판에서 경쟁상대가 어떤 사안에 대해 지나치게 몰아가거나 무리할 때 제동을 거는 일이 극剋이다. 알맞은 속도, 최적의 성과를 내도록 브레이크를 잡는 것이다.

보수와 진보를 내세운 세력들이 상생상극을 경쾌한 리듬으로 조절하지 못하면 백성만 고달프다. '두꺼비 싸움에 파리만 치인다', '고래 싸움에 새우만 터져 죽는다'는 격이다. 아니, '새우 싸움에 고래등 터진다'는 속담으로 바꿔야겠다. 또한 '파리 싸움에 두꺼비만 치인다'고 고쳐야겠다. 백성을 두꺼비, 고래로 비유해야지, 파리나 새우로 비유할 수 없지 않은가.

여하튼 진보나 보수로, 좌나 우를 내세워 싸우지 마라. 속으로는 모두 제 이익을 탐하고 있다는 것을 백성은 다 안다. 위정자들이 제 잇속만 차릴 때 나라의 분란이 일어난다. '나라가 어지러우면 어진 정승이 생각이 나고, 집이 가난하면 착한 아내 생각이 간절하다'고 했다. '나라가 어지러우면 충신이 난다'고도 했는데, 어진 정승이나 충신 보자고 국난國難이 생겨서야 되겠는가.

'충신도 천명이요, 역적도 천명이라'는 속담은, 충신과 역적이 무조건 같다는 뜻이 아니다. 두 경우를 생각할 수 있다. 먼저 백성을 따르는 권력자를 따르면 충신이요, 백성을 따르지 않는 권력자를 따르면 역적이라는 뜻이다. 반대의 경우를 생각할 수 있다. 백성을 따르지 않는 권력자를 따르면 충신이요, 백성을 따르는 권력자를 따르면 역적이라고 말이다. 전자가 어사라면 후자는 가어사假御史에 비유할 수 있다. 대의大義를 생각해도 충신과 역적이 같은 말이 될 수도 있고, 소리小利를 생각해도 충신과 역적이 같은 말이 될 수도 있다. 제 가치관이 어디에 있느냐에 따라 달라질 것이다. 소중한 제 이름을 대의명분에 두어야지, 작은 이익을 탐닉하는 무리에 둘 수는 없는 일이다.

노란 숲속에 두 갈래 길이 있었습니다 / 나는 두 길을 다 가지 못하는 것을 / 안타깝게 생각하면서 / 오랫동안 서서 한 길이 꺾이어 / 바라다볼 수 있는 데까지 / 멀리 바라다보았습니다 // 그리고 똑같이 아름다운 다른 길을 택했습니다 / 그 길에는 풀이 더 있고 / 사람이 걸은 자취가 적어 아마 걸어야 될 길이라고 생각했던 게지요 / 그 길을 걸으므로 그 길도 /

거의 같아질 것이지만 // 그날 아침 두 길에는 / 낙엽을 밟은 자취는 없었습니다 / 아, 나는 다음 날을 위하여 한 길을 남겨두었습니다 / 길은 길과 맞닿아 끝이 없으므로 / 내가 다시 돌아올 것을 의심하면서 // 훗날 훗날에 나는 어디선가 / 한숨을 쉬며 이야기할 것입니다 / 숲속에 두 갈래 길이 있었다고 / 나는 사람이 적게 간 길을 택하였다고 / 그리고 그것 때문에 모든 것이 달라졌다고[54]

미국 시인 로버트 프로스트의 시 〈가지 않은 길〉이다. 워낙 유명한 작품이어서 웬만한 사람은 한 번쯤 읽어보거나 아예 외우고 있는 사람도 있을 것이다. '가지 않은 길'이란 말은 아주 다양한 의미로 쓸 수 있어서, 누구든 어느 때 어느 상황에서도 아쉬운 마음을 표현하는 말로 사용한다. 삶의 매 순간이 선택의 연속인데 왜 그렇지 않겠는가.

정치가들도 마찬가지다. 예컨대 보수와 진보의 길 중 어느 쪽을 택할 것인가를 고민할 것이다. 보수를 택하면 진보를 택하지 않은 게 아쉽고, 진보를 택하면 보수의 길이 아쉬울 것이다. '대쪽 쪼개듯' 할 수 없는 인생이라서 '가지 않은 길'에 대한 안타까움은 늘 남겠다.

시에서처럼 '사람이 적게 간 길'을 택하든지, 어느 쪽을 택해도 상관없겠다. 문제는 제 마음을 어떻게 갖느냐에 달렸다. '가지 않은 길'에 대한 애정을 가지고 제 마음을 다스리면 백성을 실망시키지 않을 것이다.

3) '가난을 파는 사람은 돈에 팔리고, 애국을 파는 사람은 적에게 팔린다'

'짝을 맞춰봐야 팔자도 안다'고 했다. 본래 남녀의 혼인을 두고 하는 말인데, 정치판이나 위정자들에게 쓸 수도 있는 말이다. 좌우익, 보수와 진보가 동시대에 짝을 얼마나 잘 맞추는가에 따라 나라나 백성의 팔자가 펴질지 움츠릴지 알게 된다. 두 진영 위정자들의 기본 생각이 나라와 백성에 대한 사랑으로 확립되어 있어야 짝이 잘 맞는다는 말이다.

정호승의 〈비익조〉에는 사랑에 대한 생각이 비유적으로 잘 표현되어 있다. "아들아, 중요한 것은 사랑에는 어떤 목적이 있어서는 안 된다는 것이다. 사랑은 그 어떤 목적을 이루기 위해서 있는 게 아니야. 사랑을 하다 보면 자연히 원했던 삶이 이루어지는 거야." 하고 말머리를 낸다. 그러면서 비익조의 운명을 말한다. 결국 모든 생명은 사랑으로 살아야 한다는 생각을 내놓는다. "진실로 사랑하지 못하면 우리는 날 수가 없다. 우리가 사랑을 한다는 것은 바로 나머지 하나의 날개를 얻는다는 것이다. 그러니까 아들아, 사랑을 잃지 않도록 해라. 사랑을 잃으면 우리는 다시는 날 수 없게 된다. 그러기 위해서는 네가 먼저 사랑해라. 사랑을 받을 생각을 하지 마라. 줄 생각만 해라. 그러면 자연히 사랑을 받게 되고, 우리는 영원히 나머지 한쪽 날개를 얻게 된다."[55] 하는 말이 그렇다.

어머니가 아들에게 해주는 말이다. 남녀 사이의 사랑에만 해당하는 말이 아닐 것이다. 이루기 어려워서 그렇지, 인간이 사회생활을 하는데 기본적으로 가져야 할 마음이겠다.

비익조比翼鳥는 전설상의 새다. 한쪽 눈과 한쪽 날개만을 가지고 태어나 혼자는 날 수 없다. 자신과 정반대 쪽의 눈과 날개를 가진 상대를 만나면 제대로 보고 날 수 있단다. 부부가 해로동혈偕老同穴한다는 의미로 쓰는 말이다. 제게 딱 맞는 상대를 만난다는 것은 '하늘이 마련해 준 연분'이 아니고서는 가능할 수 없다.

'인연이란 인력으로 안 된다'고 했으며, '인연은 맺기도 어렵고 끊기도 어렵다'고 했다. 정치가들이 여당, 야당으로 인연을 맺은 것도 보통 인연은 아니겠다. '인연이란 개새끼 모양 댓바람으로 되는 건 아니라'고 했으니, 예삿일이 아닌 건 분명하다. '인연도 재산이라' 했으니, 재산관리를 잘해야 할 것이다. '사람에 버릴 사람 없고, 물건에 버릴 물건 없다'고 했으니, 비록 경쟁상대이지만, 어떻게 내 재산으로 만들 것인지 궁리해 볼 일이다.

'인연은 맺기는 쉬워도 끊기는 어렵다', '인연을 맺기도 어렵고 끊기도 어렵다'는 말들이 있다. 서로 대결하고 이겨내야 하는 상대라도 인연은 인연이다. 그렇기에 한 번 맺은 인연을 서로 잘 다독거려가야 할 것이다.

정치판이 아무리 비정상적으로 돌아간다 해도, 인간의 천성인 인의예지仁義禮智는 존중할 것이다. 측은지심, 수오지심도, 사양지심, 시비지심을 가려 사람의 품성과 기본도리를 지키려고 애를 쓸 것이다. 품성이 웬만하면 인간애를 충분히 가지게 된다. 위의 인용문에서 강조하듯, 오로지 주는 사랑을 못 해도 다소간의 측은지심이라도 당연히 발동될 것이다.

사건 사고의 현장에서 보여주는 여당 야당 위정자들의 언행은, 인간 본성에 대한 생각을 의심할 정도로 섬뜩한 경우가 허다하다. 불행을 당한 백성 앞에서 해서는 안 될 언행을 파렴치하게 해댄다. 서로 정쟁政爭에 이용한다고 비난을 한다.

더욱 한탄스러운 일은 직간접으로 지지를 한답시고 설치는 시민단체들이다. 피해자들 가슴에 못을 박는 언행을 잔인무도하게 쏟아내는 경우가 허다하다. 피도 눈물도 없는 인간들 집단인데, 지지받는 당은 제지할 생각을 하지 않는다. 방관하는 것으로 봐서는 뒤에서 즐기고 있다는 것을 추측하게 된다.

정치판의 앞잡이가 되면 저도 모르게 악한으로 변하는 것일까. 앞잡이 또는 선동꾼들의 악행을 방관하거나 조장하는 것이 위정자 자신들에게 도움이 된다고 생각하기 때문일 것이다. 물론 앞잡이 노릇을 하는 사람들은 대가를 받기 위해서 악행을 해댈 것이다.

모두가 제 영혼을 팔아먹는 사람들이다. 타고난 선한 바탕을 도려내 권세, 돈과 맞바꾸는 하찮은 인간이다. 정치판이기에 측은지심이 돋보여야 할 판에 비정함과 냉혹한 인간성을 보여주고 있으니 악마가 따로 없다. 일상생활에서 그토록 흔하게 말하는 '사랑'이라는 것은 아예 싹도 보이지 않는다. '사랑'이 제일이라는데 말이다.

이런 마음이나 자세가 정치판에서도 가능할까. 정치에서 여야는 서로 싸움질하는 운명으로 타고났을까. '개는 인사가 싸움이라'는데, 그 이상이 될 수 없을까. 그런데 이 말은 부분적으로만 옳다. 개를 매어 기르면 싸움을 즐기지만, 사회성을 길러주면 절대로 싸우지 않는다는 사실이다. 애견학교나, 애견호텔 같은 곳을 가 봐라. 개들은 싸우지 않고 잘 어우러져 논다. 개들이 인간더러 개만도 못하다고 할 것이다.

위정자들이 편을 나누어 경쟁을 하는데, 미숙한 자들은 상대편을 궤멸시키려 한다. 상대가 동업자라는 생각을 하지 않는다. 상대에게 돌아갈 몫이 없도록 전체를 빼앗으려고 한다. '장사 속에서 장사가 된다'는 뜻을 모르는 것이다. 혼자 독차지하는 것보다 분위기를 띄우는 가운데 제 상품을 팔아야 이익이 더 큰 법이다. 윈윈win win전략, 승승勝勝전략을 모르고 어느 한편이 이기고 지는 승패勝敗전략으로 간다면 정치는 활력을 잃어 망하게 된다. 승자독식을 바란다면 저 스스로 무덤 속에 들어가길 바라는 것과 같다. 왜냐하면 승자독식일 때 경쟁자가 없고, 그 경쟁자를 제 무리 속에서 찾기 때문에 그렇다.

선량選良이라 해야 되나, 선량善良이라 하나. 국회의원이 모두 다 선량하지 않을지라도 훌륭한 사람을 뽑아놓았다는 의미의 선량選良이겠다. 두 쪽, 또는 서너 쪽으로 나뉘어 대결하는 권력자 무리다. 이들은 사회성이 부족해서 만나면 싸우는 것일까. 겪을 거 다 겪어도 사회성이 부족한 사람들이 물론 있다. 그러나 국회의원이 사회성이 부족하다면 아예 국회의원이 되지도 못했을 것이다.

결국 제 무리의 색깔을 선명하게 드러내기 위한 태도다. 상대 무리와 늘 반대지점에 서야 제 입장이 분명해지기 때문이다. 끝까지 밀고 나갈 자신이 없으면 명분을 너무 강하게 내세우지 말 일이다. '가난을 파는 사람은 돈에 팔리고, 애국을 파는 사람은 적에게 팔린다'는 말은, 제 심지가 굳지 않고 명분만 내세우는 사람이 더 쉽게 타락한다는 뜻으로 쓰는 속담이다. 우두머리 중 이런 사람들을 적지 않게 보아왔다. 4.19 시민혁명이나 군부독재 시대를 겪으면서 민주정신을 내세우고 이용한 사람들이 많았다. 노동운동을 하며 독재에 저항한 제 젊음을 내세우며 정치판에 뛰어든 사람이 적지 않았다.

제 젊음을 제 몸 하나 건사하는데 쓰지 않고 오로지 나라 민주화를 위해 희생한 것은 더없이 훌륭한 일임에 틀림 없다. 그런 고귀한 정신을 한평생 이어갈 수 있는 인물은 예사로운 인물이 분명 아니다. 그래서 백성은 표를 주고, 나라의 격을 높이는 데 힘을 보태기를 바랐다. 그런 기대를 저버리면 빼도 박도 못하는 배신자로 낙인을 찍히게 된다.

'한번 배신한 자 두 번 배신한다'는 말은 여지없이 맞다는 것을 소수의 사람들이 보여주고 있다. 소위 진보진영에 있다가 보수진영으로 옮겨가는 사람들인데, 일단 옮기고 나면 자기합리화의 궤변이 '삼천리 강산'이다. 그러고 나면 몸담았던 진영 사람에게 더욱 가혹한 비난을 해댄다 '시집살이한 시어머니가 시집살이 더 시키고, 머슴살이 한 사람이 머슴 일 더 시킨다'는 격이다.

한번 명분에 맞는 행동을 한 것은 좋았지만, 한평생을 계속하기에는 그릇이 되지 못했던 것이다. 제 몸보다 걸친 옷이 더 컸다고 해야 하리라. 정들었던 보금자리를 박차고 나올 만큼, 돈 아니면 감투에 대한 유혹을 이기지 못한 것이다.

백성들 대부분이 정치판을 보면 분명 아니다 싶은데도 일정 수준의 지지율이 계속 이어지는 것은 왜 그럴까. 콘크리트 지지율이라 하는가. 백성들에는 여러 층이 있다. 누가 우두머리가 되어도 변치 않는 지지계층이 있다는 말이다. 우선은 기득권층이다. 이들은 변화를 원하지 않는다. 바뀌지 않은 상태라야 풍요와 안락을 계속 즐길 수 있기 때문이다. 정권이 진보일 때 불안감을 더 갖는다. 자신들의 재물을 빼앗아 빈민층에 나누어 줄 것이라는 걱정에 빠지게 되는 것이다. 또 하나는 빈민층이다. 빈민층 역시 변화를 두려워한다. 정권이 바뀌면 그나마 근근생계하는 생활까지 빼앗길까 봐 그런다. 진보적인 정부가 들어서면 복지가 향상될 것에 희망을 갖는 게 아니라 오히려 공포감을 갖게 되는 것이다.

이러니 파렴치한 권력도 웬만큼 체면치레를 하게 되는 것이다. 아무리 훌륭한 정권이라도 셋에 하나 정도는 지지하지 않고, 아무리 못난 정권도 셋에 하나는 지지하는 백성이 있는 법이다. 마치 '칠 년 대한 흉년 든 위에도 희망은 남고, 사나운 홍수 끝에도 눈물은 남는다'

는 격이다. 어떤 절망스런 일에도 인정은 있게 마련이라는 뜻이다. 백성의 이런 측은지심이랄까, 심약心弱때문에 못난 정권이 빨리 쫓겨나지 않는 이유가 된다.

    명분을 먼저 강하게 내세우고 그것에 충실하려면 생각이나 일 처리가 경직될 수가 있다. 그래서 무슨 '주의'를 내세우면 모험이 따른다. 정치는 특히 실리적인 성과가 중요하기 때문에 명분이 너무 강하면 실리가 부실할 수 있다.

7. '법 위에는 천도가 있다'

　법이라는 것이 민주주의의 틀이라는 건 두말할 필요가 없다. 그러나 이 말이 법이 민주사회의 만능이라는 말은 아니다. 법은 인간사회에 가장 멀리 둘러쳐져야 하는 울타리에 비유할 수 있을 것이다. 그래서 풍우란도《중국철학사》에서, 아주 간결하게 요약했다. "미천하지만 이용하지 않을 수 없는 것이 사물(物)이다. 지위가 낮지만 의지하지 않을 수 없는 것이 백성(民)이다. 은닉되어 있지만 도모하지 않을 수 없는 것이 일(事)이다. 조잡하지만 실시하지 않을 수 없는 것이 법(法)이다." 라는 주장이 그렇다. 참으로 간결하게 의미를 요약했다. 법法을, "조잡하지만 실시하지 않을 수 없는 것"으로 요약한 게 기발하다. 인간이 사회생활을 하는데 넘지 말아야 할 최소한의 요구를 따지는 것이기 때문일 것이다.

　인의예지仁義禮智를 논하는 것에 비하면 법은 사실 조잡하다 할 것이다. 그가 요약한 인의예지에 대해서도 참고하면 좋다. "고원하지만 따르지 않을 수 없는 것이 의리(義)이다. 친애적이지만 확충하지 않을 수 없는 것이 인(仁)이다. 형식적이지만 독실하게 행하지 않을 수 없는 것이 예(禮)이다. 중용이지만 고상하지 않을 수 없는 것이 덕(德)이다. 하나이지만 변하지 않을 수 없는 것이 도(道)이다. 신묘하지만 작위하지 않을 수 없는 것이 자연(天)이다."[56]라는 주장이 간결하고 산뜻하다.

　천도가 법 위에 있다고 했는데, 중국철학에서 천도의 개념이 유

정종진 175

파에 따라 독특한 면이 있다. 중국철학에서 법가法家는 천도를 군주로 보고, 백성의 자율적인 것을 인도로 본다. '하늘도 무심하시지'란 말을 했다면 법가에서는 군주가 무심하다는 말이 되는 것이다. 자연의 원리를 법에 적용하는 것이다. 즉 무위무불위無爲而無不爲, 작위하지 않으나 이루지 않는 것이 없다는 원리다. 정치판에서, 제왕이 손을 놓고 있어도 백성이 스스로 일을 해나간다는 말이다. 그래서 "무위하고 존귀한 것은 천도이고, 유위하고 얽매이는 것은 인도이다. 군주는 천도에 해당하고 신하는 인도에 해당한다."[57]는 것이다.

군주를 하늘로 보는 중국철학과 자연을 가리키는 천天은 다르다. 백성들이 군주라는 절대자 밑에서 스스로 복종하여 질서를 지키는 것과, 인간이 기댈 수밖에 없는 자연의 질서라는 개념은 표면상 다르다. 그러나 군주가 관리하지 않는다는 것과 백성이 관리할 수 없는 영역이라는 데는 공통적일 수 있다.

군주의 지위에 백성을 두게 된 것이 현대 민주주의 사상이라 하겠다. 왕이 주인이던 세상에서 민주, 즉 백성을 주인으로 섬겨야 하는 시대다. 그렇지만 위정자들이 백성을 섬기기에는 어려움이 참으로 많다. 우선 사람은 수많은 층위가 있기 때문이다. 하는 일도 다르고 요구하는 것도 다르다. 품성도 다르고 언행도 각각이다. 천차만별인 인간사회를 최상으로 유지하는 것은 자율이다. 정치가 '필요한 최소'만을 간섭하고 통제하는 것이다. 그 수단이 법이다.

법으로 개입하기 이전의 상태, 백성 자율의 상태가 천도天道다. '하늘은 스스로 돕는 자를 돕는다'고 말할 때가 바로 천도를 뜻하는 것이다. 법이 필요한 최소의 규제인데 반해, 천도는 '필요한 최대'의 자율인 것이다. '백성은 물과 일반이라'는 말은 그런 사상의 요약이라 할 것이다. 백성들의 삶은 마치 물이 흐르는 이치 같아서 순리에 따르는 것이 최선이라는 뜻이다. '하늘을 좇는 자는 살고, 하늘을 거스르는 자는 죽는다'고 할 때, 천도를 말하는 것이 된다.

사람 모두가 자율적인 도리로 산다면 무슨 걱정이 있을까. 유감스럽게도 인간 마음의 터전이 반은 착한 쪽에, 반은 악한 쪽에 걸쳐 있는 데 말이다. 인간의 본성을 성선과 성악으로 구별하지만 둘이 잘 뒤섞여 있다. 누구든 제 마음속을 잘 들여다 보면 알 것이다. '세상에서 제일 무서운 짐승은 사람이라'는 말이 왜 있을 것인가. '세상에 믿을 놈 하나도 없다'는 말도 그렇다. 사람 사이 신뢰가 형편없는데 자율적 세상이 가능할까. 천도가 가능한 것인가. 개인이라면 천도로 살 수 있겠지만, 공동체에서는 어차피 인도 즉 법으로 살아야 할 수밖에 없다.

법은 인간 사이사이에 끼어든다. 그렇다고 자율적 도리, 즉 천도가 완전히 사라지는 것은 아니다. 성숙한 인간들의 공동체에는 필요한 최소의 법이 개입하겠고, 성숙하지 못한 공동체에는 필요한 최대의 법이 개입하게 된다. 인간사가 복잡다단해지면 천도는 위축되고 법이 한껏 개입하게 된다. 결국 법치주의 국가가 되기 마련이다. 법으로 인간을 규제한다고 악이 해소되지는 않는다. 오히려 법을 악용하게 되면 법은 또 다른 법을 낳게 된다. 악이 악을 낳고 법이 법을 낳는 시대가 되었다.

'하늘을 법으로 알고, 땅을 법으로 안다'는 생각으로 살 수 있다면 이상세계가 실현될 수 있겠다. 자연의 원리에 따라 사는 사람들에게 인법이 필요 없겠지만, 가능할 수가 없을 것이다. 군자가 다스리는 세상이 최상이라 했는데, 위정자부터 인간의 도리를 우선으로 삼고 법을 최소한으로 생각하기 때문이다.

도리道理는 인격화된 하늘의 다른 이름이다. 인간이 가져야 할 최소한의 도리란, 누가 봐도 '악의 경계'라 할 수 있는 곳을 넘어서지 않

정종진 177

는 품격이겠다. 인간의 품성이 아무리 선이 반, 악이 반이라 해도 '권선징악'으로 모범을 삼아야 한다. 악을 극소화하고, 선을 극대화시키는 노력을 포기해서는 안 된다.

위정자가 백성을 향해 무턱대고 법을 강조하면 안 된다. 언제나 우선 인간의 도리를 강조해야 한다. 법은 최후에, 어쩔 수 없을 때 내놓을 말이다. 법을 말하면 인간사회를 경직시키기 때문이다. 백성과 위정자의 정서적 거리가 멀어지고, 백성 개개인의 정서적 거리도 멀어진다. 백성은 법을 그물이나 덫으로 여겨 피하려 한다. 그러면 백성은 소극적으로 변해간다. 인간의 기본도리를 강조하면, 백성 개개인이 성찰적 자세를 취하게 되어 적극적인 자세가 된다.

정치판에 법을 공부한 사람들이 무척 많다. 과거의 정권과 비교해 보면 알 것이다. 법조인이 전면에 나선 사회가 그렇지 않은 경우보다 나아졌나를 따져보는 것도 매우 흥미로울 것이다. 뻔한 말 같지만, 법으로 먹고 살아도 결국 인성의 문제, 품격의 문제다. 같은 공부를 했어도 법을 제 출세의 수단으로 삼는 위정자가 있고, 백성에게 베풀려는 위정자가 있다. 법을 만능의 수단으로 생각하면 그의 품은 한없이 작아지고, 법으로 남을 보호하려 하면 품은 한껏 커질 수 있다. 백성의 삶이 천도를 바탕으로 해야 사회가 넉넉해지는데, 인법을 우선으로 하면 뻑뻑하게 돌아가는 이치를 깨우쳐야 하겠다.

1) '나라치고 좋은 법 없는 나라 없고, 나라치고 나쁜 법 없는 나라 없다'

위정자들의 무능과 부패에 백성들이 분노하고 나선 역사적 대사는 많지 않다. 동학혁명은 그 중 하나다. 서학에 대한 대응이라서 '동학'이었지만, 그 사상을 근거로 하여 혁명이 가능했던 것이다. '하늘'이란 어휘에서 피어나는 만민평등사상은 탁월한 창조정신이었다.

송가숙의 장편소설《녹두장군》에는 동학혁명의 사상과 과정이 잘 형상화되어 있다. 백성들이 그저 군중심리로 움직인 것이 아니라, 신념으로 뭉친 모습을 잘 보여주는 작품인 것이다. "동학은 사람을 호랑이나 노루로 갈라놓고 보지 않고 사람은 모두 똑같은 사람으로 봅니다. 치자나 피치자, 양반이나 상놈으로 갈라서 보지 않고 그냥 모두들 사람으로 볼 뿐입니다." 하는 생각이 당시 대부분 백성의 심중에 들어차게 되어 혁명이 가능했다. "왕후장상이 호랑이나 독수리처럼 따로 씨가 없는데, 양반·상놈으로 갈라놓는 것은 사람이 잘못 만들어논 법도라 이것입니다. 인내천(人乃天), 동학에서는 사람은 그 하나하나가 다 하늘이라 가르치고 있습니다. 임금도 하늘이고 백성도 하늘이고, 양반도 하늘이고 상민도 하늘이며, 남자도 하늘이고 여자도 하늘이요, 종도 하늘이고 그 주인도 하늘이라는 것입니다. 그렇게 모두 하늘이니 사람이면 모두 한 치의 차이도 없이 똑같이 평등하게 하늘이라는 것이지요."[58] 하는 답변은 동학혁명 지도자들의 입에서 나오는 말이 아니다. 평범한 백성의 말인 것이다.

당시 백성은, 사람이 만들었지만 잘못된 법을 부정하고 있다. 그리하여 하늘의 법과 사람의 법이 일치되는 논리를 제시한다. 시천주侍天主, 양천주養天主, 인내천人乃天이라는 논리는 결국 같은 것이다. 최재우, 최시형, 손병희에 이르는 동학의 3대 교주들이 내세운 사상이자 종교이자 법이다.

'남자는 하늘이고 여자는 땅이다'는 말에서 비롯되는 음양론이나 남존여비의 습성이 극복될 수 있는 것이다. 유교사상이 층층 켜켜이 쌓여있던 시대에 이런 사고방식을 공공연히 선언했다는 것은 정말 대단한 용기다. 사실 이런 사상의 토대 위에서 정치를 하든, 사업을 하든, 농사를 짓든 해야 할 것이다. 적어도 제 머리나 가슴 속에 이러한 사상의 틀이 준비되어 있지 않다면, 아무리 우두머리의 행동이라도 항상 겉돌게 된다.

'법 위에는 천도가 있다'는 말은 그를 수 없다. 하늘의 법은 '온 생명'을 위한 것이고, 인간의 법은 인간을 위한 것이다. 온 생명을 위한 법도 사실은 인간을 위한 것이다. 온 생명이 존귀하게 여겨져야 인간도 존귀하게 여겨지기 때문이다.

이 땅에서 정치를 하겠다고 나서는 사람 중에 유독 법조인이 많다. 사법고시도 합격했겠다, 판검사 경력이 더해지니 각종 우두머리가 되는데 일단 유리한 지점에 서 있는 것이다. 법을 잘 알면 법을 잘 지키면서 사회적 지도자가 될 수 있다고 백성들은 인정해준다. 그렇지만 그들이 법을 잘 이용 또는 악용할 때가 적지 않다. 그래서 법조인에 대한 이미지가 좋은 것만은 아니다. '변호사는 나라가 낸 도둑놈이다', '의사와 변호사는 나라에서 허가해준 도둑놈이라'는 말로 시작해서, '경찰은 때려조지고, 검사는 물어 조지고, 판사는 미뤄 조지고, 간수는 세어 조지고, 죄수는 먹어 조지고, 집은 팔아 조진다', '독사 같은 검사요, 구렁이 같은 판사라'는 말까지 생겨났다.

크고 작은 죄를 지어, 또는 억울하게 검찰 취조를 받아본 사람이나 법정에 서는 일은 병가지상사일 것이다. 큰 죄를 짓지 않았어도 일단 사건에 연루되면 자존심이 상하게 된다. 게다가 검찰의 조사에 응하려면 모욕감에 몸서리를 치게 된다. 검찰은 바로 그런 심리를 이용해서 수렁 속에서 헤어나지 못하게 한다. 한없이 연약한 개인이 되어 제 생명을 스스로 결단하는 사람이 적지 않다. 법조계에 있는 사람들은 그런 경험으로 제 일생을 이끌어온 사람들이다. 사람을 잠재적 범죄자로 취급한다는 것은 백성의 인품을 파괴할 뿐만 아니라, 법을 집행하는 자신의 인품도 파괴된다는 사실을 깨우쳐야 할 것이다.

법으로 평생을 먹고 산 사람들은 자신들이 익숙한 법정으로 사람들을 몰아가려고 한다. 오랜 직업의식이 제2의 천성으로 굳어진 것이다. 그래야 제 말에도 힘이 실리고 자신이 있으니까 그렇다. 법정이라는 게 인간 언행의 유무죄, 정의를 따지는 최소치의 공간이다. 그런 폐쇄적 공간에서 평생을 보낸 사람들에게 광장이 익숙하겠는가. '미주알고주알 밑두리콧두리 다 캔다'는 버릇으로 넓디넓은 광장에서 넓은 마음으로 펼쳐야 하는 정치가 맞겠는가. 사람을 극한상황까지 몰고 가는 것이 직업의식인 이들이 정치에서는 열린 마음으로 임할 것인가.

유토피아라도 법 없이 돌아갈 것 같지 않다. '법 없이도 살겠다', '법 없이도 살 사람이라'는 말들은 순진무구한 사람들을 두고 하는 말이다. 진정한 의미의 무법자. 그런데 법을 악용하는 사람들에게 천진난만, 순진무구한 사람들은 먹을거리다. 그래서 오히려 이런 사람들에게 법이 더 필요하다고 하지 않던가. 법조인들에 향하는 비판은 요즘뿐만이 아니었다.

조나단 스위프트의 《걸리버 여행기》을 읽다 보면 변호사들을 혹독하게 비난하는 글을 마주치게 된다. 법을 욕하는 것이 아니라 법으로 장사를 하기 때문에 욕을 먹는 것이다. 그것도 폭리를 남긴다는 생각 때문이다. 그것만이 아니다. 돈에 따라 진실을 뒤집어 그름을 옳음으로, 옳음을 그름으로 만든다는 생각 때문이겠다. "우리 사회에는 변호사들의 집단이 있는데, 그들은 받은 보수에 따라서 흰 것을 검게, 검은 것을 희게 만들 목적으로 잡다한 말을 늘어놓고, 그 말로 자기 주장을 입증하는 기술을 젊은 시절부터 배운다고 말했다. 나머지 백성들은 모두 이 집단의 노예이다." 하고 입을 연다.

지금도 크게 달라지지 않았지만, 당시 서구의 제도를 유추할 수 있는 부분이다. 이어지는 비난은 더욱 강하다. "변호사들이란 자기 업무 이외의 다른 모든 분야에서 가장 무식하고 어리석은 족속이고, 일상적인 대화에서 가장 비열하게 굴며, 모든 지식과 학문에 대한 철저한 원수들이고, 변론을 할 때와 마찬가지로 다른 모든 문제들의 토론에서도 인류의 보편적인 이성을 타락시키려 들기만 한다고 답변했다."[59]고 한다.

스위프트가 법률가들을 아주 묵사발이 되도록 풍자한 것을 보면, 이들에게 호되게 당한 사실이 있거나 철천지원수로 삼게 된 연유가 있을 것이라 생각하게 된다. 장장 세 쪽 이상에 걸쳐 극단적으로 매도한다. 이 작품이 출간된 1726년 당시도 이럴 정도였는데, 법조인의 수가 헤아릴 수 없이 증가한 오늘날의 세태를 본다면 스위프트는 비분강개悲憤慷慨의 목청을 한껏 더 높였으리라. 이런 어조로 작가는 계속해서 나라의 수상이나 각료들, 귀족들을 신랄하게 빗대고 찌른다. 김지하의 담시譚詩 〈오적〉의 조상 격이다.

'나라치고 좋은 법 없는 나라 없고, 나라치고 나쁜 법 없는 나라 없다'고 했으면, 나라에 좋은 법과 나쁜 법이 함께한다는 것인데 당연하다. 사람이 만든 것치고 완벽한 게 어디 있겠는가. 그렇다고 신神이 완벽한 법을 마련해줄까. '법에는 구멍이 뚫려 있다'고 하지 않는가. '법은 고무줄이라'는 말도 있다. '법 앞에 평등'이라고는 하지만 가능하지 않다는 말이다. 법을 집행하는 사람에 따라 백성의 이익과 불이익이 달라질 것이다.

육법전서가 아니라 육십법전서가 있다 한들 법을 완벽히 구비할까. 법을 많이 만들면 만들수록 인간의 삶에 족쇄가 되니 그럴 수도 없는 일이다. 그러니 인간 세상을 다스리는데 법을 만능으로 여겨서는 안 될 일이다. 법이 인간을 보호한다고 하지만, 어디까지나 법으로 규정된 한에서 보호다. 인간의 자유와 권리는 법으로 보장된 것보다 훨씬 더 크다. 그러니 위정자들은 사회에서 법의 쓰임을 한껏 억제해야 할 것이다.

2) '법 밑에 법 모른다'

조선시대 학자 윤기의 산문 〈아첨하는 사람의 심리〉는 '아첨'이 정치나 인간도리에 미치는 부정적 영향에 대한 글이다. 아첨은 소리小利가 대의大義를 흔든다는 생각이다.

> 아첨(阿諂)이란, 남을 기쁘게 하는 데 힘쓰지만 그것으로 자기에게 이롭게 되길 바라는 것이다. 그러므로 신하가 임금에게 아첨하는 것은 임금에게 신임을 얻으려는 것이요, 천한 사람이 귀한 사람에게 아첨하는 것은 귀한 신분으로부터 힘을 빌릴 수 있기를 바라는 것이요, 가난한 사람이 부유한 사람에게 아첨하는 것은 풍부한 재산을 통해 물질적 도움을 받기 원하는 것이다. …… 다만 괴이한 것은, 남의 아첨을 기뻐하여 진실로 자기를 아낀다고 생각하고 남의 직언을 싫어하여 틀림없이 자기를 멀리한다고 여기는 점이다. 사람들이 입으로만 존경하는데도 스스로 위대하다고 여기고, 사람들이 겉치레로 칭찬하는데도 스스로 현명하다고 여긴다. 일이 그릇된 것임에도 아첨하여 옳다고 하면 올바른 의론을 가진 사람이 그르다고 하여도 알지 못하고, 사물이 추악한 것임에도 아첨하여 아름답다고 하면 공

평한 안목을 가진 사람이 아름답지 못하다고 하여도 알지 못한다.[60]

아첨의 심리 분석을 매우 설득력 있게 제시한 글이다. 사실을 왜곡한다는 의미로 '사슴을 가리키며 말이라 한다'고 하는데, 아첨도 이런 효과가 있다. 사실을 사실 아닌 것으로 뒤집는 힘이 있다는 말이다. 서로 이익을 주고받기 위하여 사실이나 진실을 왜곡시키니 정치 생명이 어찌 오래 가기를 바랄 수 있겠는가.

아첨은 나라의 기강을 잡는 법을 무력화시킨다. 특히 최고 권력자가 아첨을 내치지 못하면 나라 전체가 흔들리게 된다. '나라님 말씀이야 늘 옳습지' 하는 말은 나라를 서서히 무너뜨리게 된다. 그래서 '나라에는 대드는 신하가 있어야 하고, 동네에는 오머가며 참견하는 늙은이가 있어야 하고, 집안에는 따지고 캐는 아이가 있어야 한다'고 한 것이다.

법이 아무리 지엄하고 촘촘한 그물처럼 짜여 있으면 무슨 소용이 있겠는가. 아첨과 뇌물이면 힘을 쓸 수 없잖는가. 권력자와 평범한 백성 중 누가 더 법을 어길까. 당연히 법으로 먹고사는 사람들이 법을 더 어길 것이다. 제 앞길을 탄탄대로로 만들기 위해서 주위의 온갖 요구를 해결해주고 장애물을 없애야 되기 때문이다.

허균의 산문 〈자연의 법도와 인간의 법도〉라는 아주 짧은 글이 있다. "벌 한 통을 오동나무 그늘에 두고 아침 저녁 살펴봅니다. 벌들의 법도가 무척 엄격하더군요. 그런데 국가의 법도가 벌보다 못하니, 사람을 실망케 합니다."[61]하는 것이 전부다. 아주 짧은 글이지만 의미가 심장하다. 벌들의 세계는 자연법으로 통하니 질서가 흔들리지 않는다는 말이겠다. 법 위에 법이 자연법 아닌가. 개체가 자율적으로 법도를 지키는 게 자연법이다.

인간사회가 자율적으로 법도를 지키지 못하니까, 허균은 벌과 견주어 실망하는 마음을 갖게 된 것이다. 인간이 다른 동물에 비해 공존공생하는 능력이 떨어지는 것일까. 명색이 예지적 인간인데 그럴 리는 없겠다. 다만 그 '예지적'이라는 말이 '지나치게 영리한'이란 말과 같은 뜻일 수 있다는 점이다. 지나치게 영리하다 보니 지나치게 제 이익을 탐하게 된다. 수단과 방법을 가리지 않는데, 그중 아첨이 제일 비굴한 방법인 것이다.

아첨은 판단을 그릇되게 만든다. 감언이설로 꾀어 옳은 길에서 벗어나게 만든다. 그래서 '호랑이 입보다 사람 입이 더 무섭다', '말 한마디로 사람이 죽고 산다'고 했던 것이다. '한 치의 혀가 역적 만든다'고 하는데 역사가 충분히 증명해주고 있다. '세 사람만 우겨대면 없던 호랑이도 만들어 낼 수 있다'는 말도 아첨의 부정적 힘을 빗대는 말이다.

이 나라 정치판에 법조인 출신이 많으니까 늘 "법에 의해"란 말을 입에 달고 사는 사람이 많아졌다. 정치판에 이렇게 법조인 출신이 많은데도 아첨하는 위정자들이 줄지 않는다. 아첨이 법으로 죄를 물을 수는 없겠다. 그러나 권력자의 판단을 흐리게 하는 짓이니 죄는 죄다. 평범한 사람들이 짓는 죄보다 훨씬 크다. 권력자를 과도하게 옹호함으로써 나라를 위태롭게 할 수 있으니 그렇다. 이런 걸 두고 '법 밑에 법 모른다'고 할 것이다.

'법에도 사정이 있고 매질에도 쉴참이 있다'고 했다. '법에도 인정이 있다'는 말도 흔히 한다. 법대로 너무 혹독하게 하지 말라는 뜻이다. 그런데 인정이 너무 많아 탈일 때도 있다. 사정을 봐주거나 인정을 쓰더라도 쓸 곳, 쓸 사람이 따로 있는 법이다. 같은 값이면 약자 편을 들어야 법도 보람이 있을 것이다. 낚시를 해도 큰 고기를 낚아야 좋지, '법은 피라미만 잡는다'는 소리나 들으면 체면이 설 것인가.

'도둑놈은 시끄러운 것이 좋다'고, 못난 정권 때문에 나라가 시끄러워지면 이 틈을 타서 곳곳이 불법, 탈법을 즐기고 이용하여 백성을 더욱 고통스럽게 한다. 공공기관은 백성에 대한 서비스가 시원찮겠고, 기업들은 소비자나 주주들에게 불편을 주거나 횡포를 부릴 수 있겠다. 연구기관이나 기업체나 정부에서 용역이나 지원금을 준 것이 적법하게 쓰일 리 만무하다.

회사에서 시세조종이나 주가조작을 하는 것은 당연히 불법이다. 시가총액 규모가 크지 않은 회사에서 시세조종은 다반사다. 회사가 묵인하지 않으면 도저히 가능할 수가 없다는 의심은 누구나 가지게 된다. 불법, 탈법이 그렇게 당당하게 벌어지고 있는데도 법으로 다스리는 예는 '잔디밭에서 바늘 찾기'보다 어렵다. 법의 인정이 지나치다고 어느 누가 생각지 않겠는가. "투자는 자기 책임"이라는 것만 강조해댄다. 나라에서 내놓은 노름판이라지만, 아무리 '노름판은 도깨비 살림이라'지만, 법은 막무가내다. 법은 있는데 법이 없다.

'국법도 돈에 따라 열리기도 하고 닫히기도 한다', '돈이 법도 이긴다'고 했다. 법을 집행하는 사람이 누구 편을 들겠는가. 돈이 없어서 질질 짜는 서민과, 돈 많은 개인이나 기업들 중 누구 손을 들어주겠는가. '힘 있는 놈이 곧 법이라'는 말은, 좀 안됐지만 지금도 예외없이 맞는 말이다.

'도둑이 매를 든다'고, 남을 괴롭힌 사람이 법을 방패로 삼으려는 경우가 허다하다. 이럴 경우 약자는 죽을 맛이다. 돈이 들기 때문이다. '송사는 걸어도 망신, 당해도 망신'이란 걸 뉘라서 모를까. '송사질 삼 년에 거덜 안 나는 집 없다'는 것도 잘 안다. '없는 놈은 빚도 못 얻어 쓴다'는데, 송사를 어떻게 감당할 수 있을까. '송사는 졌어도 재판은 잘하더라'는 소리를 들으면 법이 살아 있는 것이다. 송사에서 진 사람이 이렇게 말한다면 정의는 굳건한 것이다. 원고나 피고나 그야말로 윈윈이다.

　삼권분립이라는데 말로만 그런 것 같다. 입법 사법 행정 영역을 마치 '무른 메주 밟듯' 다니는 사람들 때문에 무리가 생긴다. 판검사 경력을 가지고 국회의원을 하다가 장관 총리를 거치는 사람이 적지 않다. 그런 인물들이 흔하다 보니 별다를 것도 없다고 생각할 것이다. 그러나 삼권 중에서 가장 고결하달 수 있는 곳이 사법 영역이겠다. 특히 판사는 '학은 굶주려도 곡식을 먹지 않는다', '학은 오동나무가 아니면 앉지 않고, 대나무 열매가 아니면 먹지 않는다'는 말에 견줄 수 있을 정도로 고결한 인품이어야 한다는 선입견을 가진 백성이 많다. 판사라는 직업이 더없이 고결한데, '진펄에 개구리 뛰듯 하는' 곳에 휩쓸린다는 것을 이해하지 못한다는 것이다. 판사에게는 유달리 '양심'이 강하게 요구되기 때문이다. 법을 집행하는 사람들이 좀 더 고결하게 행동한다면 백성은 법을 소중하게 여길 것이다. 법을 어기려는 마음을 갖지 않을 게 당연하다.

　위정자들은 법을 이용해 정적을 제거하는 데 한껏 이용한다. 죄가 없거나 확정되지 않은 사람을 법정에 드나들게 함으로써 마치 죄가 있는 것처럼 여겨지게 한다. 법조계 일부 사람과 위정자들에 의해 자행되는 것이다. '세 사람 입만 합치면 저잣거리에 없는 호랑이도 만들어 낸다'는 전략을 펴는 셈이다. 법조계 출신 위정자들이 늘어나면 늘어나는 만큼, 법 위에 법이 제대로 서게 만들 책임이 있다.

정종진

3) '법 돌아가다 외돌아가는 세상'

레마르크의 장편소설 《개선문》에 연인들이 대화하는 장면이 있다. 전쟁 중에 도저히 사랑에 대한 자신이 없는 연인들의 말이다. 전쟁은 현실의 공간뿐만 아니라 백성들의 마음까지도 당연히 파괴한다. 법이 있으면 무슨 소용이 있겠는가. 우두머리가 자칫 판단을 잘못하면 '외돌아가는 세상'이 되고 만다. 그럴 때, 과연 무능하거나 영악한 인물에게 권력을 위임하는 제도가 옳은 일인가를 비관적으로 생각하게 된다.

"나도 모르겠어, 조앙. 우리에게는 꽉 붙잡고 있을 만한 것이 왜 아무것도 없는지 나는 모르겠어. 전에는 여러 가지가 있었는데. 안전과 배경과 신념과 목적이 - 비록 사랑이 뒤흔들려도 그런 것들이 모두가 정다운 손잡이가 되어 주어서, 우리들은 그걸 붙잡고 있을 수가 있었지. 그런데 이제는 그런 것이 모두 없어지고 말았어. 가지고 있다고 해도 겨우 보잘것없는 절망과 용기뿐이고, 나머지는 안팎이 낯선 것뿐이야. 사랑이 그 속으로 날아드는 것은, 마치 바싹 마른 짚더미 속에 관솔불을 던지는 격이란 말이야. 사랑뿐이면 사랑은 다른 것이 되거든. 더욱 사납고 더욱 소중하고 더욱 파괴적인 것으로 되어 버리거든."[62]

주인공인 라비크와 조앙은 그들의 사랑이 결실을 맺기 어렵다는 것을 다 안다. 그들은 사회로부터 너무 소외당해 살았기에 친화력을 거세당한 것이다. 전쟁 때문이다. 독재자가 일으킨 전쟁은 이렇게 사랑마저 무력하게 만든다. 주인공이 자기분열증을 가지게 된 것은 나치의 폭정과 전쟁 탓이다.

전쟁이란, 몇몇 어리석고도 탐욕스런 정치가들에 의해 저질러진다. 늙은 위정자가 전쟁을 일으키고, 전선에서는 이제 막 삶을 살아보려는 젊은이들만 죽게 되는 것이다. 요즘 전쟁이야 전선이 따로 없고, 젊은이만 죽는 것이 아니니까, 위정자들의 죄악은 더 크다고 할 것이다. 레마르크는 파렴치한 위정자들에게 '전쟁의 죄악'을 깨우치도록 평생을 바친 작가다.

권력자의 그릇된 가치관과 판단은 이렇게 사랑까지도 헛되게 만든다. 인간이 벌이는 중에 가장 못된 것이 전쟁이다. 한 사람 한 사람의 목숨이 다 소중한데, 숱한 백성을 죽음으로 몰아넣는 일은 분명 권력자의 책임이다. "전쟁은 늙은 정치가가 일으키고 죽는 건 젊은이들이다" 하는 말이 조금도 그르지 않다.

'법 돌아가다 외돌아가는 세상'이란 말은, 세상이 하도 엉망이 되어 도무지 어떻게 돌아가는 줄 모른다는 뜻이다. 인간이 저지르는 가장 잔혹한 일이 전쟁인 것은 분명하다. 전쟁은 몇몇 위정자들이 벌이는 광기狂氣다. 전쟁을 겪으면 그동안에 쌓였던 인간에 대한 신뢰는 돌이킬 수 없게 된다.

전쟁뿐만 아니다. 남을 지배하려는 욕심이 강해서 평화를 파괴한다. 그러니 서로 화합하기는커녕 경계심을 높이고 방어태세를 갈수록 강화시킨다. 긴장이 고조되어 언제 터질지 모를 지경에 치닫고 만다.

일제강점기를 경험하면서 이 나라 백성은 아주 짧고 강한 교훈이 담긴 노래를 만들었다. "미국놈 믿지 말고 소련놈에 속지 말고 일본놈 일어선다 조선사람 조심해라"는 것이다. 지금에서 생각해도 슬프디슬픈 절창이다. 이 노래의 유통기간, 유효기간이 지났다고 할 것인가? 전혀 그렇지 않다. 중국은 믿을 수 있는가. 북한은 같은 민족이지만 가장 경계해야 하는 대상이 되었다. 그러니 일제강점기 시대에 3

개국이던 것이 5개국으로 늘었다. 정말로 힘에 겨운 현실이다. 위정자가 조금이라도 삐끗하면, 나라가 꼴도 아니게 전락할 수 있다.

인간에 대해 인간이 생각한다 해도 영물靈物은 아니다. 제 몸을 부려 소박하게 살아야 더 진화를 할 수 있는데, 첨단이니 최첨단이라 하는 도구를 만들고 거기에 예속되니 오히려 역진화하고 있다는 우려를 하게 된다. 어리석은 짓인데, 인간 자신이 어리석다고 판단하지 못하니 멸종의 길에서 벗어날 수 없는 것이다.

조셉 콘래드의 장편소설 《로드 짐》을 보면 이런 생각으로 대화를 하는 장면이 있다. 이 세상에 이렇게 인간이 소란을 떨며 살아가는 것이 부당하다는 생각이다. "인간은 놀랍긴 하지만 걸작은 못 돼." 그는 유리 상자에서 눈을 떼지 않으며 말했어. "아마도, 인간을 만든 예술가가 약간은 미쳤던가 봐. 응? 자네는 어떻게 생각하나? 아무도 원하지 않는데 인간이 나타난 것처럼 보일 때가 가끔 있어. 인간을 위한 자리가 마련되어 있지 않은 데도 말이야. 그렇지 않다면 어찌하여 인간이 모든 곳을 갖고 싶어 할까? 어찌하여 인간은 여기저기 뛰어다니면서 주위에 큰 소동을 벌이거니 별에 대한 이야기를 하거니 풀잎을 어지럽히거니 …… 한단 말인가?"[63] 하는 부분이다.

인간을 별종으로 보고 있는 것이다. 인간의 과도한 욕심, 광기 때문에 초대받지 않은 존재처럼 행동한다는 생각이다. 인간이 이곳에 전혀 어울리지 않기 때문에 없어도 좋을 존재라는 생각이 독특하다.

사람을 두고 예지적 인간, '호모 사피엔스'라고 했는데 일부 생물학자는 편견일 뿐이라고 주장한다. 고릴라나 침팬지 같은 유인원에게도 호모Homo라는 칭호를 붙여주든지 호모 사피엔스에서 '호모'를 떼어내든지 해야 한다고 주장하고 있다. 그런 생각 때문인지 세계적 석학인 유발 하라리도 인간의 역사적 고찰하는 책의 이름을 《사피엔스》로 했다. 왜 인간의 지위를 격하시키려 할까.

인간은 아름다운 지구를 파괴하기만 하는 암적인 존재라는 판단 때문이다. 모든 생명체를 지배하고 멸종시키며 온갖 자원을 고갈시키기 때문이다. 지구를 몽땅 날려버릴 수 있는 만큼 가공할 무기를 만들어 서로 위협을 하고 있으며, 헤아릴 수 없을 정도로 많은 화학제품으로 동식물을 병들게 하기 때문이다.

다른 생명체를 고갈시키는 대신 인간은 크게 번식하여 지구의 수용한도를 오래전에 넘어섰다. 기후변화가 극단적이어서 머지않아 인간 스스로가 멸종을 맞게 될 어리석은 존재로 전락했다. 제 앞날을 모르고 교만하게 살아온 탓이다.

사정이 이렇다면 인간의 숫자가 줄어야 마땅하다. 역사적으로 전쟁과 질병으로 인구를 줄일 수 있었지만 이제는 산아제한으로 얼마든지 가능하다. 그런데도 노동력 부족, 군사력 부족 따위로 이유를 들어 출생률을 높이려 안간힘을 쓰고 있다. 분명히 '외돌아가는 세상'이다.

권력자들이 모여 세상사를 토론하는 기회는 많다. 유엔총회를 비롯하여 G7, OECD 따위가 많고도 많은데, 세상이 나아지지 않는 걸 보면 '희망이 절벽이라' 여겨진다. 인간의 과오를 고쳐야 할 마지막 고비 같은데 다들 무덤덤하다.

이 땅의 위정자들도 전망을 말하지 않는다. 아니, 뭐가 어떻게 돌아가는지, 뭐를 어떻게 손을 대야 하는지 모르니까 우왕좌왕하기만 한다. 크고 작은 감투는 썼는데, 뭔가는 해야 하는데, 아는 거라고는 싸움뿐이니 고민일 것이다. 감투를 내놓자니 아깝고, 백성은 원망을 해대니 초조할 것이다.

기껏해야 법으로 돌아가는 세상을 만들어 놓고 예지적 인간이라고 환호하고 있다. 법으로 먹혀들지 않는 세상인데도 법만 들이대고 있다. 외돌아가는 세상이 돼버린 것이 혹시 법 때문인지 의심조차 해보지 않는다. '남의 염병이 내 고뿔만 못하다'는 이기심에 빠져, 마음을 크게 열지 못한다. 유식한 체하는 무식쟁이들이 정치판에 너무 넘쳐나 탈이다. 인재들이 재야에 숱하게 넘쳐나는데, 어쩌면 그리도 못난 연기자들만 무대를 채우고 있는지 참으로 알다가도 모를 일이다.

8. '말 한마디에 북두칠성이 굽어본다'

'말이 고우면 헌 항아리 사러 갔다가 새 항아리 사온다'는 말이 있다. '말 잘하고 징역 가랴'는 말도 있다. 기왕이면 말을 좋게 하라는 속담이다. '말에 도장 없다고 함부로 입방아 찧지 마라'는 말들을 가슴에 새겨 넣으면 화를 당하지 않게 된다. 위정자는 말을 많이 하는 직업이다. 그러니 특히 입조심을 해야 할 것은 당연하다.

> 사대부의 마음이란 비 갠 뒤의 바람이나 달과 같이 털끝만큼도 가리워진 곳이 없어야 한다. 하늘과 인간에게 부끄러울 일은 칼로 끊은 듯 범하지 말아라. 그러면 저절로 마음이 넓어지고 몸이 살쪄서 편안해지며 호연지기가 생긴다. 만약 옷감 한 자, 돈 한 푼에 잠깐이라도 양심을 저버린다면 즉시 기상이 타락하고 만다. 이것이 인간이 되는가 도깨비가 되는가 하는 관건이다. 너희들은 깊이 경계하여라.
> 다시금 이르니, 말을 삼가야 한다. 전체가 모두 멀쩡해도, 구멍 하나가 새면 그것은 깨진 항아리일 뿐이다. 온갖 말이 다 믿을 만해도, 허튼 소리가 한 마디 있으면 귀신소리일 뿐이다. 너희들은 깊이 경계하라. 말이 허황된 자는 사람들이 믿지 않는다. 가난하고 신분이 낮은 사람은 더욱 말을 아껴야 한다.[64]

정약용의 산문 〈입을 속이는 방법 - 가훈〉에서 인용한 부분이다. 자식에게 신신당부하는 모습이 그려진다. '입은 화와 복이 드나드는

정종진 193

문이다', '입은 재앙의 문이라'는 것을 확실히 가르치고 있는 것이다. '말이 많으면 못 쓸 말이 많다', '말에 꽃이 피는 사람은 마음에 열매가 없다'는 것을 '떡 떼어먹듯 하고' 있는 정경이 선하다.

"전체가 모두 멀쩡해도, 구멍 하나가 새면 그것은 깨진 항아리일 뿐이다" 하는 말이 요점이다. '구멍 하나'는 입을 말한다. '사람은 입 때문에 망한다'고 했다. 정말 그렇다. '입이 방정이라'고 위정자가 입을 잘못 놀려 곤욕을 치르는 일이 허다하다. 그야말로 '가만히 있으면 중간이나 간다', '가만히 있으면 무식이나 면한다'는데, '초라니 난다 난다 하더니 났구나' 하는 탄성이 수시로 터져 나온다.

정치란 말 잔치다. '말로 차린 잔치는 온 마을이 먹고도 남는다'고 할 정도를 훨씬 넘어선다. 그러나 정치란 참말보다 거짓말이 많은 말 잔치다. '참말은 할수록 줄고, 거짓말은 할수록 는다'는 걸 잘 증명해 보이는 곳이 정치판이다. '성인도 하루에 죽을 말 세 번은 한다'고 하지만, 권력자들은 그 열 배는 해야 할 것이다. 오죽하면 '숨 쉬는 것 빼놓고는 다 거짓말이라'고 하겠는가.

백성은 정치가들의 '말'을 듣고 선택한다. 그 말도 후보자일 때에 한한다. 짧은 시간에 후보자는 백성의 귀에 달달한 말만 지껄여댄다. 듣기 좋은 말만 해대니까 올바른 판단을 하기가 어렵게 된다. '어느 놈이 암까마귀고, 어느 놈이 수까마귀인지 알 수 없다'는 지경이 되는 것이다. '홍수 난 데 먹을 물 없다'고, 말의 홍수 속에서 정작 마실 물 찾기가 없는 격이다.

말하는 것을 잘 살피면 지식이 있는지 품격이 원만한지를 충분히 알 수 있다. '들은풍월이 요란하다'고, 내공이 약한 사람일수록 시끄럽다. '들은풍월, 얻은 문자'로 찧고 까분다. '들은풍월로 초시初試한다'고 할 만큼 가로세로 설쳐댄다. 정말로 학식이 있으면 절대 그러지 못한다. 품격이 높은 사람도 마찬가지다. 한껏 겸손한 태도로 일관한다.

말에 속지 않고 몸짓으로 마음속을 봐야 하는데, 백성이 모두 그런 능력을 갖고 있는 것은 아니다. 마음속과 내뱉는 말이 '물에 기름 돌 듯' 하는지, '상추쌈에 된장 궁합'으로 맞아떨어지는지, 웬만한 안목으로는 간파해내기 쉽지 않은 것이다. 전상前相과 후상後相을 비롯한 몸동작이 경박스럽지는 않은가, 따위는 그렇다 치자. 눈과 마음이 서로 겉돌지 않는가, 하는 것을 잘 관찰해야 한다. 관상쟁이가 되라는 말이 아니다. '말에 쓸 말이 없다'니까 그렇다. 누구든 눈과 입만 잘 관찰해도 진정성이 있는 말인지 간파해낼 수 있을 것이다.

눈을 꿰뚫어 봐라. '눈은 그 사람의 마음을 닮는다', '눈은 마음의 거울이라'고 했다. 마음을 볼 수 없으니까 대신 눈을 봐야 한다. 말을 하는 순간 입보다 눈을 봐야 진심을 간파할 수 있다. 의미는 다소 다르지만, '몸 천 냥에 눈이 팔백 냥이라'는 말이 있다. 그만큼 눈에 에너지가 몰리는 것이다.

크고 작은 우두머리는 공식석상에서 거의 원고를 읽는다. 방송에서는 그걸 두고 무엇을 말했는지 자세히 따진다. 그게 마치 권력자의 심중에서 나온 말인 것처럼 여긴다. 물론 비서관들이 모여 권력자가 할 말을 만들어낸다. 그래서 중요정책이라든지 중대발표가 다 포함된다. 권력자가 아무리 원고를 읽는다고 해도 마음을 담아야 한다. 마음을 담지 못하는 연설인지 아닌지는 금방 느낄 수 있다.

연설이 아닌 즉흥적인 말에서 진정성 여부는 더 쉽게 간파해낼 수 있다. 순간순간 변하는 몸 표정을 보면 안다. 마음을 진지하게 담았는지 아닌지 알 수 있다. 건성인지 아닌지, 마음 따로 입 따로 노는지 잘 관찰해보면 알 수 있다. 나라 정치에 진지하게 임하는지, 백성을 정말 위하는지, 평소에 몇 번만 관찰해보면 몇 마디 말에서 마음을 간파할 수 있다.

　못난 위정자는 백성들이 제 말을 경청하는 것을 보면 웃음이 나올 것이다. 제 말을 두고 호불호를 논하다 못해 싸움까지 불사하는 것을 보면 입에 군침이 돌 것이다. 후보자나 당으로부터 돈을 받는 것도 아니면서 격한 언행을 해대니 요리하기 좋은 대상이라 생각하겠다. '말은 하는데 달리지 않고, 듣는데 달렸다'는 속담이 '말은 듣는데 달리지 않고 하는데 달렸다'는 것을 확신하며 쾌재를 부를 것이다.

　권력자들의 말은 권력을 동반하기 때문에 훨씬 진지하고 무게가 실린 듯한 착각을 하게 된다. 백성들은 그런 말에서 빨리 허세를 해체해야 한다. 그럴 때 진정한 말만 남는다. '말을 안 하는 것이 약이라' 했지만 어떻게 그럴 수 있을까. '말은 해야 맛이라'고 했잖는가. '말이 마음이고, 마음이 말이라'고 한 것은, '말 같지 않은 말은 귀 밖으로 지내보내라'는 뜻이다.

　거짓말에 속지 않기 위해서 백성은 제 작은 이익에 집착하지 말아야 한다. 작은 이익에서 벗어나지 못하면 대의명분을 잃게 된다. 그럴 때 정치가들의 능력이나 진정성을 판단하는데 갈피를 못 잡게 된다. 각자 제 이익에 따라 좌충우돌하는 것을 이용하는 게 정치가들이다.

　세상이 복잡해지면서 정치가가 왜 필요한가에 대한 생각은 덜 하게 된다. 정치가는 당연히 필요하다는 생각에 고정되어 있다. 가끔 아나키스트, 아나키즘 논의가 있지만 미미한 정도다. 시대가 갈수록 '방자한 엘리트'의 역량이 강화되는 것은 정치가의 존재를 당연시하는 까닭일 것이다.

　마이클 샌델은 아리스토텔레스의 주장을 토대로, 정치가 인간의 좋은 삶에 왜 필요한지를 논한다. 특히 인간의 언어능력으로 정치에 참여할 때 인간의 본성을 아낌없이 실현한다고 주장한다. 아리스토

텔레스는 인간을 꿀벌이나 그 외 무리를 지어 사는 동물보다 훨씬 더 정치적인 존재로 본다는 것이다. 다른 동물들은 소리를 통해 본능적인 의사소통을 하지만 인간은 언어구사 능력이 있기 때문에, 이를 통해 정의와 불의 따위를 식별해서 전달할 수 있다는 말이다. "인간 고유의 특징인 언어는 단지 쾌락과 고통을 기록하는 수단은 아니다. 언어는 무엇이 공정하고 무엇이 불공정한지 선언하고, 옳고 그름을 구별한다. 우리는 이런 것들을 소리 없이 파악하지 않고, 말로 표현한다. 언어는 선을 식별하고 고민하는 매체다."[65] 는 주장이 그렇다.

정치는 권력자와 백성이 벌이는 말 잔치다. 물론 잔치만으로 끝나면 안 될 일이다. 서로가 서로를 각성시키고 격려해야 한다. 참말이든 거짓말이든 어쨌거나 인간은 말로 소통해야 한다. 백성은 투표로만 정치에 참여하는 게 아니다. 선거야 때가 정해져 있지만, 입은 때가 없이 정치에 참여할 수 있다. '입이 보살이라'고, 호감 가는 말을 할 수도 있다. 반대로 '입이 사복 개천 같다'고, 걸쭉한 말로 정치에 참여할 수도 있다. 백성의 입이 제 삶에 보탬이 되도록 적극적으로 활동해야 세상이 변한다.

'혀가 깊어도 마음속까지는 닿지 않는다'는 말이 있다. 아무리 말을 잘한다 해도 마음속에 있는 뜻을 충분히 표현해내지 못한다는 뜻이다. 일부러 닿지 않게 할 수도 있다. 마음속에 숨겨두고 있는 검은 생각을 내놓지 않기 위해서다. 행여 혀가 마음속에 닿을까봐 극도로 긴장하는 모습을 위정자들은 종종 보여준다. 여하튼 '가나오나 셈 아니하면 입에서 궂은 말 난다'고 했다. 누구나 말조심하라는 뜻이다.

1) '거짓말은 참말보다 더 잘해야 한다'

'거짓말도 방편이라'는 말이 있다. 할 수 없어 거짓말을 한다는 뜻이다. '거짓말 못하면 중매 못한다'는 경우가 그렇겠다. 그러나 '거짓말을 식은 죽 먹듯 한다'는 지경이 되면 주위에 붙어 있는 사람이 없게 될 것이다. 거짓말을 거짓말로 여기지 않게 하는 유머는 오히려 다다익선多多益善으로 여긴다.

> 시낭송회가 끝난 늦가을 깊은 밤에 / 인사동 길에 흩날리는 은행잎을 주워서 / 내 호주머니에 가득 넣어주는 그대여 / 동북 오씨 호적에 아예 오르고 싶어 / 볼우물 지으며 날 간지럼 태우는 그대여 // 모범 택시 타고 한강을 건너갈 때 / 성수대교 아주 사줄까나 흰소리 치자 / 정말 거짓말을 참말로 알아듣고 / 갓 낳은 달걀보다 따뜻한 손 건네며 / 오작교를 건너가듯 숨이 찬 그대여 // 그대가 아비에게 버림받는 날이 오면 / 황금과 백지수표 수레 가득 싣고 가서 / 은하수도 오작교도 몽땅 사줄까나 / 선화공주의 뜨거운 피 이냥 흐르는 / 정말 거짓날을 참말로 믿는 그대여[66]

오탁번의 시 〈정말 거짓말〉 전문이다. 작품 속 거짓말은 싱겁고 유치하기도 하지만, 재미있고 유쾌하기도 하다. 이런 거짓말 아닌 거짓말을 누가 거짓말이라 할까. 아재 개그나 위트, 유머라고 취급하는 것이 당연하다. 사는데 활력이 된다.

거짓말인지 모르고 하는 거짓말도 있다. '아이 어미는 하루에 거짓말 다섯 번 한다'는 경우다. 기르는 아기가 매일 놀랄 만큼 자라니, 하도 신기해서 과장되게 말한다는 뜻으로 하는 말이다. 어머니가 제 아기에 대해 좀 허풍을 떤다고 해도 거짓말로 여기지 않는다. 백성들

생활에서 오가는 이런 사소한 거짓말은 유머가 되어 삶에 활력을 준다. 사기꾼들의 거짓말에는 부주의한 사람만 당하게 된다. 조심하면 된다.

그런데 위정자들의 거짓말은 공공연하게 자행된다. 주의한다고 해서 속지 않는 게 아니다. 그것도 백성 전체를 속이니까 문제가 크다. 권력자가 한번 거짓말을 하면 아랫사람들이 그걸 감싸느라고 안간힘을 쓰게 된다. '거짓말은 거짓말을 낳는다', '거짓말은 새끼를 친다'고 자칫 집단사기극으로 발전하며 사회는 집단히스테리가 생겨날 수도 있다.

거짓말을 감쪽같이 하기 위해서는 두 가지를 능숙하게 숨겨야 한다. 첫째는 진실을 숨겨야 하고, 둘째로는 은폐 시도가 드러날 수 있는 감정을 숨겨야 한다는 것이다.[67] 진실을 숨길 수는 있다. 그러나 감정을 속이기는 정말 어렵다. 거짓말하는 사람의 숨소리, 얼굴 표정, 작은 몸동작까지 거짓말을 하고 있다는 신호를 하고 있기 때문이다. 논리나 직관력이 남다른 사람은 거짓말이라는 것을 간파해내지만, 백성들이 그것을 눈치채기 쉽지 않다.

오랜 경륜을 가진 정치가가 거짓말하기는 '호박에 말뚝 박기'고, '수박에 대못 치기'다. 하도 거짓말을 하다 보니 거짓말이 참말인지, 참말이 거짓말인지 구분을 할 수 없을 정도가 된다. 오죽하면 제 말을 백성이 믿는 것을 보고 제가 놀란다고 하지 않는가.

거짓말을 하지 않고서는 국회의원 노릇을 할 수 없다는 말이 괜한 소리가 아니겠다. 국회의원만 그렇겠는가. 대통령으로부터 하찮은 벼슬길에 오르려는 사람들은 표를 얻기 위해 공약을 내놓는다. 그 공약公約이 공약空約이니 거짓말 아니고 무엇이랴. 정치가 중 많은 사람이 사적, 공적인 거짓말에 익숙해져 있을 것이다.

벼슬은 높고 볼 일이라고 위정자는 혼잣말을 하겠다. 후보 때 공약으로 아무리 터무니없는 거짓말을 해도 사기죄로 기소되지 않으니 말이다. 최소한 거짓말쟁이라고 비난하는 사람도 없다. 그러니 선거 유세장은 거짓말 경연대회를 개최하는 꼴이 된다. 언젠가는 '나는 새도 떨어뜨리고 닫는 말도 멈추게 한다'는 권력을 잡을지도 모르는데, 선거를 관리하는 기관에서 섣불리 시비를 걸 수가 있겠는가. 선거용 거짓말은 거짓말이 아니라는 믿음이 생겨났다.

'거짓말을 냉수 먹듯 한다', '거짓말을 식은 죽 먹듯 한다'는 말대로다. '거짓말하는 데는 참기름이라'는 말을 들을 만한 사람이 많다. '거짓말도 열 번 하면 참말 된다'는 속담을 알고 있어서 그런가? '거짓말 한마디가 올벼논 서 마지기보다 낫다', '거짓말도 잘하면 약이고 논 닷 마지기보다 낫다', '거짓말이 외삼촌보다 낫다'는 이치를 가장 잘 터득하고 있는 부류들인 것이다. 아예 '거짓말을 오지랖에 싸고 다닌다'고 해야 할 것이다. '거짓말 석 자리는 항상 지니고 다녀라'는 충고를 어쩌면 그리도 잘 지키는지. 그도 그럴 것이 닳고 단 사람들한테서 '단물 신물 다 빨아먹는다'는 경지에 오르려면 아주 유능한 거짓말쟁이가 돼야 할 것이다. '거짓말은 참말보다 더 어렵다', '거짓말은 참말보다 더 잘해야 한다'는 말대로 위정자들의 능력 제일은 거짓말인 셈이다. '거짓말은 거짓말을 낳는다' 했으니 거짓말이 자동으로 생산되는 것이다.

결국은, '거짓말 잘하는 놈이 참말을 해도 거짓말로 안다'고 하니, 백성도 위정자에게 참말을 할 수가 없겠다. 누군가 진지하게 참말을 해주어도 거짓말로 들을 확률이 높기 때문이다. 그러니 세상이 거짓으로 돌아가는 것을 두고 위정자 탓을 아니 할 수가 있겠는가.

'거짓말을 잘하면 약이고 못하면 매라'고 했다. '거짓말을 한 입은 똥 먹는다'고도 했다. '거짓말은 사흘을 가고 창피는 석 달을 간다', '거짓말은 도둑놈 될 장본'이라 했으니 부디 조심할 일이다.

루이제 린저의 소설 《생의 한가운데》에는 거짓말이 필요하다고 말하는 장면이 있다. 참말만 말하면 단 하나의 궤도로 삶을 살기 때문이라는 것이다. 아주 새로운 생각이다.

"전에 나는 거짓말하는 남자들을 경멸했어. 거짓말이 비겁한 것으로 보였거든.……그러나 이런 하나뿐인 궤도의 삶으로는 발전할 수가 없어. 이제 나는 사람은 거짓말을 해야만 한다는 것을 알게 되었어. 어린아이들도 가끔 그렇게 해야만 해. 그것을 허락해야만 해. 아이들의 거짓말은 아무나 호기심을 가지고 건드리고 파괴하지 못하도록 아이들이 그들의 삶 위에 펼쳐놓은 베일이야."[68]하는 부분이다.

나나가 언니 마르그레트에게 이르는 말이다. 거짓말이 단순한 인생에 활로가 될 수 있다고 타이르고 있다. 정말 그럴까. 제 위험한 처지를 빠져나가기 위하거나, 제 이익을 얻기 위해 또는 남을 위태롭게 하는 것들이 모두 제 삶에 필요하단 말인가. 방해받지 않고 제 길을 가기 위해 주변에 설치하는 덫은 아닌가. 소설 속 한 등장인물의 푸념에 불과하다고 생각하면 될까.

사내와 거짓말을 연관시키는 속담이 많다. '사내가 우비하고 거짓말은 가지고 다녀야 한다', '사내자식이 길 나설 때는 갓모 하나, 거짓말 하나는 가지고 나서야 한다', '남자는 거짓말 세 자루와 우비는 가지고 다녀야 한다', '남자는 거짓말 석 자리는 항상 지니고 다녀라' 하는 말들이 있는데, 어떻게 생각해야 하는가. 세상이 어차피 진실할 수 없으니 임기응변으로 때워 넘기며 살아가란 말인가. 아무리 정치라고 해도 특별할 수 없다고 생각해야 하는 것인가.

항심恒心이 없고 거짓말 위주로 처세하다 보니 세태가 조변석개라는 게 정상이 된다. 공약公約은 곧바로 공약空約이 되어, 기대를 걸었던 사람만 바보로 만드는 것이다. '말은 하는데 달리지 않고 듣는데 달렸다'고, 믿음성 없는 말은 '한 귀로 듣고 한 귀로 흘릴' 일이다. '개떡 같은 말도 찰떡같이 알아들을' 일이라 할 것이다.

피터 콜릿은 위정자들의 거짓말을 아주 당연한 듯 취급한다. 그 대신 거짓말을 아주 잘 해야 한다는 생각이다.《몸은 나보다 먼저 말한다》는 책에서 그렇게 말한다. "속임수를 높게 평가하는 사람들은 거짓말을 더 잘하고 그에 대해 별로 나쁘게 생각하지 않는다. 자기표현에 능숙하고, 사교적인 사람들도 마찬가지다. 거짓말을 자주 하는 사람들이 인기가 높은 이유는 상대방의 비위를 맞추는 거짓말을 사람들이 싫어하지 않기 때문일 것이다."고 하는데, 사교에 필수적이라는 말이다. 그러니 거짓말은 직업의식이 될 수도 있을 것이다. "사기꾼들이나 정치인들은 능란한 거짓말쟁이여야 한다. 사실상 거짓말에 대해 털끝만큼의 죄의식도 느끼지 않으면서, 자신들이 정직하다는 이미지를 투영하는 능력은 그들의 본질적인 특징이다."[69]는 생각 때문이다. 정치가와 사기꾼이 같은 부류가 될 처지다.

정치가들은 진짜 애를 많이 쓴다. 참말을 하고 싶어도 못하니 그렇게 고통스러울 수가 없을 것이다. 그것 뿐인가. 거짓말을 하고도 죄의식을 느끼지 않게 양심을 눌러대야 하니 더 이상 참담할 수가 없을 것이다. 그것 뿐이겠는가. 거짓말을 하면서 자신이 정직하다는 이미지를 보여줘야 하니 참으로 참담하겠다.

보통 사람은 죽었다 깨어나도 쫓아가지 못할 능력이다. 정치가를 닮으려면 그야말로 '나막신 신고 대동선 쫓아가기'다. 범죄를 저지르는 사람을 빼고, 일상인이야 상대방의 기분을 좋게 하려고 거짓말을 하기도 한다. 그러나 정치인은 대부분 제 큰 이익을 위해 거짓말을 하는데도 죄를 묻지 않으니 특권에 해당한다.

결국 정치용 거짓말은 무죄가 된 시대다. 누가 747이라 내걸면 순진한 백성들은 일단 믿는다. 경제성장률 7%, 1인당 소득 4만 불, 코스피 7,000 시대라고 하면 얼마나 달착지근 한가. 경제가 이 나라만 잘한다고 되는가. 이미 세계 경제가 한통속으로 돌아가는데 말이다. 왜 999는 안 될까. 거짓말도 분수가 있게 해야 한다는 건 알고 있었나 보다.

이 나라의 범죄를 깨끗이 청소한답시고 군대에 삼청교육대를 만들어 많은 사람을 죽음으로 몰고 지옥맛을 보게 한 사람도 민주주의 아버지란다. '피 다 뽑은 논이 없고, 도둑 다 잡는 나라 없다'는 뜻도 모르는 무뢰한도 최고 권력자를 했다. 제가 큰 도둑인 주제에 검증도 되지 않은 사람들을 불량시민으로 몰았으니 어찌 큰 거짓이 아니랴. 독재자가 한국형 민주주의자로 탈바꿈하는 것이 거짓 아니고 무엇이랴. 크나큰 거짓이 만들어 낸 당사자가 바로 최고 권력자였다.

크고 작은 감투들은 모두 입만 열면 거짓말이다. 경제문제가 백성의 최대 관심사라는 것을 모를 리 없다. 나라 차원에서도 가능하지 않은 경제문제를 자기가 해결할 수 있다고 호언장담한다. 외교, 국방문제도 다 자신이 해결할 수 있다고 큰소리친다. 백성은 믿는 것인지 애교로 봐주든지 가타부타 말이 없다. 하도 속아서 귀 뒤로 흘려버리는 표정이다. '촌 개가 건성 짖는다'는 것을 잘 아는 것이다.

그러고 보면 '세상에 거짓말하는 놈이 딱 셋 있다'는 속담이 무색하다. 노인이 빨리 죽어야 한다고 말하는 것, 노처녀가 시집 안 간다는 것, 장사꾼이 이문 안 남는다는 말이 3대 거짓말이라는 것이다. 어찌 셋만 있겠는가. 정치가도 껴 넣어라. 정치가가 거짓말 안 한다고 말하는 것을 말이다. 그래서 속담을, '세상에 거짓말하는 놈이 딱 넷 있다'가 돼야 할 것이다.

정치인 팔자는 칡넝쿨. 으름넝쿨, 등나무, 팔자인지, 상대방을 타고 올라 숨을 조이려 한다. 거짓말로 백성들을 칭칭 감는다. 거짓말인지 뻔히 알면서 거짓말을 해대고, 제 이익을 따져 진실을 뒤집기 일쑤다.

> 옳고 그름의 구별은 단지 검정색과 흰색을 구별하는 정도로 쉬울 뿐만이 아닌데도 불구하고, 옳고 그름을 따지는 사람들은 매양 옳은 것을 그르다 하고 그른 것을 옳다 한다. …… 이는 모두 형상과 자취를 제대로 경험하고서 이치를 판단한 것이 아니라 호오好惡와 친소親疏를 따라서 진실과 다르게 말을 만들어 낸 것에 지나지 않는다. 그리하여 본질에 해당하는 머리를 없애버리고 지엽적인 것을 치장하며, 공명정대한 주장을 어둡게 만들고 거짓과 비방을 숨겨버리니, 옳음은 결국 그름으로 떨어지고 그름은 마침내 옳음으로 돌아간다.[70]

윤기의 〈이 세상에 공평한 말은 없다네〉란 글에서 따온 부분이다. 그렇다. 정치가들이 거짓으로 허풍을 떨어대면 백성의 허파에도 바람이 들 수밖에 없다. '낚시꾼과 사냥꾼 말은 제 애비 말이라도 절반은 깎아 들어야 한다' 할 정도라면 얼마나 유쾌할까. '놓친 가오리가 멍석 가오리라'고 허풍을 떨어도 귀엽기만 할 것이다.

'좋은 꾀는 하늘도 도와준다', '좋은 거짓말에는 나라님이 상을 내린다'고 했다. 좋은 꾀와 거짓말이란 서로 간에 해가 되지 않는 것이겠다. 정치판에서 오가는 꾀나 거짓말이 백성과 정치가들 모두에게 다 유익한 것이 있을까. 그런 게 있다면, 그거야말로 참말보다 잘하는 꾀나 거짓말이겠다. 그러나 '좋은 꾀보다 나쁜 꾀가 먼저 생긴다'는 게 일반이고 보면, 가능할 수 없을 것이다. '거짓말은 참말보다 더 잘해야 한다'는 말은 결국 거짓말을 하지 않는 게 현명하다는 뜻이 되겠다.

2) '말로 떡을 하면 조선 천지가 다 먹는다'

백성의 말과 뜻을 모아 공유하고 법으로 만드는 사람들이 국회의원이다. 백성의 대표자가 된 이들은 공언公言과 감언敢言에 대해 잘 알아야 한다.

> 천 명 만 명의 사람이 말하고자 한 일을 한 사람이 말하면 이를 공언公言이라 한다. 천 명 만 명의 사람이 말하고자 하지만 말할 수 없는 것을 어떤 한 사람이 말하면 이를 감언敢言이라 한다. 천 명 만 명의 사람이 말하고자 하지만 말할 수 없었던 것을 한 사람이 말하였다면 이 사람은 천 명 만 명을 대표하는 사람이다.[71]

조선시대 학자인 이가환의 산문 〈공언公言과 감언敢言〉에서 뽑은 글이다. 공언과 감언에 대해 절묘하게 구별해주는 글이다. 위에서 '한 사람'은 그물로 치자면 '벼리'다. 숱한 사람이 숱한 말을 내뱉는데, 그것을 모아 말하는 역할이 중요하다. '한 사람 덕을 열이 본다'고 해야겠다.

'말을 않으면 한품에 든 임도 모른다', '말 안 하면 귀신도 모른다'고 하듯 '말은 해야 맛이고, 음식은 먹어야 맛이다'. 그런데 말이라고 다 말이 아니니 문제다. '말이란 오래 씹고 우물거리면 북새통이 터진다'고, 간단명료해야 된다.

원래 공언과 감언을 정치판에서 하는 것이다. 백성의 대표자라는 국회가 뭔가. 백성이 할 말, 못할 말을 대신 해주는 곳이 국회고, 그것을 실행하는 곳이 정부 아니던가. 그런데 권력을 잡은 쪽에서는 공언公言이 아니라 공언空言, 감언敢言이 아니라 감언甘言만 꽃피우고 있으

정종진 205

니 어찌 한심하다고 않겠는가. 그게 다 백성을 대변하려는 게 아니고, 제 이익을 먼저 생각하니까 그렇게 되는 것이다.

정치가 말 잔치라 했을 때, '말은 청산유수'로 내뱉는 말은 믿을 게 못 된다. 입에 밴 말이기에 진정성이 없는 게 당연하다. 진정성 있는 말은 생각하면서 내놓는 말이다. 커다랗게 외치는 말이나 '입술에 기름 바른 말'은 믿을 수 없다. '말은 넌지시 하는 말이 비싸다'는 말이 그래서 있다.

권력자들은 제 말을 내뱉고 백성들의 말이라고 한다. '내 속 짚어 남 말 한다'는데, 대부분의 위정자들은 백성들의 속내를 짚어내지 못한다. 아니 옳게 짚어도 다르게 말한다. '말은 한 사람의 입에서 나오지만 천 사람의 귀로 들어간다'는데, 천 사람뿐이겠는가, 이 시대는 몇천만 사람이다. 극도로 말조심을 하라는 뜻이다. '말이 병도 되고 약도 된다'는데, 약이 될 말만 한다면 더 이상이 없겠지만 언제나 '입이 방정이라'고 뜻대로 되지 않는다.

누구든 말을 하기보다는 듣는 것부터 잘해야 한다. 최고 권력자를 비롯하여 공동체의 우두머리들은 백성들의 소리에 귀를 기울여야 한다. 후보 때 표를 구걸하느라 형식적으로 시장통이나 값싼 음식점과 같이 서민들이 이용하는 곳을 순례한다. 그러면서 서민들의 말을 듣는 척한다. 전혀 진정성이 느껴지지 않는 행동이다.

정치판의 말은 저와 제 편이 우월하다는 것과 경쟁자를 공격하기 위해 쓰인다. 상대방에게 모욕적인 말을 하여 화를 내게 함으로써 여러 효과를 내려 한다. 피터 콜릿의 저서 《몸은 나보다 먼저 말한다》를 보면, 위정자들의 전략을 터득하게 된다. 위정자들이 말을 많이 해대는 것에 대해서는, "떠들어대기는 원시적인 전쟁에서 가장 중요한 부분이다. 이런 상황은 정치에서도 마찬가지다. 두 경우 모두 적대적인 파벌 세력들은 허풍을 떨며 자신들의 찬란한 업적에 대하여 자랑하고 상대편을 헐뜯는데 많은 시간을 보낸다."고 전제한다.

떠들어대기뿐만 아니라 상대방에게 모욕주기는 또 다른 전술로 규정한다. "호언장담과 모욕은 정치에서 본질적인 것인데, 그런 행위들이 당과 정치인에게 자기 자신의 평판과 자부심을 높여주는 수단을 제공하면서 상대방의 자부심을 짓밟기 때문이다. 사람들의 감정을 훼손하는 것 외에도 모욕은 중요한 심리적인 기능을 한다. 그중 하나는 상대방의 성급하고 분별없는 반응을 유도하여 그를 훨씬 더 어리석게 보이도록 하는 것이다. 다른 기능은 다른 사람들을 겨냥한 확실한 공격을 통해 재치 있고 파괴적인 말들의 창시자로서 자신의 명성을 증대시키는 것"[72]이란다.

정치가들은 말을 함부로 지껄여서 상대방이 화를 참지 못하고 자멸하도록 유도한다는 뜻이다. 아주 영악한 전술인 셈이다. 저를 과시하며 상대방을 모욕하여 어리석은 언행을 하게끔 하는 복합적인 효과를 노린다는 것이다. 검찰이나 경찰이 피의자를 조사할 때 수법 중 하나가 모욕주기 어법이라는데, 국회나 청문회에서 종종 듣고 보게 된다. 그러니 백성이 듣기에 얼마나 복장이 뒤집히겠는가. '함부로 지껄여대기'와 '모욕 주기'에 능하면, 교활한 인간이 될 수밖에 없겠다.

'말이 아니면 대답을 말고, 길이 아니면 걸음을 말라'고 했는데, 토론이나 말싸움 도중에 말을 하지 않고 가만히 있으면 어떻게 될까. 맥이 풀린 상대방이 토론을 그만둘까. 아니면 침묵하고 있는 사람이 패배한 것으로 여길까. '말은 해야 맛이고, 고기는 씹어야 맛이라'는데, 속 좁은 인간으로 취급당할까? 우문愚問일 때 현답賢答은 웃음과 유머다. 역공과 동시에 제격을 높이는 수단 중 최선일 것이다. 유머 대 유머로 상대를 찌르고 방어하는 정도가 돼야 백성이 싸움을 구경하는 재미가 있을 것이다. 백성 염장을 지르는 짓거리를 말고 대화, 토론법을 공부하여 격을 높일 일이다.

　백성은 우선 투표를 통해 정치에 참여하고 틈틈이 말로 참정권을 확보해야 한다. '백성의 입 막기는 냇물 막기보다 어렵다'고 했으니, 때로 위정자들이 두려워할 수도 있다. 개개인의 입으로는 곤란하다. '입은 여럿인데 한 소리'가 되면 원하는 것을 얻기 쉽다.

　백성의 말은 처음엔 산발적이지만, 권력자들이 알아듣지 못할 때는 한목소리로 외치게 된다. 불만은 함성이 되어 하늘의 소리가 된다. 분노의 소리가 무시되면 막바지에 치닫는다. '백성들의 분노가 쌓이게 되면 모반하게 된다'는 지경에 이르게 되는 것이다. 사전 속에서 '모반'이란, 배반을 한다든지, 국가나 군주의 전복을 꾀하는 일이라고 뜻풀이가 되어 있다. 그러나 백성들이 배반을 한다는 게 말이 되는가. 국가나 군주를 전복시키려 한다는 게 말이 되는가. 엄격히 말해서 권력자가 백성을 배반했기에 그것을 바로잡는 일이라고 뜻풀이가 되어야 한다. 또한 백성은 국가를 전복할 수 없다. 백성이 곧 국가를 이루는 주축이기 때문이다. 자신이 자신을 전복시킨다는 게 말이 되는가. '입은 삐뚤어졌어도 말은 바로 하랬다'는데 정말 그렇다.

　'뭇 사람들 입은 막기 어렵다', '뭇 사람의 말은 쇠도 녹인다'고 했다. 백성들이 입을 열기 시작하면 아무리 절대권력자라도 감당할 수 없게 된다. 위정자가 무능하거나 영악하면 백성은 입을 모아야 한다. 이구동성異口同聲의 규모가 클수록 좋다. '입도 뻥끗 않고 가만 있으면 본전은 간다'지만 위정자를 상대할 때는 그렇지 않다.

　위정자들이 때마다 협치, 탕평을 내세운다. 가능하다고 믿는가? '새 모로 날아가는 소리'일 뿐이다. 권력을 쥔 자들이 정적들에게 어찌 권력을 나눠 주겠는가. 모처럼 받은 보약을 같이 나누어 먹겠는가.

'약은 나누어 먹지 않는다', '약은 갈라 먹으면 효과가 없다'는 생각이 속에 가득 차 있는데 말이다. 권력의 자리 하나도 내주기가 어찌 아깝지 않으랴. 그러니 그냥 해보는 말이다. 전혀 영양가 없는 말이니 귓등으로 흘릴 일이다.

위정자들은 말을 많이 한다. 그렇다 보니 실없는 말이 많을 수밖에 없다. '입 지키기가 성문 지키기보다 어렵다'고 해야 하나. '백수모년에 배추씨 장사를 해도, 입은 지킬 줄 안다'는 말이 있다. 백수모년白壽暮年이란 백발이 된 황혼기란 뜻이다. 다 늙어 하찮게 살아도 입을 함부로 놀리지 않는다는 말이다. 시장에서 배추씨 장사를 하는 사람도 제 입단속을 잘하는데, 지체 높다는 정치가가 할 말 못 할 말 구별하지 못한다?

'복장腹藏은 그믐밤이라도, 말은 보름달이라'고 하는데, 딱 맞는 말이다. 뱃속은 검은데, 말만 번드르하게 한다는 뜻이다. '사람 마음이 검으면 장래가 좋지 못하다'고 했다. '사람의 입이란 불행과 행복이 드나드는 문턱이라'고 했듯이, 누구나 제 마음을 들여다보며 말조심을 해야 한다. 누구나 지켜내기 가장 어려운 것이 자신의 혀와 입이다. 위정자의 말은 파급력이 크기 때문에 때와 장소에 맞는 말을 골라 해야 할 것이다.

이미 퇴물이 된 정치가가 아예 상식에도 못 미치는 말을 내뱉는 경우가 있다. '입에서 쌈지를 내뿜는다'거나 '입에 걸레를 물었다'고 할 만큼 몰상식한 말을 한다. 이것은 제 존재를 알리기 위한 비명소리로 보면 될 것이다. 한 자리 달라는 얘기다. 물론 곱게 살다 퇴장한 사람은 그럴 리 없다. 현역 때 개판을 치던 인물이 늘 그런다. 하긴 '방귀 뀌던 엉덩이에서 거문고 소리 날까' 하는 말대로다.

정치판은 그야말로 '말 잔치판'이다. '말로 떡을 하면 조선 천지가

다 먹는다'고 할 정도다. 위정자들은 제 어록이라도 남기려는 듯, 있는 말 없는 말 다 들이댄다. '말인지 막걸린지'는 상관하지 않는다. 그럴듯하면 된다. 사자성어와 고사성어는 이들의 체면이다. 고상한 척 하지 말고 차라리 속담을 활용하는 게 낫다.

제 상대방에 대해서는 비속어 상말을 가리지 않지만, 제 우두머리나 같은 무리의 잘못에 대해서는 입을 닫는다. '산에 가서 범 잡기는 쉬워도, 입을 열어 바른말 하기는 어렵다'는 것을 언제나 확인할 수 있다. '약藥과 말은 써야 한다'고 했다.

3) '말은 기회가 맞지 않으면 한 마디도 많다'

'말은 많을수록 거칠어지고, 콩은 빻을수록 부드러워진다'는 말이 있다. 부드러운 말일 때, 듣는 사람의 정서를 충분히 안정시킬 수 있다. 그러나 부드러운 말로 부족하다. '필요한 최소'의 말을 하는 자세가 요구된다. 즐겁자고 지껄여대는 때를 제외하고는 말을 줄일수록 효과가 커진다. '말은 적어야 하고 돈은 많아야 한다'고 하지 않던가.

부득불 말을 해야 하면 한편 생각해보고 한편으로 조절해야 하네. / 그밖에 온갖 일엔 입을 봉하여 아무 말 하지 않으리. / 저 벙어리가 부러운 이유는 말을 해도 밖으로 나오지 않기 때문. / 막아내고 끊어버려 남은 날 보존하리. // 큰 말을 내지 않아야 큰 무너짐 면할 수 있네. / 작은 말이라고 내면 작은 낭패 있네. / 말을 내지 않아야 함은 크건 작건 상관없네. / 작은 것부터 지켜 큰 과오에 이르지 않으리. // 말을 낼 때엔 이리저리 생각하고 따져보아야 하네. / 부득불 말을 해야 하더라도 말하지 않는 것이 좋지만 / 부득불 말을 해야 한다면 천천히 발설해야 하네. / 말하지 않는 것이 또한 좋지만 혹시라도 갑자기 튀어나올까 두려울 뿐이라네. // 방금 경계하곤 조금 있다가는 또 여전하네. / 오늘 삼가곤 내일 또 그러하니 / 누가 큰 용기 있어 능히 이러함 면하리오. / 써서 기록해두고, 늘 여기에 눈길 보내리.[73]

조선시대 학자 윤기의 산문 〈차라리 벙어리로 살리라〉에서 따온 부분이다. 내뱉은 말에 얼마나 곤욕을 치렀으면 이런 결심을 하고 실행을 하겠는가. 구설수口舌數에 몹시 시달리면 병 없이도 죽을 수 있다. 아마도 그런 일을 겪었을 것 같다. 옛날 벼슬아치야 말 한마디에 목숨이 오갔으니 더 말할 나위 없었을 것이다. '유가에는 삼 년마다 금부도사가 드나들어야 하고, 갯벌에는 삼 년마다 강물이 드나들어야 한다'는 말로, 옛날 벼슬아치들의 고난을 짐작할 수 있을 것이다. 옥고를 겪을 각오를 하고야 바른말을 할 수 있었던 것이다. 그래야 나라가 바로 갈 수 있으니 다른 도리가 없겠다.

요즘의 정치판은 옛날에 비해 덜 위험하기는 하지만 크게 다르지 않다. 말 한마디에 매장되는 것은 예삿일이다. 죽임을 당하거나 옥고를 치르지야 않겠지만, 정치생명에 큰 타격을 받게 된다. 크고 작은 필화筆禍, 설화舌禍가 여전히 다반사로 일어나고 있다. '성인도 하루에 세 번 죽을 말을 한다'는데, 초나리 방정을 예사롭지 않게 떠는 사람들이야 숱하게 입방정을 떨 것은 뻔한 일이다.

책상물림으로 공부만 했던 사람들이라면 사회성이 부족한 경우가 있다. 그러다 보니, 제가 하는 말이 다른 사람들에게 역겨움을 주는지, 힘을 주는지 구분 못 하는 경우가 많다. '말 좋게 해서 돈 드는 법 없다'고 했는데, 도무지 배려심이 없다. '말로 해치는 것이 칼로 해치는 것보다 무섭다'는 것을 모른다. 하긴 철저히 계산해서 일부러 도발을 해대는 것인지도 모른다. 위정자는 긍정적이든 부정적이든, 우선 제 이름을 알리고 본다는 게 목적이란다. 설령 악명이 높았더라도 정치판 상황이 바뀌면 저에게 전화위복의 기회가 온다는 계산속 때문이다.

'말이 많은 사람은 복이 입으로 나가기 때문에 복이 없다'고 하는데, 이 말을 믿는 위정자는 드문 것 같다. 오히려 '제 복 짙은 놈은 소가 디뎌도 안 꺼진다', '제 복 짙은 놈은 채로 쳐도 안 나간다'는 말을 더 믿는 것이 틀림 없다. '가죽 속에 든 복은 누가 훔쳐가지도, 속이지도 못한다'고 확신하는 것이다. 과정이야 어떻든 우두머리가 되었으니 그보다 큰 복이 어디 있겠는가. 특권이 예사로울 수 없는데 누가 복을 빼앗을 수 있겠는가.

청문회나 TV토론을 보노라면 가관이 따로 없다. '두꺼비는 벌을 톡톡 쏘는 재미로 잡아먹는다'고, 상대방을 꾸짖고 쏘아붙인다. 백성의 대표자라고 내세우며 도도하고 교만한 언행으로 야단을 친다. 상대방은 '두꺼비 낯짝에 물 끼얹기'라는 듯 천연덕스럽게 받아넘긴다. '늙은 여우는 덫에 안 걸린다'는 능청과, '그물에 든 고기요, 쏘아 놓은 범'이라도 되는 듯한 공세가 '두꺼비 씨름'이 된다. '말은 넌지시 하는 말이 비싸다'는 것을 도무지 알지 못한다.

'큰소리 치는 놈 치고 실속 있는 사람 없다'는 것을 알 수가 있겠는가. 유머와 풍자, 반어의 수사학을 공부하지 않았으니, '육두문자로 과거 타령'만 하다 마는 꼴이다. 유머라고는 아재 개그 차원이거나 음담패설이나 좀 인정받을까, 상대를 각성시키고 설득하는 고급한 무기를 갖추었을 리가 없다. '두꺼비 씨름에 지고 이기는 것은 두고 봐야 안다'지만, 결국 태산명동서일필泰山鳴動鼠一匹, '태산이 진동하더니 쥐

한 마리'로 쪼그라들기 십상이다.

'다짜고짜가 왕이다', '다짜고짜가 으뜸이라'고, 언론사가 특종을 내놓거나 단독 보도를 하는 기분으로 상대방을 제압했을 때 기분이야 유쾌 상쾌 통쾌할 것이다. 예의나 염치를 차리지 않고 막무가내로 상대방을 덮쳐 항복을 받으면, 저 자신 각광을 받고 벼슬길이 더욱 탄탄대로가 될 것은 당연하겠다. 그러나 신중하라. '두꺼비 엎디는 뜻은 덮치자는 뜻이라', '개구리 움츠리는 것은 멀리 뛰자는 속셈'이 아닌가. '혹 떼러 왔다가 혹 하나 더 붙였다'고 후회 말고 신중해야 한다. '전쟁에 갈 때는 한 번 기원하고, 배 탈 때는 두 번 기원하고, 장가 갈 때는 세 번 기원하라'지 않던가. '정치판에 나갈 때는 다섯 번 기원하라'는 말이 생길 수도 있다. 남을 공격하는데 한두 번 기원해서 될 것 같은가. '사람 세워놓고 눈 빼먹고', '사람 세워놓고 입관入官시키'는 곳은 천지에 깔렸다. '뛰는 놈 위에 나는 놈 있고, 나는 놈 위에 업혀 가는 놈 있다'는 말을 잘 새길 일이다.

싸움꾼을 자처하며 나서는 벼슬아치도 적지 않다. 이른바 저격수란다. '싸움꾼 아낙네 하나가 개 없이도 온 동네를 지킨다'는 격으로, 스스로 경비견이 되려 한다. 차라리 절간에 서 있는 '사천왕더러 앙증맞다'고 할 정도로 험악한 언행을 한다. '개도 무는 개를 돌아보고, 가시 있는 나무는 쉽게 못 꺾는다'는 것을 잘 알기 때문일 것이다. 그러나 이것은 분명 객기다. '싸움 잘하는 놈치고 골병 안 든 놈이 없다'거나 '싸움 잘하는 개 콧등 성할 날 없다', '싸움 잘하는 놈 매 맞아 죽는다'는 말을 잘 새길 일이다. 드센 척하지 말고 싸움은 그만둬야 한다. '싸움은 말리고 흥정은 붙여라', '싸움은 말리고 불은 끄랬다', '싸움은 말릴 때 그만두랬다'는 말들이 틀리지 않다. '싸움해 이한데 없고, 굿해 해한 데 없다'는 말이 있다. 굿해 해한 데 없다는 것은 모르지만,

싸움해 이한데 없다는 말은 맞다. 정치가는 싸움꾼이 아니고, 정치는 싸움이 아니다. '약한 바람은 불을 붙이고 강한 바람은 불을 끈다'고 했다. 약한 바람은 곧 은근한 바람이다. 은근하게 다가가 부드럽게 대화해야 상생상극이다.

'말은 기회가 맞지 않으면 한 마디도 많다'는 속담은 위정자에게는 예외적이라 여길 것이다. '말 않으면 모른다'고, 말로 제 속을 보여 주는 건 기본이다. 더구나 '백성의 대변자'라고 하는 국회의원의 경우, 말이 없으면 어쩔 것인가. 침묵으로 지역민이나 백성을 대변할 수는 없잖는가. 아무리 '말을 하면 백 냥이요, 입을 다물면 천 냥이라'지만, '필요한 최소'의 말은 해야 한다. 오로지 백성이 마음에 품고 있는 '공언公言과 감언敢言'을 대변하면 그것으로 충분하다.

싸움을 하려면 대의명분이란 깃발을 내걸고 하라. 짜잔하게 제 작은 이익을 위하지 말고 진정 백성을 위해 싸워라. 백성을 위해 한 마디를 뱉으면, 나머지는 숱한 입들이 응원하며 나서게 될 것이다.

4) '벼슬은 높이고 마음은 낮추라'

하리스의 《작은 인간》이란 책을 보면 브라질 인디언 이야기가 나온다. 아주 작은 규모의 공동체에서 우두머리는 스스로 일을 부과하여 아주 성실히 역할을 해내는 경우다. 밤에 정찰을 하고, 가장 일찍 일어나 사람들을 깨우며 공동체의 일을 함께 해낸다. 일을 하더라도 모범이 되고자 다른 사람들보다 훨씬 열심히 한다. "고기잡이나 사냥 탐험에서 돌아오면 그는 다른 누구보다도 먼저 자기가 잡은 것을 나눠준다. 그리고 다른 집단과 거래를 할 때도 가장 좋은 것을 자기 것으로 챙기지 않도록 조심해야 한다. 저녁이 되면 그는 광장 한가운데 서서 사람들에게 착하게 살아가라고 권면한다. 성욕을 다스리고, 열심히 일하며 강에서 자주 목욕하라고 요구한다. 낮에는 잠을 자지 말고, 다른 사람을 미워하지 말라고 한다. 시종 그는 어느 특정한 개인의 잘못을 비난하지 않으려 매우 조심한다."[74]는 것이다.

위의 우두머리를 정치가라고 할 수 있을까. 또한 그의 언행을 정치라 할 수 있을까. 그런 것을 따지기 앞서 아주 이상적인 지도자상이라는 것은 분명하다. 부족 단위의 이런 모습을 크게 확대하면 나라의 정치, 정치가가 되는 것이다. 현대사회에서 위정자는 곳곳의 우두머리가 된다. 대통령부터 국회의원, 장관, 도지사, 법조계 수장들, 시골 이장까지 어떤 공동체의 우두머리로 인정하게 된다.

인용문에 등장하는 인물처럼 열정과 부지런함, 책임감과 희생심이 있으면 현대에도 가장 훌륭한 우두머리가 될 수 있을 것이다. 현대의 우두머리들은 돈과 명예라는 보상이라도 있지만, 예로 든 우두머리는 보상은커녕 제것도 내주고 더 많은 일을 했다. 왜 그럴까.

생산적 성격 때문일 것이다. 강력한 사랑을 바탕으로 하는 성격, 즉 현대인들의 비생산적 성격과 정반대의 성향이다. '사랑하는 마음이 있으면 용감하게 된다'고 하지 않던가. 사랑이 강력한 희생정신을 솟구치게 하는 것이다. 에릭 프롬이 말하는 '소유적 인간'이 아닌 '존재적 인간'이기 때문이다. 물질적인 것을 추구하는 것이 아니라 자신과 제 이웃의 존재 자체를 소중하게 여기는 사랑에 몰입해 있기 때문이다. '성격이 팔자', '성격이 반 팔자'라고, 성격에 따른 행동이나 운명인 것이다. '산천은 고쳐도 천성은 못 고친다'는 말대로, 결코 바뀔 수 없는 성격이며, 바뀌지 않아야 좋을 생산적인 성격이다.

이제 정치는 어쩔 수 없이 받아들이게 되었고, 정치가란 존재는 종종 필요악으로 생각된다. '미꾸라지 재주를 부리듯' 요리조리 빠져다니며 제 이익을 취하는 꼴을 보며, 울화가 치밀어도 우선은 어쩔 도리가 없으리라. '미꾸라지 용춤을 추는' 꼴을 보게 되더라도 자중자애하며 다음 기회를 벼를 수밖에 없을 것이다.

'그물코가 삼 천이라도 벼리가 으뜸이라', '그물이 열 자라도 벼리가 으뜸이라'는 말이 있다. 벼리란 그물코를 한곳에서 모아 당기는 줄이다. 그물코를 백성이라고 하면, 벼리는 우두머리다. 헤아릴 수 없이 많은 백성의 뜻을 끌어모아 뭔가를 성취하도록 하는 것이 정치가의 역할이란 말이다. 투망을 던져본 사람은 알 것이다. 고기가 든 그물을 끌어모으는 것도 숙련된 기술이 필요하다는 것을 말이다. 고기를 향해 투망을 했다고 그저 마구 잡아당기면 안 된다. 돌에 걸려 그물이 찢어지든지, 그물이 뜨게 되어 들었던 고기가 다 도망을 가게 된다. '석수장이 눈깜짝도 같은 석수장이라야 알 수있다', '석수장이 눈깜짝이부터 배운다'고, 세상 모든 일은 비법을 잘 깨우쳐야 한다.

정치인들이 백성을 뜻을 잘 깨우치는 데도 비법이 있기 마련이다. 무엇보다도 말 잔치만 하지 말고 실천을 해야 한다. 제 무리 편에 서지 말고 백성 편에서 생각하라. 시작에서부터 끝까지 겸손하라는 것이다. 한때 시민혁명에 참여했다고, 한때 노동운동을 했다고 제 과거 정의감을 자랑하지만 흘러간 물은 물레방아를 돌리지 못한다. 한번 변절하면 두 번 배신하기란 일도 아니다. '두 목소리 쓰는 놈 믿지 말라'는 속담은 이럴 때도 쓰는 것이다.

'벼슬은 높이고 뜻은 낮추라'는 말은 결국 겸손하라는 뜻이다. 여기에 한 가지를 더하면 좋다. '벼슬은 높이고 뜻과 돈 욕심은 낮추라'고 해야 한다. 벼슬을 높이려는 건 인간의 기본 욕망이기 때문에 용인하자. 그러나 교만해지면 그 욕망이 '폭망' 되기 때문에 제동을 걸으라는 뜻이다. 한 가지를 얻되 한 가지는 포기하라는 말이다.

　권세를 즐기지 마라. '장승이라도 걸리겠다', '나는 새도 떨어뜨리고 닫는 말도 멈추게 한다'고 하지만, '지나가던 소가 웃을 일'이다. 인간 세상의 권력은 더러워서 '개도 안 물어간다'. 권력을 탐하는 위정자가 오히려 장승이 될까 봐 걱정이 된다.

　영특한 머리로 벼슬을 잘도 꿰어찼다. 그러나 그 영특한 게 덫이 되는 경우가 많다. '영특한 것도 모가 나면 화만 부른다'고 했다. 아무리 파도가 드세어도 거기에서 머물 뿐이다. '부처님 손바닥'을 벗어날 수 없다. 백성을 벗어날 수 없다. 백성을 넘어서려 하는 건 '버마재비 성나면 앞발로 수레 막는 격'이다. 백성을 잘 살펴봐라. 백성은 권력자의 거울이다.

　권력자들은 어떻게 겸손해야 할까. 우선 자신들이 역사의, 나라의 중심인물이라는 생각을 버려야 한다. 중심인물은 언제나 백성이다. 무대의 중심에는 언제나 백성이 자리 잡도록 해라. 백성과 정부와 나라를 위대하게 만드는 것은 오로지 백성이다. 권력자는 백성 속에 있는 것이지, 백성을 양떼로, 위정자를 목자牧者로 생각해서는 안 된다.

　무능하거나 영악한 위정자들이 설치면 백성들은 이상향을 그리워하게 된다. '가난할수록 밤마다 기와집만 짓는다'는 격이다. "어디 남태평양에 아직 발견되지 않은 섬은 없을까. 국경도 없고 경계도 없고 그리하여 군대나 경찰은 더욱 없는. … 그 대신 밤이면 주먹만 한 별들이 떠서 참치들이 흰 배를 뒤집으며 뛰는 고독한 수평선을 오래 비춰줄 거야. 아, 그런 '나라'가 없는 나라가 있다면!"[75]하는 시구인데, 이시영의 시 〈나라 없는 나라〉에서 뽑은 부분이다.

　정부의 권력, 즉 정권이 백성을 얼마나 힘들게 하면 위의 시처럼 상상하겠는가. 정권을 잡은 자들이 제 권력욕을 만족시키기 위해 숱한 국가폭력을 휘두르기 때문이다. '백성이 죽기를 두려워 않음은 살기 어려운 까닭이라'고 했다. 민주국가라지만 백성들의 선택권은 투표 하나밖에 더 있는가. '아쉬워 잡아 엄나무라'고 했는데, 한 번 잘못 찍은 죄치고 대가가 아주 클 수 있다. 그러나 평범한 백성들이 '다음 장 떡이 클지 작을지는 당해봐야 안다'고, 어느 쪽 무리가 정치를 잘할지 쉽사리 예상할 수 있겠는가.

위정자가 하는 일이 도저히 못마땅할 때 백성은 어찌할 것인가. '뭇 양을 몰아서 사나운 범을 친다'는 말이 있다. 도저히 가능하지 않다는 말이다. 그러니까 위정자들도 백성들에게 했던 약속이나 공약을 자신 있게 깨버릴 수 있는 것이다. '미끼 없이 낚는 고기 없고, 낚은 고기 미끼 주는 법 없다'는 것을 통찰하고 있다. 그러나 '세상에 어려운 일은 언제나 쉬운 데서 일어난다'고 하지 않던가. '미련은 먼저 나고 슬기는 나중 난다', '미련은 먼저 나고 지혜는 나중 난다'는 말대로, 특별한 사람 외에는 만사를 늦게 터득하기 마련이다.

위정자들에게 권력을 위임한 것은 저나 제 무리를 위해 쓰라는 게 아니고, 소외된 사람들에게 골고루 나눠주라고 맡긴 것이다. 권력은 백성들의 권력이지 제 권력이 아니다. '이 세상이 나를 위하여 생겼거니 한다'고, 턱없는 교만을 떨어서는 안 된다. 백성 개개인의 작은 권리들을 모아 모아 큰 권력을 만들어 위정자에게 잠깐 위탁한 것뿐이다. 그것을 마치 하늘로부터 받은 것처럼 '하늘을 이고 도리질'해서는 안 된다. 권력도 나라의 세금 같아서 그것을 쓰고 있는 위정자들은 백성 무서운 줄 알아야 한다. 백성은 하늘인지라, '하늘을 좇는 자는 살고 하늘을 거스르는 자는 망한다'는 말을 좌우명으로 삼아야 한다.

'나라 상감도 힘이 덜 차는 대목이 있다'는 것을 알지만, 정말 위정자들이 정신 바짝 차려야 한다. 후보로 나섰을 때를 생각해 봐라.

후보일 때는 혼자 애국자인 척, 독립투사처럼 나섰다가 감투를 얻으면 제 이익만 챙기다가 사라지는 졸보가 되겠는가. '용 대가리에 뱀 꼬리'라고, "시작은 미미하나 끝은 실로 창대하리라"는 경구에 배반하는 일 아닌가.

제 권세를 향한 '욕심이 곰의 발바닥 같이 두꺼운' 짓거리가 백성의 삶에 무슨 도움을 주겠는가. 백성들의 삶에 가장 영향을 끼치는 것이 정치라서 가장 관심을 가져야 한다는 말은 맞다. 관심을 갖고 경계하되 위정자들을 우러르거나 우대할 필요는 없다고 본다. 면밀히 감시를 하면서 채찍질을 해야 한다. 선민의식으로 자신을 부풀린 위정자보다는 건강한 상식인을 요구하는 시대다. '욕심이 세면 도둑이 반'이라고 했잖는가. '욕심은 법도를 깨뜨리고 방종은 예의를 무너뜨린다'고도 했다. 위정자들은 스스로 드러나려 하기에 속 깊이 숨긴 야욕도 백성들에게 쉽게 간파당하기 마련이다. 요즘의 세태가 무례하고 무자비하게 돌아가는 것은 위정자들의 부정적 영향이 크지 않다고 할 수 있을까.

권력을 쥐기 위해 동원되는 온갖 술수 때문에 나라의 격이나 백성들의 행복지수는 낮아진다. 전적으로 위정자들의 책임이다. '진흙밭에서 개싸움'은 어쩔 수 없는 일이고, '연꽃은 흙탕물 속에서 핀다'고 둘러댄다. 위정자들은 '큰일을 하려면 똥물을 안겨줘도 삼켜야 한다'고 말하고 싶을 것이다. 그러나 그들이 말하는 큰일이란 무엇인가. 백성들은 그것을 공공선을 향한 실천궁행이라 생각한다. 위정자들 역시 국민을 잘살게 하는 일이라고 생각한다. 다른 점은 위정자들이 말만 그렇게 할 뿐이지, 실제로는 제 사리사욕과 같은 무리의 최대이익만을 생각한다는 점이다.

일반 백성들이나 위정자들 대부분이, 나라에서 성취한 큰일을 오로지 최고 권력자의 공로로 돌린다는 것은 참으로 안타까운 일이다. 대통령이 고속도로를 놓고 대기업들을 키워 오늘날 잘 먹고 잘 살고 있다는 것, 대통령이 금융실명제를 실시해 금융시장이 건강해졌다는 것, 대통령이 노조 활동을 허용하여 기업인들이 독주를 하지 못하게 했다는 식으로 말한다.

물론 최종 결정권자는 대통령이다. 그러나 그런 정책들이 대통령 혼자서 궁리하고 해낸 일이 아니다. 결심은 대통령이 했지만, 그 모든 큰일은 백성들이 해낸 것이다. 그 많은 백성의 이름을 일일이 들 수 없기에 대통령이 해냈다고 기록하거나 말하는 것을 이해는 하지만, 말하는 방식을 바꾸지 않으면 안 된다. 역사에 기록되지 않지만 큰 일을 성취해낸 백성들 집단의 노고를 함께 기록하거나 말하는 습관이 필요하다.

권력은 휘두르는 맛에 한다는 걸 누구나 잘 안다. 휘두른다는 것은 자기확대, 자기과시의 욕망인 것이다. 상대방을 얕잡아 보면서 가하는 공격이다. 지배하는 쾌감을 즐기는 게 권력자들의 심사다. 권력욕이란 자기확대의 욕구다. 권력을 잡으면 제 욕구의 대부분이 해결된다고 생각하게 된다. "인간은 일차적 필요를 충족하고 난 뒤에도 끊임없이 자기를 확장하려는 욕망을 지닌다. 이러한 자기확장의 욕망은 사회적 관계 속에서 경쟁과 소유 그리고 공격과 지배의 형태로 구체화된다. 타자를 공격하고 지배함으로써 자기를 확장하려는 욕망을 정치적 영역에서는 권력욕이라고 부른다."[76]는 것이다.

위정자들은 휘둘리는 사람들의 처지를 생각해야 한다. 휘두르는 권력이 자기도취에 빠지면 부메랑이 되어 제 몸을 때린다는 것을 깨우쳐야 한다. '나라님 말씀이야 늘 옳습지' 하던 옛날을 그리워해서 될 일이 아니다. '나라에는 대드는 신하가 있어야 하고, 동네에는 오며가며 참견하는 늙은이가 있어야 하고, 집안에는 따지고 캐는 아이가 있어야 한다'는 말을 뼛속 깊이 새겨야 한다. 인물이 되려면 주위 사람들의 손질을 달게 받아야 한다. 큰 인물은 하늘이 내는 것이 아니라 백성들이 발견해내는 것이다.

나라는 백성의 힘에 의해 지탱되고, 백성은 나라의 힘에 의해 보호된다. '백성을 멀리하면 나라가 망한다'거나, '백성의 마음은 하늘의 뜻이다', '백성의 소리는 하늘의 소리라'는 말은 듣기 좋으라고 하는 소리가 아니다. 백성이 있고 나서야 권력자들이 있는 것이다.

'벼슬은 높이고 뜻은 낮추어라'는 말은 벼슬이 높아질수록 더욱 겸손하라는 뜻이다. 그러니까 우두머리는 한껏 겸손해야 한다. 저는 한껏 낮추고 백성은 한껏 높이라는 말이겠다. 백성을 먼저 생각하게 되면 자연히 겸손하게 되고, '대답 없는 말 없고, 보답 없는 덕 없다'고 백성들이 알고 높이 모시게 되어 있다. 그런데 하수 권력자는 오만한 언행으로 제 벼슬이 높다는 것을 과시하려 한다. 제 권력을 누가 만들어줬는지 아주 쉽게 잊는다.

9. '임금님의 하늘은 백성이고, 백성의 하늘은 밥이다'

'밥하는 놈 따로 있고 밥 먹는 놈 따로 있다', '건더기 먹는 놈 따로 있고, 국물 먹는 놈 따로 있다'고 당연히 세상은 불평등하다. 이 불평등을 줄이자는 게 정치다. 있는 사람의 돈을 걷어 없는 사람을 준다면 위정자는 당연히 표를 잃게 될 것이다. 그러니 다른 방법을 생각해내야 한다. 없는 사람들에게 '필요한 최소'를 베풀고 사회간접자본, 그러니까 공공자산에 투자하여 부자나 빈자가 함께 누리게 하는 방법인 것이다. "부(富)와 관련해서 사회 계층 간 간극이 벌어질수록, 부자들은 공익을 위한 지출에 저항감을 느낀다. 부유층은 공원이나 교육이나 의료 서비스나 신변 안전을 정부에 의탁할 필요가 없다. … 강한 정부는 권력을 이용해서 부유층으로부터 부의 일부를 빼앗다가 공익을 도모하거나 하위 계층에게 도움이 되는 공공 투자에 투입하여 사회의 불균형을 바로잡을 수 있기 때문"[77]이라고 J. Stiglitz의 《불평등의 대가》에서 주장한다.

현대의 심각한 빈부의 차이가 큰 사회문제를 만들 수 있다는 것을 논의한 것이다. 사회적 간접자본이나 공공 서비스에 대한 정부의 투자 문제인데, 이것으로 빈부의 격차를 줄이려는 정책을 두고 하는 말이다. 백성 개개인의 복지와 공공 서비스에 다 같이 투자를 많이 할 수 있는 게 선진국이다. 그럴 때 사회의 공공시설이나 서비스라도 확충하거나 강화하면 빈부의 차가 완화될 수 있는 것이다.

'가난 구제는 나라도 못 당한다'는 말을 즐겨 한다. 복지국가를 염원하지만, 나라의 곳간이 찼을 때나 가능하다. 백성 개개인의 기초생활을 보장해주는 나라가 많지 않다. 기초생활을 보장해줄 정도면 '가난 구제는 나라가 한다'고 할 수 있겠다. '가난 구제'의 정도가 문제일 것이다. 백성 모두가 가난을 면하려면 '시루에 물 퍼붓기'가 될 것이다. 백성이 삶을 만족할 정도는 아무리 부유한 나라도 가능하지 않다. 그야말로 '시루에 물은 채울망정 사람의 욕심은 못 채운다'고 하며 두 손을 들 것이다. 개개인에게는 기초생활비 정도만 지원하고 공공시설을 확충하면 빈부의 차를 줄이는 효과가 크다는 뜻이다.

'하늘 밑에 난 것은 먹어야 산다'는 말이 경제의 중요성을 함축한 말이다. 일상인에게는 그저 의식주衣食住생활이다. 이 어휘의 순서도 바꿔야 한다. '식주의食住衣'로 해야 한다. '입고 먹고 사는 일'을 '먹고 살고 입는 일'로 순서를 매겨야 한다는 말이다. 인간이 살아가는데 가장 절실한 것부터 차례로 써야 할 것이다.

정치는 백성의 식주의食住衣를 해결하는 일이다. '나라님도 먹어야 임금이라'고 했듯이 누구나 먹는 게 우선이다. 예전에야 '풍년이 들면 나라에 걱정할 일이 없다'고 했지만, 이제는 '풍년이 들라면 임풍년이 들고, 바람이 불라면 돈바람이 불어라' 한다. '풍년이 들어야 인심도 난다'는 세태가, '돈이 힘이고 돈이 왕이라'는 풍조가 되었다. 쌀타령에서 돈타령을 하는 시대인 것이다. 본능을 만족하는 시대에서 문화를 누리는 시대가 되었으니 정부의 할 일이 많고 복잡해졌다.

쌀경제가 돈경제로 바뀌었으니, 백성의 돈주머니에 최소한의 생활비는 떨어지지 않게 해주는 일이 정치인의 역할이 되었다. 한쪽 백성은 돈이 넘쳐나고 한쪽 백성은 돈을 구걸하러 다니는 세태가 되면, 백성의 원성을 막지 못하게 된다. 부富가 있는 사람들에게 계속 흘러가지 않게 교통정리를 잘할 때 백성의 불평이 잦아든다. 돈이 부자들의 곳간에 쌓여있지 않고, 돌고 돌아 가난한 사람들의 주머니 속으로도 들어가게 하는 것이 위정자의 임무인 것이다.

'가난 구제는 임금님도 못한다'는 말은, 백성의 가난을 나라 탓으로 돌리지 말라는 말과 같다. 가난에서 벗어나게 하려고 섣부른 정책을 펴다가는 나락으로 빠진다는 생각을 하기도 한다, 그래서 '가난 구제는 지옥이라', '가난 구제는 지옥 늪이라'는 말이 있다. 그러나 이제는 이런 말 뒤로 위정자가 숨으려 한다면 지탄을 받을 수밖에 없다.

복지국가의 모범을 보여주는 나라가 적지 않다. 이들 나라가 자원이 풍부해서 복지국가가 된 것은 아니다. 위정자들이 정책을 잘 폈기 때문이다. 돈이 소수의 사람에게만 모이지 않게 교통정리를 잘했던 것이다. 세금을 충분히 받아들이고 낭비를 하지 않으면서 백성에게 골고루 혜택이 가도록 했다. 공정하고 평등한 정책을 펴니 세금을 좀 많이 내도 불평할 리가 없는 것이다. 이렇게 되면 욕심을 과도하게 부리는 풍조도 사라진다. 삶이 진지해지고 허례허식도 없어진다. 검소하고 정직한 풍조가 자리잡게 된다.

'백성들은 밥이 하늘이라'는 말에 모든 것이 포함되어 있다. 백성 대부분은 소박한 삶을 원한다는 말이다. 식주의食住衣를 해결하기 위해 제 심신을 다 바치기 마련이라는 뜻이다. '먹고 입는 것이 넉넉해야 영욕榮辱도 안다'고 했는데, 쓰고 남을 정도가 돼야 인간의 도리를 안다는 뜻이 아니다. '검약하면 넉넉하다'는 말을 최상의 덕목으로 살아왔다. '하늘'이라는 어휘에는 이미 오래전부터 검약정신이 의미부여 되어 왔다. '물을 아끼면 용왕님이 도와주고, 나무를 아끼면 산신님이 도와주고, 곡식을 아끼면 도랑신이 도와준다'고 해서, 근검절약은 곧 신神과 통하는 것으로 생각해왔다. 사치는 곧 죄와 벌로 생각했던 것이다.

백성들 대부분은 평범한 삶을 원한다. '등 따습고 배부르면 더 바랄 것이 없다', '등 따습고 배부른 다음에는 만사가 여벌이라'는 말대로다. 위정자들처럼 크나큰 권력을 원하지도 않고, 기업가들처럼 큰 돈을 벌려고 하지도 않는다. 그저 '필요한 최소'의 식주의食住衣를 목표로 노동을 한다. 가난을 벗어나는 것만으로 만족하니 야욕이나 탐욕이라 할 게 없다. 그래도 온갖 어려움을 겪는 게 인생이다.

큰 것을 노리는 많은 위정자나 기업인들은 큰 모험을 해야 하고, 무리할 수밖에 없다. 지옥과 천당을 넘나드는 삶이 되기 일쑤다. '벼슬은 한 가지, 상덕은 백 가지'란 말이 있다. 벼슬 한번 하게 되면 수많은 혜택이 돌아오게 된다는 말이다. '돈이란 아무리 많아도 많지 않다'는 경지에 있는 사람들이다. 그들은 제 야욕을 감추기 위하여 상투적인 거짓말을 해댄다.

위정자들은 "국민을 위해, 국민의 편에서", 기업인들은 "주주를 위해서, 주식 가치 제고를 위해서" 하는 말을 입에 달고 산다. '등 문지르고 간 빼먹는' 짓이다. 그러면서 육법전서의 그늘 속에서 온갖 불법, 탈법을 자행할 수 있는 것이다. 백성들은 알면서도 속는다. 백성들이 속기 때문에 그들은 같은 짓을 되풀이한다. 평범한 백성들은 밥이 하늘이지만, 이들에겐 권세와 돈이 하늘이다.

'밥이 원수라'고 한다. 굶지 않고 사는 것이 가장 절실한 문제라는 말이다. '밥이 보약이다', '밥이 약보다 낫다', '밥이 분이라'고 했다. 밥만 먹으면 몸도 건강하고 화장도 따로 할 필요가 없다는 말이다. '소박素朴'이란 어휘는 생겨난 모습에 아무런 꾸밈도 없는 상태라는 뜻이다. '숫아버지 생겨서 숫어머니 낳아준 대로 살아라'는 말에 부합하는 뜻이다.

백성이 소박하면 위정자도 소박해야 한다. '임금님의 하늘은 백성이고, 백성의 하늘은 밥이라'고 했을 때, 권력자도 백성을 떠받들며 살라는 말이다. 백성의 소박한 삶을 닮으라는 말과 다름이 없는 것이다. 거짓 없고 허세 없는 삶을 닮아야 하는 것이다.

만약 최고 권력자가 소박한 밥상에 소박한 집에서 소박한 옷을 입고 생활을 해봐라. 금방 전염병처럼 흉내 내는 백성이 많아질 것이다. 크고 작은 우두머리들이 따를 수밖에 없고 풍조가 순식간에 달라질 것이다. 이것은 백성이 권력자를 닮는 것이 아니라, 권력자가 백성을 닮는 것이다. 백성이 위정자들의 허황된 삶을 흉내내다가 제 자리로 돌아오는 모습이겠다.

백성을 하늘로 삼는다면 당연히 권력자들은 그래야 한다. 백성을 따르고 닮아야 한다. 권위를 세우려 안간힘을 쓰지 말고, 꾸미지 않은 그대로 보여주어야 한다. 잘난 체하지 말고 언행을 지극히 평범하고, 지극히 겸손하게 해야 한다. 그래야 '하늘'이 주는 화를 피할 수 있다.

1) '백성에게는 먹는 것이 하늘이다'

'목구멍이 원수다', '목구멍이 포도청보다 더 무섭다'고 했다. 제 아무리 잘난 사람이라도 목구멍부터 해결해야 한다. 소박하게 사는 사람은 먹을거리만 해결되어도 감지덕지한다. 지금 먹고, 현재에 머물 수 있는 만큼 머무는 것이 평범한 사람들의 행복이다. 코엘료의 《일러스트 연금술사》를 보면 비슷한 말을 만난다. "난 음식을 먹는 동안엔 먹는 일 말고는 아무것도 하지 않소.…난 지금 과거를 사는 것도 미래를 사는 것도 아니니까. 내겐 오직 현재만이 있고, 현재만이 내 유일한 관심거리요. 만약 당신이 영원히 현재에 머무를 수만 있다면 당신은 진정 행복한 사람일 게요.…생명은 성대한 잔치며 크나큰 축제요. 생명은 우리가 살고 있는 오직 이 순간에만 영원하기 때문이오."[78]하는 부분이 그렇다.

낙타몰이꾼이 주인공 산티에고에게 이르는 말이다. 순간순간, 그때그때 해야 할 일에 전심전력을 다한다는 말이다. 본받을 태도다. 순간순간 이어져서 한평생이 되는 것이고, 결국 최선을 다한 개인의 훌륭한 역사가 이루어지는 것이다. 삶이 힘들수록 오로지 '지금, 여기'라는 생각으로 살 수밖에 없다는 생각이다. 내일을 모르는 게 인생인데 왜 아니 그렇겠는가. 극한상황에 내몰린 사람은 '먹고 죽으나 굶어 죽으나, 죽기는 일반이라'는 생각만 할 것이다. 그러나 누구나 이 순간이 계속 연결되기를 바란다. 그래서 먹는 것을 하늘로 삼아 현재를 계속 이어가는 것이다.

누구나 지금 당장 해결해야 하는 것은 먹는 일이다. 하루에 세 끼를 채워야 하는 것이 보통 일은 아니다. 있는 사람도 그럴진대, 없는 사람이 꼬박꼬박 끼니를 해결하는 데 드는 돈도 만만하지 않다. 그렇지만 인생이 먹는 일만 있는가. '먹고 산다면 개도 산다'고 했다. '먹고 사는 데만 급급한 사람은 천하게 여긴다'고 한 말이 틀릴 수 없다. 모든 생명체는 고등 하등을 따질 것도 없이 먹고 사는 데 최선을 다한다. 그러나 명색이 영장류인데 먹고 사는 일에만 매달려서 될 것인가.

'먹고 입고 잘 곳은 타고 난다'고 했지만 '어림 반 닷곱도 없는 소리다'. '세상 인심 대감집 개 같다'는 말을 몰라서 그러는가. 대감집 개가 대감을 따라 행동한다는 데서 비롯된 말이다. 즉 세도 있는 사람은 반기고, 그렇지 않은 사람은 내친다는 뜻이다. '세상 인심이 감기 고뿔도 남 주기 싫어한다'고 했다. 남을 도와준다는 게 그리 쉬운 일인가. 남 탓을 할 수 없으니, 없는 사람은 자괴감에 빠질 수밖에 없다.

내우외환에 시달리는 나라에서 백성은 우선 먹는 것에 매달릴 수밖에 없다. 숨죽이고 명줄이나 잇겠다고 움츠리게 되는 것이다. 위정자가 정치를 어떻게 하느냐에 따라 백성은 1차원적 인간으로 전락할 수도 있고 고급한 문화생활을 할 수도 있다.

위정자의 전략 중 가장 못된 것이, 나라와 백성을 불안하게 하여 기득권자나 제 지지층의 단결을 더 단단하게 하는 것이다. 이것도 이이제이以夷制夷전략의 하나다. 기득권층이 분위기를 보수적으로 만들어 진보적인 생각을 못하게 발목을 잡는 방법인 것이다. '망둥이가 제 동무 잡아먹는다'는 작전이겠다. 사회의 분위기가 보수적이라야 기득권층은 안정되게 삶을 즐길 수 있기 때문이다.

백성이 풍족하면 누가 권력자의 말에 고분고분하겠는가. '어느 집 개가 짖느냐', '어디 까마귀가 우짖느냐' 하며 '콧방귀도 뀌지 않을' 것이다. 위정자에게 이것보다 더 화나는 일은 없겠다. 제 위세를 인정해주고 조아릴 백성들이 없으면 휘두르는 맛이 없어질 테니까 말이다. 좀 안된 말일지 몰라도 위정자들 속셈에는 백성들이 다소간 못 사는 걸 원할지도 모른다. 말이야 늘 백성들이 잘 살아야 한다고 하겠지만 말이다. '사람 속은 천 길 물 속이라'지 않던가. 사람 속은 양파 까기에 견줄 바가 아니다.

'백성에게는 먹는 것이 하늘이라'는 말은, 배부른 것을 지상 최고의 목표로 삼으라는 말이 아니다. 먹고 사는 일에 만족하면서 나머지는 하늘처럼 베풀라는 뜻이다. 먹고 사는 일, 그 이상에 욕심을 내기 시작하면 끝이 없으니 한계를 암시해주는 말인 것이다. '바다는 메워도 사람 욕심은 못 채운다', '아홉 가진 놈이 하나 가진 놈 부러워한다'니, 자족할 줄 알아야 한다는 뜻이다.

위정자가 생각하는 하늘은 무엇일까. '두말하면 잔소리라'고, 백성이라 할 것인가. '임금님의 하늘은 백성이라'니 당연하다고 하겠는가. 그건 백성들이 하는 소리다. 위정자는 다른 속셈이다. 위정자에게는 표가 하늘이고, 돈이 하늘이다. 표가 백성인데 다를 게 무어냐고 할 것이다. 백성은 항상 떠받들어야 하지만, 표는 긁어모으면 된다고 생각한다. 백성은 항심恒心으로 대해야 하지만 표는 속전속결로 빼앗으면 된다는 속셈이다. 인심은 얻는 것이고, 표는 상대편 것을 빼앗는 게릴라 전술인 것이다.

선거 때가 되면 무슨 무슨 위원장 '위촉장'이 날아든다. 당원도 아니고 더군다나 그 조직에 속하지도 않았는데 급조한 감투, 실속 없는 감투가 마구 날아든다. 어안을 벙벙하게 만들기 일쑤다. '속도 창자도 없다'면 들뜨게 된다. 전화는 수도 없이 걸려온다. 끝없는 덫과 그물이 주위에 던져진다. 마약주사를 맞게 하려고 야단이다. 백성을 백성으로 보지 않는다. 오로지 표로 보인다. 지역구에서 유명인사가 죽으면 몇 표쯤 잃었다는 계산부터 한다.

세태가 이렇기에 백성은 정치판을 믿지 말아야 한다. '사람이면 다 사람인가, 사람이라야 사람이지' 하는 생각을 하면서 각자도생各自圖生이라는 다른 굴을 파 둬야 한다. 그것이 공동체다.

백성에게 먹는 게 하늘이라면, 먹을 것을 자급자족하는 것이 진정 하늘의 마음을 품는 것이다. 자본주의, 상업주의에 휩쓸리지 않도록 부단히 애써야 한다. 자본주의를 경계하지 않으면 모든 사람의 하늘은 돈이 되고 만다. 이미 돈이 햇볕을 가리고 있어 백성은 춥다.

먹을 것이 하늘이라면 깨끗한 하늘이어야 한다. 먹거리에 돈이 비집고 들어와, 오염시켜서는 안 된다. 먹거리의 생산과 유통이 깨끗하게 만들어야 한다. 정치판을 면밀히 감시하면서도 한쪽으로는 건강한 먹거리가 하늘이 되도록 공동체의식을 가져야 한다.

정종진

농어촌에 관심을 쏟는 일은 맑은 하늘을 공유하는 일이다. 로칼푸드local food를 번성하게 한다든지, 농사꾼을 방문해 격려하고 직거래를 하면 청정한 하늘이 된다. 농약, 제초제, 비료를 쓰지 않든지 덜 쓰도록 권유할 수도 있다. 건강한 먹거리를 생산하도록 격려하면 내 몸이 건강해지기 마련이다.

이런 일을 정치가 해결해줄까. 위정자들이 관심을 가질까. 절대 기대를 하지 마라. 농어촌에는 표가 너무 적다. 노력에 비해 성과가 못 미칠 게 뻔하다. 가성비가 형편없다고 생각할 것이다.

남에게 기대하는 것은 좋지 않다. 정부도 남인가? '한 자 건너 두 자' 남이다. 백성을 위하지 않으면 남이다. 정부로부터 이리저리 생활비를 받는다 해도 마찬가지다. 노동의 의무를 지키고 세금 낸 것을 조금 돌려받는 것일 뿐이다. 나중에 자식들이 갚아야 할 빚을 미리 돌려 쓰는 짓일 뿐이다.

위정자를 믿느니 여전히 땅을 믿을 일이다. 땅은 제 가진 것을 주지만 위정자는 백성들의 피와 땀을 나눠주는 것이다. '땅은 거짓말하지 않는다'고 했는데, 위정자들은 입만 벌리면 거짓말을 해댄다. '땅은 화수분이라'지만, 위정자는 백성을 화수분이라 생각한다. 농사꾼은 '땅마지기에 사주팔자 맞춘다'고 하지만, 위정자는 백성에 사주팔자를 맞추고 있다. 그런데도 백성 알기를 '깨어진 그릇 보듯 한다' 부디 정신 차릴 일이다.

2) '약한 사람은 돕고, 강한 사람은 눌러야 한다'

'강약이 부동不同이라'고 했다. 약육강식弱肉强食의 원리로 산다면

'예지적 인간'일 수 없다. 공동체를 이루고 살기 위해서는 강한 사람이 자신을 누르고 약자를 보살펴야 한다. 만약 그러지 않으면 제도로 그렇게 해야 한다. 예전에는 의적義賊이 있었다. 이들이 빈부의 차를 줄이기 위해 노력을 한다지만, '한강에 돌 집어넣기'였다.

홍명희의 장편소설《임꺽정》을 보면 아주 인상적인 장면이 나온다. "옛말에 양상(樑上)에 군자(君子)가 있고 녹림(綠林)에 호걸(豪傑)이 있다 하니 그대네 중에 군자도 있을 것이요, 호걸도 있을 것인데 그대네가 어찌하여 대당(大黨) 소리들만 듣고 의적(義賊) 노릇들은 하지 않는가." 하고 호통을 치는 사람이 있다.

조금도 주눅이 들지 않고 산적들을 아주 당당하게 훈계를 한다. "의적이 되려면 의로운 자를 돕기 위하여 불의한 자를 박해하고 약한 자를 붙들기 위하여 강한 자를 압제하고 또 부자에게서 탈취하면 반드시 빈자를 구제 하여야 할 것인데 그대네의 소위는 빈부와 강약과의 불의를 가리지 않고 한결같이 박해하고 압제하고 탈취하되 인가에 불 놓기가 일쑤요, 인명을 살해하는 게 능사라 하니 이것이 그대네의 수치가 아닐까. 그대네가 전일 소위를 다 고치고 의적 노릇을 해달 생각이 없는가, 다 고쳐야 할 일이지만 그 중에도 저 중한 인명을 무고히 살해하는 건 천벌(天罰)을 받을 일이니 단연코 고치라고."[79]하며 야단을 치는 건 양반이었다.

탑고개를 지나다 잡혀 온 신 진사가 임꺽정 일당을 향해 토해내는 훈계다. 이 작품 속에서 양반들은 한결같이 비난의 대상이 되고, 양반 또한 제 밑이 구린 걸 알고 도둑 앞에 쉽게 꺾인다. '양반은 더러워서 범도 안 잡아먹는다'고 했는데, 오죽하면 이런 말을 했을까. 그런데 위처럼 신 진사는 당당하다. '양반 못된 것 장에 가서 호령한다'는데, 산에 가서 호령하는 인물이다. 양반의 도리를 알기에 양반답다고 할 수 있는 인물이다. 옳은 소리에는 막된 사람들도 어쩌지 못한다. '양반은 고집 센 짐승하고 한 가지라'고 했듯이, 도둑의 위협에 물러서지 않는 인물인 것이다.

'사회적 약자'고 말한다. 몸이 자유롭지 못한 사람, 병약한 사람, 가난한 사람, 어린이와 늙은이들이 범주에 들 것이다. 이들은 도움이 필요하고 복지정책도 우선순위가 될 것이다. 사회적 약자가 있으면 사회적 강자가 있을 것이다. 누구일까. 앞의 범주와 정반대라면 비장애인, 건강한 사람, 부자, 청장년일까. 남들의 도움이 필요치 않으니 강자일까. 아니다. 때에 따라 약자도 되고 강자도 된다. 권력을 쥔 사람만 끝내 강자일까.

'약한 말에 짐 많이 지운다'는 말이 있다. 약하면 도와주는 게 인지상정인데, 사회는 그렇게 정성적으로 돌아가지 않는다. 아프리카 평원에서 맹수가 병약한 물소를 골라 사냥하듯, 사회적 약자를 오히려 더 괴롭히는 경우가 허다하다. 학교 폭력, 군대 폭력, 데이트폭력, 스포츠 폭력과 같은 것이 그렇다. 보복운전도 그렇고 이젠 마약 폭력까지 추가되고 있다.

공격적인 사람이 갈수록 늘어간다. 서서히 느는 것이 아니라 급격히 늘고 있다. 첨단, 최첨단 기구 탓일까. 휴대폰에서 항상 즉시 답을 찾는 버릇이 굳어져, 사람에게 즉답을 요구하게 되는 것이다. 뭐를 하든 인내심이 없고 즉시 답을 내야 직성이 풀린다.

먹는 음식도 문제다. 육식은 공격성을 길러준다. 저도 모르게 그렇게 된다. 2차대전 당시 미군이 공격력을 기르기 위해 병사들에게 평소보다 두 배 정도 많게 고기를 공급했다는 사실이 있다. 예전에 비해 백성이 육식을 많이 하고 있다. 두 배 정도가 아니고 훨씬 많을 것이다.

자본주의 풍조도 공격성을 강하게 한다. 있는 자가 되기 위해서 얼마나 치열한 경쟁을 해야 하는가. '남의 잘 되는 감 찔러나 본다'는 심사만 키우는 환경에서 누군들 제 품성을 이타적으로 발달시킬 수 있겠는가. 남을 돕는 강자가 아니라 남을 이기는 강자를 원하는 세상에서 폭력이 느는 건 필연이다.

　세상에 강한 척하는 사람이 너무 많다. 본성 탓인가, 아니면 교육 탓인가. '사람은 가르쳐야 사람값을 제대로 한다'고 했으니, 교육의 문제가 크다. 학교교육이 제 역할을 하지 못하는 것은 무슨 연유일까. 할 수 없이 정치 탓을 해야겠다. 나라의 백년대계가 심성 교육에 목표를 두지 않기 때문이다. 학력, 즉 성적 올리는 교육을 최선으로 삼기 때문이다. 정작 가르칠 것을 가르치지 않기 때문인 것이다. 성적을 올리는 교육으로 뒤틀려져 있는데 어떻게 옳은 언행이 나올 수 있겠는가. 교육이념이 '홍익인간弘益人間'인데, 널리 사람을 유익하게 만들어야 한다면서, 제 이익만 차리는 인간을 만들어내니 이거야말로 '양 대가리 걸어놓고 개고기 파는 격' 아닌가.

　성적이 좋고 고시에 붙으면 최고의 찬사를 받는 사회에서 열등의식이 폭력으로 바뀌게 된다. 공동체 생활에 필요한 지혜를 터득하는 학교가 돼야 하는데, 성적으로 남을 누르고 강자가 되는 것을 목표로 삼으니 거짓 강자만 나오게 돼 있다. 남을 누르는 게 강자가 아니고 남을 돕는 게 강자라는 것을 깨치는 교육이 필요한 것이다.

　세상에 강한 자가 있을까. 강한 자는 없고 강한 척하는 자만 있을 뿐인가. 백성은 강하다. 다만 강한 척을 하지 않을 뿐이다. 위정자는 강하지 않다. 다만 강한 척을 할 뿐이다. 그렇다면 세상에 개개인은 모두 약하다는 말이 된다. 반드시 모여야 강하게 된다. '약한 사람은 돕고, 강한 사람은 눌러야 한다'는 말은 공동체가 할 수 있는 일이다. 강한 척하는 사람을 겸손하게 만들어야 한다는 뜻이다.

돈을 많이 가진 사람도 결국 약자다. '돈이면 안 되는 일 없다'고 했다. '돈이 상전이라'고 했으니, 돈 많이 가진 사람도 더 벌기를 원하니 상전을 많이 둔 것이다. '돈이면 저승사자의 서슬도 가라앉는다'고 했다. 저승사자도 얕보지 못하니 강자는 강자다. 그러나 몇 발짝이나 뛰겠는가. '죽고 나면 여섯 자'라고, 죽는 마당에 강자, 약자 없이 다 약자다.

'강한 사람'이라고 하면 사람이 우스워진다. 객기客氣를 더 부린다. '잘한다 잘한다 하니까, 하루아침에 왕겨 한 섬을 다 분다'고 저 죽을 줄 모르고 객기가 만발한다. 객기에 제동을 못 걸고 제 자랑이 '무궁화 삼천리'다. '자랑 끝에 불 난다'는 걸 모른다. 교육을 제대로 받은 사람이라면 공부 자랑은 하지 않을 것이다. 강한 체하지 않을 것이다.

원래 제 자랑하는 놈치고 제대로 된 놈이 없는 법이다. '자랑쟁이에게 흠집이 더 많다'는 말이 맞다. 한껏 겸손해도 모자를 판에 위정자는 제 자랑에 도취하기 일쑤다. 백성은 개나리꽃으로 알고 있는데 저만 저를 함박꽃이라 자랑한다. 백성에게 표를 부탁하려면 한껏 겸손해야 하는데 한껏 교만을 떤다. 뭐든지 제가 제일 잘한단다.

백성들은 누가 약자고 누가 강자인 척하는가를 잘 구별하는 안목을 길러야 한다. 때로는 약자보다 강한 사람이 한몫 얻겠다고 대든다. 약자인 척하는 것이다. 지원금 명목으로 세금을 뿌려대는데, 약자인 척하는 사람이 가로채는 경우가 허다하다. 그러다 보니 생색이 나지 않는 것이다. 기업도 강자가 약자의 것을 빼앗아 먹는다.

'약한 사람은 돕고, 강한 사람은 눌러야 한다'는 말은 사회주의로 가라는 말은 아니다. 조금 가진 사람이 제일 염려하는 것이 사회주의와 사회주의자다. 사회가 극단적으로 치달아가지 않도록 조절을 잘하라는 말이다. 그렇다면 누가 무엇으로 조절할까. 백성들이 해야 한다. 위정자들에 압력을 가해 그런 일을 하도록 만드는 것이 결국은 백성이다.

빈부의 격차가 심할수록 백성의 저항은 크게 되고, 결국은 시민혁명으로 이어진다는 생각은 상식이다. 그 지경이 되지 않도록 위정자는 정책 수립은 물론 실천하는데 제 열정을 쏟아야 할 것이다.

특히 위정자들은 강약을 함부로 바꿔서는 안 된다. 강한 척하는 자에게는 약한 척하고 약자에게는 강한 척하지 말아야 한다. 꾸미거나 허세를 부리지 않고 백성과 더불어 사는 모습을 보이란 말이다. '남한테 공연한 말을 하면 앞길이 맑지 못하다'고 했다. 말 부조라도 밥 먹듯 하면 누가 도와도 돕는 법이다. 강자, 약자 구별 없이 애정을 쏟게 되면 성공한 정치가라 할 수 있다.

3) '나라의 쌀독이 차야 나라가 잘 산다'

'부잣집 곳간도 빌 때가 있다'고 했다. 나라도 마찬가지다. 나라의 곳간이 빌 수도 있는 것이다. '있을 때 아껴야지, 없으면 아낄 것도 없다'고, 나라도 마찬가지다. 무능하거나 영악한 위정자가 권력을 잡으면 제멋대로 낭비를 하여 국부國富가 형편없이 추락하는 수가 있다. 백성이 열심히 일하는 풍조를 만드는 것도 위정자의 역할이다. 아무리 열심히 일해도 남는 것이 없다면 어찌 사회나 나라가 정상적으로 돌아갈 수가 있겠는가.

소포클레스의 비극 〈안티고네〉에서, 인간이 무섭도록 열심히 일하는 것을 찬양하고 있다. "세상에 무서운 것이 많다 하여도 / 사람보다 더 무서운 것은 없다네. / 사람은 사나운 겨울 남풍 속에서도 / 잿빛 바다를 건너며 내리 덮치는 / 파도 아래로 길을 연다네. / 그리고 신들 가운데 가장 신성하고 / 무진장하며 지칠 줄 모르는 대지를 / 사람은 말(馬)의 후손으로 / 갈아엎으며 해마다, 앞으로 갔다가 / 뒤로 돌아서는 쟁기로 못살게 군다네." 하는 구절이 그것이다. 그러면서 안티고네는 인간이 유한한 것을 안타까워한다. 분신쇄골粉身碎骨 일하는 것은 훌륭하지만, 죽음을 피할 수 없다는 것이다. "아무 대비 없이 사람이 미래사를 맞이하는 일은 / 결코 없다네. 다만 죽음 앞에서 도망치는 / 수단을 손에 넣지 못했을 뿐이라네."[80]

인간은 제 삶을 유지하기 위하여 죽음을 무릅쓰고 일을 한다. 힘과 능력은 대단하지만 죽음을 해결할 방도가 없는 것이 인간의 한계라는 생각을 표현한 부분이다. 주인공의 일생을 요약하여 암시하는 구절이다. 정상적인 나라라면, 백성이 일하는 만큼 나라의 곳간이 찬다. 백성이 근면 성실하면 나라의 곳간을 걱정할 필요가 없게 된다.

'일이 보배라'고 했다. '일을 해서 죽는 법 없다'고 했으니 먹고 살기 위해 무진장 일을 하게 된다. 근근생계를 넘어 '밥술깨나 먹는다'는 수준에 이르기까지는 '사람의 힘이 무섭다'는 소리를 들을 정도가 돼야 한다. 농어촌 사람이고 도시인이고 간에 먹고 살기 위해 무섭게 일을 하지만, 농어촌 사람들을 보면 실감이 난다.

기막힌 말이 있다. '개가 주인을 보고 짖게 되어야 풍년이 든다'는 속담이다. 일을 하도 열심히 해서 검게 그을은 제 주인을 몰라보고 개가 짖는다는 말이다. 그 정도가 돼야 풍년을 이룰 수 있다니 기가 막힐 노릇이다.

'꼬리 없는 소'라는 속담이 있다. 오로지 일만 하는 사람을 빗대는 말이다. '이마에 소 우자를 붙이고 산다'는 말도 그렇다. 일만 하려고 태어난 것 같은 사람이 적지 않다. '일 중독'에 빠진 사람들이다. 요즘은 자발적인 것인가, 아니면 타인의 강요에 의한 중독인가를 구별해 생각하지만, 과거에는 자발적인 경우가 대부분이었다. 농사가 먹고 살기 위한 수단의 전부였기 때문이다.

'일이 황금이라'는데 어쩌겠는가. '일해서 죽은 무덤은 없다'고 했다. '일하는 데는 병든 주인이 아흔아홉 몫이라'고 할 정도로 일에 겁을 내지 않으니 사람이 무서운 것이다. 힘들게 일을 하여 곡식이나 돈을 마련하면 세금을 내는 것은 필연이다. '방자한 엘리트'라고 하는 위정자들이 세금을 나누고, 관청에서 또 나누어 쓰게 한다. 세금을 내는 것은 백성이 일자리를 보전하고, 안전을 보장받는 데 쓰인다.

나라는 백성의 세금에 의해 유지된다. 백성들은 세금을 내는 데 주저하지 말아야 하고, 위정자나 관리는 그 세금을 올바르게 써야 한다. 만약 세금을 혹독하게 거둔다면 '가정苛政보다도 호환虎患이 낫다'든지, '관가의 조세는 범보다도 무섭다'는 원망이 들리게 될 것이다. 만약 '기름과 백성은 짜면 짤수록 나온다'는 생각으로 백성을 대하는 관리가 있으면 사모 쓴 도둑놈으로 몰리게 될 것은 뻔하다. '방망이 수건 쓴 놈이 벌어놓으면 갓 쓴 놈이 털어먹는다'거나 '사모 쓴 큰 도적 벙거지 쓴 작은 도적'이란 말이 그것이다. '육모방망이도 잘만 놀리면 요술방망이라'는 생각을 버리지 않으면, 백성은 나라와 관리를 도적의 소굴과 도적으로 여길 것이다.

나라의 쌀독은 어디에 있는가. 옛날에는 쌀이 재화의 표준이기도 했으니 쌀 창고에 쌓인 양으로 빈부를 따졌겠지만, 이제는 돈이라서 여기저기에 흩어져 있다. 한국은행을 비롯한 많은 은행의 것이 나라의 쌀독일까. 돈이란 게 쉬지 않고 국내외로 나도니 액수를 따지기도 힘들다. 돈은 끊임없이 움직여야 하기에 어디에 얼마나 쌓여있는가를 따지는 것은 부질없다.

나라의 돈은 이제 숫자다. 누구의 돈도 다 숫자다. 사람들이 다 숫자를 벌려고 평생 애를 쓴다. 누군가 "세상은 숫자다"고 한 말이 딱 맞다. 나라 경제의 규모나 구조가 워낙 방대하고 복잡해서 한 사람의 산술능력으로는 도저히 상상할 수도 없다. 그저 가늠하기 벅찬 숫자로 생각될 뿐이다.

나라의 창고에 숫자가 쌓여있다고 해도, 높은 숫자를 채워야 잘살게 되는 건 맞다. 백성에게서 세금을 더 많이 거두든지, 쓴다고 거둔 것을 아껴 쓰든지 간에 저장해 둬야 한다. 소유한 숫자가 높아야 잘산다는 말을 듣게 된다. 그러니 거두는 것보다 쓰는 걸 잘 써야 하겠다.

나이 든 사람들은 뭐든지 아껴야 좋다고 하는 시대에 성장했다. 그래서 나이가 들어도 부자가 되기 위해서는 무조건 아껴 모아야 한다고 믿는다. 해외여행을 덜 가고, 외국제품은 사지도 말고, 수출만 열심히 해서 나랏돈 모아두어야 한다고 생각할 것이다. 그러나 이런 생각은 이제 아주 유치한 경제관념으로 취급된다. 아끼고 모아두면 경제가 돌아가지 않는다고 핀잔을 받는다. 물건을 사고 외식을 해야 경제가 선순환된다고 한다. 소비해야 생산하고, 돈이 돌아야 부富가 가능하다는 것이다.

나라도 가계와 일반이라 빚을 최소화하고 눈덩이처럼 돈을 불려 모아두어야 할 것이다. 그런데 '빚 없는 부자 없다'고 하니 어쩐 일인가. '빚 없으면 부자라'는 소리는 들었는데 아무리 부자라도 빚은 있기 마련이란다. 하긴 미국을 예 들어도 알겠다. 세계 제일의 부자면서 빚도 제일 많다니 말이다.

빚 없는 나라가 없다니까, 위정자들이 나태할까 걱정이 된다. 기강이 풀어져 백성이 낸 세금을 함부로 쓸까 걱정이다. 지난 정권들이 세금 무서운 줄 모르고 함부로 쓰는 것을 자주 보아왔기 때문이다. 백성이 걱정하지 않게 정부가 아끼고 아껴야 하는데, 백성의 표를 얻기 위해 마구 써대니 나라 곳간을 걱정하지 않을 수 없다.

위정자들이 세금을 빼먹는 수법이 무척 교묘하다. 백성들이 모르는 것 같지만 눈치마저 없겠는가. 돈 벌어 다 쓰지 못하고 죽는다. 자식에게 물려줘봤자 그 돈 때문에 타락하기 일쑤다. 돈을 부정하게 버느니 차라리 청백리 흉내라도 내서, 백성의 사랑을 받는 게 보람 있는 삶일 것이다.

'나라의 쌀독이 차야 나라가 잘 산다'고 했는데, 누구를 위해 나라의 쌀독을 채워야 하는가. 물론 백성을 위해서다. 그러나 그 쌀독을 호시탐탐 노리는 사람들이 많다. '방자한 엘리트'인 위정자는 물론 세금 도둑들이 도처에 깔려 있다. 백성은 제 먹을 걸 버는 것도 중요하지만 나라 쌀독을 지키는 것도 소홀해서는 안 된다.

10. '세상에는 법도가 있고, 하늘에는 천도가 있다'

경계 또는 영역을 분명하게 가른다는 것은 인간의 속이 좁아서 그렇다. 저나 제 무리의 이익 때문에 배타적인 버릇을 갖게 된 것이다. 물론 다른 많은 생명체도 제 영역을 확보하는 데 큰 노력을 들이는 건 사실이다. 다만 '예지적 인간'이라면서 그런 습성에서 더 진화되지 못한 게 안타까울 뿐이다.

시애틀 추장의 유명한 연설문을 예로 들면 딱 들어맞는다. 시애틀 추장은, "우리는 우리의 땅을 사겠다는 당신들의 제안에 대해 심사숙고할 것이다. 하지만 나의 부족은 물을 것이다. 얼굴 흰 추장이 사고자 하는 것이 무엇인가를. 그것은 우리로서는 무척 이해하기 힘든 일이다. 우리가 어떻게 공기를 사고팔 수 있단 말인가? 대지의 따뜻함을 어떻게 사고판단 말인가? 우리로선 상상하기조차 어려운 일이다."하고 대답했다. 정말 그럴 것이다. 아무런 경계도 없이 자연을 경배하고 살았던 이들이 어떻게 사고파는 일을 이해하겠는가.

그러니 "부드러운 공기와 재잘거리는 시냇물을 우리가 어떻게 소유할 수 있으며, 또한 소유하지도 않은 것을 어떻게 사고팔 수 있단 말인가? 햇살 속에 반짝이는 소나무들, 모래사장, 검은 숲에 걸려 있는 안개, 눈길 닿는 모든 곳, 잉잉대는 꿀벌 한 마리까지도 우리의 기억과 가슴속에서는 모두가 신성한 것들이다."[81]하며 항변을 할 수밖에 없던 것이다.

아메리카 대륙을 점령해가는 백인들의 횡포를 유추할 수 있다. 천도와 법도 간의 갈등인데, 천도는 천지자연의 도리고, 법도法道는 인간사회가 지켜야 할 도리다. 천도는 자연의 운행원리며, 법도는 인간 행동의 범주다.

아메리카 원주민은 외부세력이 침범하기 전까지 자연의 원리를 법으로 알며 평화롭게 살고 있었다. 침입자들이 제멋대로 만든 법을 만들어 원주민의 땅을 빼앗기 전까지는 법이 필요 없고 자율적인 규제로 충분했던 것이다. 초경제라는 맑은 물, 맑은 공기를 최상으로 여기며 '필요한 최소'만 소비하며 살았을 것이다. 제 땅을 침범한 외부세력의 정치가를 처음 만나게 된 것이고, 세상의 법도 처음 만나게 되었다.

땅이나 집에 대한 소유 의지가 없을 때는 법이 필요 없을 것이다. 인간이 많아지고 제 영역이 필요하다 보니 소유를 주장하고 그것을 보장하는 법이 생겼겠다. 땅 외의 자연이야 소유할 수 없으니 재화財貨로 생각지 않았다. 자연을 재화로 소유할 수 있다는 생각을 하면서부터 인간의 법이 필요했을 것이다. 인간의 소유욕과 법은 함께할 운명이었다.

경제를 두고 거시경제와 미시경제로 나누었지만, 초경제超經濟라는 것을 더한 사람이 있다. 슈마허다. 그가 주장하는 초경제는 환경이다. 백성들이 건강하게 살기 위해서는 초경제를 우선으로 하는 것이 최선이라 했다. "건강은 먹고 마시는 데에만 달려 있지 않다. 햇빛, 맑은 공기, 깨끗한 물, 운동이 모두 건강을 지키는 데 꼭 있어야 할 요소다. 균형 있고 건강한 삶은 자연 전체와 한 몸이 되는 것"[82]이란 니어링 부부의 충고는 결국 경제도 중요하지만 초경제를 잘 누려야 한다는 충고인 것이다.

초경제만으로도 살 수 있는 시대, 그리고 장소가 바로 유토피아다. 토마스 모어가 《유토피아》라는 책에서도 충분히 구축하지 못한 세상 속 인간공동체가 그렇겠다. 이미 소유를 주장하게 되면 진정한 유토피아가 될 수 없다. 맑은 공기, 맑은 물, 따스한 햇볕이 풍부해야 이상향의 첫째 조건을 만족시킨다. 먹고 사는 문제, 즉 경제보다 우선이란 말이다.

이제는 초경제도 경제만큼 악조건이 되었다. 그러다 보니 초경제를 경제로 끌어들이고 있는 실정이다. '봉이 김선달 대동강물 팔아먹듯 한다'고 빗대는 말이 더 이상 헛소리가 아닌 시대다. 맑은 물을 사고파는 것은 오래전부터 해온 일이었고, 맑은 공기를 사고파는 일도 점점 본격화되고 있는 실정이다. 이러니 천도라는 개념이나 범주도 서서히 변화할 수밖에 없다.

'물이 약이다' 하는 속담은 만고불변의 진리인데, 특히 요즘 사람들이 잘 깨우쳐야 할 말이다. 이 세상 생명체는 물로 이루어졌고, 그래서 물 없이는 살 수가 없다. 생명을 유지하는 데 필수적이니, 물이 약이다. 물이 약이 되려면 맑고 깨끗해야 한다. '물이 더러우면 고기도 떠나간다'고 했는데, 왜 아니겠는가. '맑은 바람과 맑은 달은 돈 주고 사지 않는다'는 말이 있는데, 이 말은 공짜로 실컷 먹으라는 뜻으로 받아들이지 말고, 돈을 주고 사고팔 수 있는 것이 아니라는 의미로 받아들여야 한다. '물을 아끼면 용왕님이 도와주고, 나무를 아끼면 산신님이 도와주고, 곡식을 아끼면 도랑신이 도와준다'는 말에서 '아끼다'라는 말은, '아껴 쓴다'는 뜻과 동시에 '매우 소중히 여긴다'는 뜻이 함께 있다.

경제를 배우고 가르치는 대부분의 사람들은 수학이 필수다. 경제 현상의 대부분을 수치로 계산하여 성장과 역성장을 말한다. 위정자들은 거기에 의존해서 백성들을 설득하고 성과를 내려고 한다. 백성은 숫자가 그렇다면 그런 줄 알고 살아간다. 숫자와 자신의 삶이 그저 막연히 연결되어 있다고 생각할 뿐이다. 그러나 초경제는 그렇지 않다. 숫자로 나타내기 전에 이미 감각으로 공기가 맑은지, 물이 맑은지 금방 알 수 있다. 감각으로 즉각 호불호를 판단하는 것이 초경제다. 그러나 요즘은 공기의 질을 숫자로 표시하기도 하고, 물의 맑기도 숫자로 측정한다. 1급수에서 4, 5급수, 기상예보에는 1에서 5~6등급까지 공기의 질을 예보하고 있다. 급기야 초경제까지 숫자로 구별하는 시대가 되었다.

초경제의 영역에 대한 위정자들의 인식 부족은 심각하다. 초경제는커녕 말末경제 탈경제, 미尾경제, 외外경제로 여겨지고 있다. 경제의 끝머리, 경제의 바깥 정도로 취급되고 있다는 말이다. 먹고 사는 문제에 밀려 맑은 공기, 맑은 물에 대한 가치는 한참 뒤로 밀려 있다. 돈 액수로 또는 재화의 수치로 나타낼 수 없기 때문이다.

나라의 미래, 백성들의 행복한 미래를 생각하고 준비하는 것도 당연히 위정자들의 할 일인데, '우선 먹기는 곶감이 달다'든지, '내 발등의 불을 꺼야 아들 발등 불을 끈다'고, 후대의 문제를 급하게 생각지 않는 것이다. '후장에 소다리 먹으려고, 이 장에 개다리 먹지 않을까' 하는 생각을 하고 있는 것이다. 그러니 당장 개발을 해야 경기도 좋아지고 떡고물도 생기는데, 환경단체들이 생태문제를 제기하면 '눈엣가시 같다'고 여기게 된다.

정치라는 것이 사람에게만 집중하는 것은 아주 편협한 일이다. 임기 동안 나라 영토에 관리 역시 중요한 임무다. 생태적 책임에 소홀하면 나라나 백성이 더 큰 위험에 처하게 되기 때문이다. 맑은 물과 맑은 공기는 경제보다 한참 윗길에 있는 경제다. 감히 경제수학으로 환산할 수 없는 신성영역이다. 경제는 세속적일지 몰라도 초경제는 신성하다.

위정자들에게는 경제가 우선이고, 그것은 숫자로 평가를 받는다. 그러다 보니 환경에 대해서는 지나치게 관심이 적다. 굳이 따진다면 백성이 맑은 공기로 숨을 쉬고 오염되지 않은 물을 마시면, 천문학적 비용이 드는 건강유지 비용이 크게 절약될 것이라고 막연히 말할 수 있을 뿐이겠다. 백성의 노동시간을 늘려가며 수출로 벌어들이는 재화보다 훨씬 많은 것을 벌어들이는 효과가 있을 것이다. 그러니 초경제는 감히 돈으로 환산할 수 없는 영역이다.

바다의 생태계에 대한 관심도 마찬가지다. '고래'에 대한 예를 들어보자. 2019년에 밍크고래를 불법포획했다는 혐의로 기소된 선장 2명과 선원 7명에게 징역 2년에서 8개월의 실형을 선고했단다. 유정우 판사는 판결문 26쪽 중에서 6쪽을 고래가 지구상에서 사라지면 안 되는 이유에 대해 썼다는 것이다.

큰고래 한 마리는 일생 동안 평균 33톤의 이산화탄소를 흡수하며, 고래가 흡수한 탄소는 그가 죽더라도 수백 년간 사체에 저장된단다. 현재 살아있는 400~500만 마리 고래만으로도 연간 17억 톤의 이산화탄소를 더 흡수 저장하게 된단다. 전 세계 이산화탄소 배출량의 4%에 해당한다는 것이다. IMF는 고래 한 마리당 200만 달러의 가치가 있다고 보는데, 우리 돈으로 근 25억원 가량 되는 셈이다. 피고들은 잡은 고래를 7,000만원에 거래했단다. 소탐대실小貪大失행위로 평가하는 건 당연하다. '고래 고기는 잘 먹어야 본전이고 못 먹으면 손해'라 했는데, 먹는 것만 따졌을 때 7,000만원도 비싸다고 해야겠다.

"우리가 고래를 보호해야 할 이유는 단지 고래가 멸종위기종으로서 이들을 보호해야 한다는 도덕적 가치에만 있는 게 아니다. 인간이 고래를 비롯한 다른 생명체와 같이 지구에 공존하기 위해 필요한 것이다"[83]는 판단은 정말 정의롭고 정당했다.

　훌륭한 판사 덕분에 이제 좋은 판례를 갖게 되었다. 고래뿐이겠는가. 이 세상 모든 생명이 존귀한 것은 말할 것도 없으리라. 어떤 생명체라도 인간 기준의 선악으로 판단하지 말아야 한다. 돈으로 따질 수 없는 초경제인 것이다. 인간을 경제적 가치로 따질 수 있을까.

　위정자가 만약 스스로를 지도자라고 생각한다면 생태적인 생각과 사상은 이 시대에 필수다. 웬만한 지식과 정보, 실천력으로는 이 시대를 대응하기 힘들다. 크고 작은 우두머리들이 국회도서관에서 지식탐구에 열중한다면 이 나라의 미래는 희망이 있다. 술이나 마시며 잔머리를 짜내고 제 이익이나 차릴 생각만 한다면 후손은 '검은 하늘' 밑에서 고통을 당하게 될 것이다.

　러시아 우크라이나 전쟁으로 오일이나 가스의 수급이 불안하다 보니 원자력 발전이 절실히 필요하게 되었다. 그렇지만 원자력 발전은 분명 반생태적인 것이 틀림없다. 어떤 논리를 들이대도 친환경적이지 못하다는 건 진실이다. 화력발전소에 대해서는 더 말할 것도 없을 것이다.

　바다나 농촌에 쓰레기 문제는 심각할 정도다. 먹고 살아가는데 저렇게 많은 농자재가 필요한가, 저렇게 많은 쓰레기를 내놓아야 하나, 하며 절망할 정도다. 어촌은 안 그런가. 바닷속도 아연실색啞然失色할 정도다.

　국토가 점점 쓰레기 강산으로 변하고 있다. 위정자들은 멀리, 그리고 넓게 보고 정책을 세우고 실천해야 한다. 국토를 깨끗이 관리하는 것, 그리고 백성의 건강을 최상으로 유지하는 것은 아주 중요한 위정자의 임무다.

1) '온 생명에 온 정성을 다하면 오대 적덕과 한가지라'

'좋은 산천에서 좋은 인물 난다'는 말은 당연하다. '좋은 인물'이라는 기준이 문제다. 세속에 찌든 사람들이야 출세를 했다는 사람을 꼽을 테고, 자연 속에서 내공을 기른 사람들에겐 처사處士와 같은 사람을 칠 것이다. 분명한 것은 제 이익을 최소화하고 공공선을 최대화하는 사람이라야 진정한 인물로 칠 수 있겠다.

'온 생명', 자연을 제일 소중하게 여기는 사람이 큰 복을 받는다. 자연에 안기는 것 이상으로 큰 것이 없기 때문이다. 세속의 인물은 경제에 급급하지만, 자연에서 몸을 부리면 초경제에 살기 때문이다. 자연에 경이감을 갖는 습성은 그래서 중요하다. 김용택의 〈섬진강 1〉이란 시 한 부분이 좋은 예다. "지리산 뭉툭한 허리를 안고 돌아가는 / 섬진강을 따라가며 보라 / 섬진강물이 어디 몇 놈이 달려들어 / 퍼낸다고 마를 강물이더냐고, / 지리산 저문 강물에 얼굴을 씻고 / 일어서서 껄껄 웃으며 / 무등산을 보며 그렇지 않느냐고 물어보면 / 노을 띤 무등산이 그렇다고 훤한 이마 끄덕이는 / 고갯짓을 바라보며 / 저무는 섬진강을 따라가며 보라 / 어디 몇몇 애비 없는 후레자식들이 / 퍼 간다고 마를 강물인가를."[84] 하고 끝나는데, 자연에 대한 경이감이 그야말로 '둘째로 가라면 섧다 하겠다'는 정도다.

언어의 혈행血行, 즉 피가 돌게 되면 이렇게 힘찬 기상氣像이 느껴진다. 아무리 제 몸을 맡기고 있는 산천이라도 이렇게 사무친 애정으로 불러댈 수가 있을까. 자연친화 정도가 아니라 완전 생태주의의 절정에 도달한 작품이다. '인걸人傑은 지령地靈이라'고 했다. 산수가 좋으면 빼어난 인물이 나기 마련이라는 뜻이다. 산천이 빼어난 이 땅에 어찌 인물이 나지 않으랴.

생태生態란 무엇인가. 생물이 살아가는 방식이란 뜻인데, 환경이 중시되는 요즘 뜻이 크게 확대되었다. '생물들의 편안한 거주지'라는 뜻이 더해진 것이다. '몸 밖에 재물이 없다'고 했으니, 생명이 있는 모든 것은 당연히 편안한 삶을 원한다. 식주의食住衣해결은 물론 차별 없는 삶, 자유와 평화를 누릴 권리가 있는 것이다. 지구평화주의, 만물평등주의는 생태사상의 궁극적 목표가 된다.

인간중심주의는 인간을 위태롭게 만든다. 휴머니즘을 말하면서 우쭐하는데, 그것이 바로 속 좁은 생각이란 말이다. 휴머니즘도 한껏 의미를 확대해야 한다는 뜻이다. 배타적 휴머니즘은 인간만 생각하기에 인간을 고립시킨다. 온 생명을 존중하는 것이 인간을 위한 것이라는 생각에 이르러야 진정한 휴머니즘이다.

위의 시에서 시인은, 자연은 자연대로 얼마나 완벽하게 조화를 이루고 있는가를 잘 간파하고 있다. 자연 속에 살면서 인간은 반생태적 행태를 하기 일쑤인데, 사람마다 저와 같은 인식이라면 자연에 반하는 짓을 절대 할 수가 없을 것이다.

'온 생명에 온 정성을 다하면 오대 적덕과 한가지라'는 말은 생태주의를 기막히게 요약한 것이다. 이런 말투를 익히 알고 있을 것이다. '남향집에 살려면 삼대 적덕을 해야 한다', '산삼 한 뿌리 먹으려면 삼대 적덕을 해야 한다'는 어법이다. 하다못해 '주말부부가 되려면 삼대 적덕을 해야 한다'는 세태속담도 새롭게 생겨났을 정도다.

이렇게 삼대 적덕으로 통하고 있는데, 온 생명에 정성을 다하는 것에 대해서는 오대 적덕으로 높인다. 그만큼 차원이 높다는 말이다. 당연하다. 온 생명에 정성을 다한다는 게 결코 쉽지 않은 것이다. 불교사상과 다를 바 없다. 승방에서 모기를 죽이지 않고 쫓기만 하는 것을 따라할 수 있는가. 집 처마에 진 말벌집을 부수지 않고 피해다닐 수 있을까. 고기나 생선을 먹지 않고 견딜 수 있을까, 잡초에 제초제를 뿌리거나 뽑지 않고 농사를 지을 수 있을까. 이런 물음에 할 수 있다고 답하기가 결코 쉽지 않다.

물론 아주 심한 생각이긴 하지만 온 생명을 경외감으로 대한다는 것은, 만물의 영장이라고 자만하는 인간이 가질 수 있는 최선의 경지다. 기대만큼 안 된다고 해도 늘 시도하는 습성만 있어도 좋다.

정치가들이 때로는 잘 알려진 시를 몇 줄 낭송해 보인다. 문화적 감수성이 갖춰져 있다는 것을 보여주기 위함이다. 주로 후보 시절에 표를 얻기 위한 책략인 것이다. 문학에도 깊은 소양을 가졌다는 것을 알리려 한다. 유행가 한 곡 부르듯, 시를 낭송한다고 문학적 감수성이 금방 증명되는 것은 아니다. 작품 속 시인의 사상에 공감하여 제 삶의 힘으로 거두어야 한다.

정치가들이 반생태적인 언행을 한다면 나라의 자연유산은 크게 훼손될 것이다. 앞서 우두머리를 했던 사람이 4대강 사업이란 걸 강행해서 국토를 크게 상처 낸 사실을 잘 알고 있다. '하늘이 낸 물길은 나라도 못 막는다', '물과 불은 사정이 없다'는 말이 있는데, 자연스럽게 흐르는 물을 어느 누구도 함부로 손을 대서는 안 된다는 뜻이다. 자연은 그대로 두어야 혜택을 보는 것인데, 겁 없이 손을 대서 한껏 이용하려 하면 재앙을 받게 된다. '간담이 배 밖으로 나왔'거나 '간덩이에 털이 났기'에 무모한 짓을 감행한 것이다.

우두머리도 그렇지만 수하들도 '그 밥에 그 나물'로 어우러졌으니 사단이 난 것이다. 이런 반생태적 행위는 다른 정치적 실수나 실패보다 훨씬 더 위험한 것이다. 국토에 '필요한 최소'만 손을 대야지, '필요한 최대'로 개발을 하면 후유증에 시달리게 될 것이다.

'좋은 정치를 하려면 물과 산을 잘 다스려야 한다'고 하는데, 옛날 정치에 해당했던 말이라고 생각하는가. 천만의 말씀이다. 매년 자연재해가 심해지는 것을 세상이 다 겪고 있다. 수해, 산사태는 인간의 힘으로 도저히 막아내기 힘든 일이다.

　동학사상의 선구자 중 한 사람인 최시형이 "땅을 네 어머니 살갗처럼 여겨라"고 한 말은 생태사상의 정수精髓이고 절정이다. '온 생명에 온 정성을 다하면 오대 적덕과 한가지라'는 속담과 쌍벽을 이룬다고 할 것이다. 하지만 실천이 그리 쉽겠는가. 평생 도를 닦은 큰스님도 실행하기 쉽지 않은 목표다.

　최시형의 이런 사상에 대한 평가는 최상급이다. "이런 모습은 그가 '땅을 소중히 여기기를 어머님의 살같이 하라'고 한 데서 극명하게 나타난다. 이는 결코 이성적·철학적 사유에서 나온 것이 아니라 깊은 종교적 영성에서 우러나온 깨달음이며 체험인 것이다. 이로 인해 현실적 삶에서의 구체적인 실천이 가능했던 것으로, 이때의 인간의 삶은 우주적 차원으로 승화된다. '땅을 소중히 여기기를 어머님의 살같이 하라', 이보다 더 철저한 생태주의가 있을 수 있겠는가?"[85] '생태' 또는 '생태주의'라는 말이나 인식조차 가능하지 않았던 시대에 창안된 사상이 오늘날 생태주의의 경구가 될 줄을 어찌 알았겠는가.

　'사람을 대할 때는 늘 귀한 사람 대하듯 해라'는 말은 더없이 좋다. 이런 습성 하나만으로도 훌륭한 인물로 추앙받을 수 있다. 그러나 대부분 사람들은, 저 사람이 나에게 도움이 될까 말까를 먼저 따져 거리를 조정한다. '땡감 한 개라도 생기는 게 없으면, 가는 길도 뺑 돌아간다'는 세상인지라, 제 이익을 따지지 않고 사람을 귀하게 대접하기 힘들다.

　어찌 보면 가장 속악할 수밖에 없는 정치가들에게 이런 기대를 한다? 백성을 모두 귀한 사람 대하듯 하라고 하면, 너무도 많은 사람들을 어떻게 일일이 귀하게 대하느냐고 할 것이다. 마음이 그래야 된다는 말이다. 대부분 위정자가 백성을 하찮은 개개인이나 공동체로 대한다. 아주 소중한 사람 하나를 대하듯 한껏 정성을 쏟는 습성을 들이라는 것이다.

한때 "세상은 넓고 할 일은 많다"는 말과 책이 나라를 휩쓴 적 있다. 세상이 좁다 하고 '동에 번쩍 서에 번쩍'하고 다녔지만 무엇을 남길 수 있었나. 제 터를, 제 마음을 다지고 난 뒤에 두름성으로 움직여야지 무조건 마당발로 될 수 있는 건 아니다.

어리석으면 '세계화'가 제 마당이 넓어진 줄만 안다. 못난 위정자도 저 좋은 쪽만 생각한다. '등 문지르고 간 빼먹는다'는 것을 모른다. 강대국 권력자들이 깍듯하게 맞아주고 대우해주면 제정신을 잃는다. '간 쓸개 다 빼준다'는 것을 백성은 안다.

땅이 좁은 나라, 여러 면에서 강하지 못한 나라는 땅에 기반을 둔 경제로 살아남아야 한다는 것을 알 리 없다. 왜 소농小農을 산업농産業農보다 더 소중히 여겨야 되는지 알지를 못한다. 세계화보다는 지역화가 우선이라는 것을 어떻게 알 것인가.

독일 경제학자 슈마허는, 대부분의 경제학자들이 숫자놀음이나 하고 있는 멍청이라는 평가를 한다. 세계의 '내로라' 하는 경제학자들이 공통적이라는 것이다. 그렇다. 매번 GDP, 소비자 지수, 실업률 오르내림을 숫자로 표기해 경제상황을 진단하는 것밖에 모른다고 비난한다. GDP같은 추상적 수치를 보고 정치를 망치게 된다는 것이다.

경제학자들이 그러고 있고, 위정자들이 그 숫자에 따라 일희일비一喜一悲하는 동안 전 세계의 경제나 생태는 철저하게 망가지고 있다는 것이다. 그런 속에서도 다국적기업들은 돈을 쓸어담고 있고 약소국들은 철저히 착취당하게 된다. 다국적기업은 국내기업은 물론 정부보다도 위에서 좌지우지한다. 또한 IMF의 평가나 무디스 등의 평가에 흔들릴 수밖에 없다.

위정자는 마땅히 국내 사정에 정통해야 한다. 비서관이나 장차관들의 정책이 아닌 전략전술을 전적으로 믿고 따라서는 안 된다. 백성이 외세에 휘둘리지 않도록 하는 것도 생태사상이다. 자칫 잘못된 정책으로 백성이 활기를 잃으면 그게 반생태적인 것이다.

위정자는 권세를 부리고 싶은 시간에 공부를 해야 한다. 나라와 백성을 위해 정책의 유불리를 탐구해야 한다. 학창시절 우등생이었다고 정치판에서 우등생인 줄 착각해서는 안 된다. 권력을 뽐내고 다니지 말라. 그것은 그대의 것이 아니라 백성의 것이다. 백성이라는 호랑이 옆에 위세를 부리는, 호가호위狐假虎威를 즐기고 있는 여우에 불과한 존재일 뿐이다.

'온 생명에 온 정성을 다하면 오대 적덕과 한가지라'는 말을 새기고 실천하는 것이 생태주의를 실현하는 것임은 물론, 자본주의의 횡포를 극복하는 방법이 될 것이다.

2) '청풍명월은 돈 주고도 못 산다'

'산천도 사람을 만나야 한다'는 말이 재미가 있다. 사람이 제가 사는 곳을 아껴야 산천도 좋아 보인다는 뜻이다. 그런데 사람을 잘못 만나면 어찌 좋아지겠는가. 쓰레기만 쌓아 놓는다든지, 제초제를 뿌려 나무나 풀을 죽이는 사람을 만나면 산천도 빛을 잃게 되리라. 산천을 아끼고 경배하는 사람을 만나야 할 것이다.

그대의 인생이 아무리 비천하다 하더라도 이를 마주 대하고 이것을 살아내야 한다. 피 하거나 욕하지 말라. 그대가 나쁘면 나빴지 인생이 나쁜 것은 아니다. 그대가 가장 부유 할 때 그대의 인생은 가장 가난하게 보인다. 흠을 잡는 사람은 천당에서도 흠을 잡을 것이다. 그대의 인생이 가난하더라도 그것을 사랑하라. 설령 구빈원에 있다 하더라도 어찌 면 유쾌하고 감동적이고 영광스러운 시간을 다소는 향유할 수 있을 것이다. 저녁 황혼의 붉은 놀은 양로원의 창문에도 부자의 저택에도 똑같이 비추고, 이른 봄에는 양로원의 문 간에서도 눈은 녹는다.

인생에 조용한 마음으로 임하는 사람은 궁전에서 사는 것과 다름없이 그곳에서도 만족스럽게 살 수 있고 유쾌한 생각을 가질 수 있다는 것을 나는 의심치 않는다. 내게는 마을의 가난한 사람들이 오히려 누구보다 가장 독립적인 생활을 한다는 생각이 들 때가 자주 있다.[86]

소로우의 《월든》에서 인용한 부분이다. 식주의食住衣를 최대한 소박하게 해야 한다는 논리를 펴 생태사상의 경전으로 평가되는 저술이다. 위의 인용문에서는 자연 속에 살며 삶을 즐겨야 한다는 생각을 내보인 것이다. '먹고 입는 것이 넉넉해야 영욕榮辱도 안다', '먹고 죽은 귀신이 화색이라도 난다'고 했는데, 이런 생각이야 필부필부도 한다. 생태주의자는 식주의食住衣가 넉넉하길 원하지 않는다. '필요한 최소'로 만족하는 금욕주의자 성향을 가진다.

아마도 정치가들이 생태주의적 사고를 한다면 백성들의 정서는 훨씬 더 안정될 것이다. 이리저리 새는 세금 일부를 맑은 물, 맑은 공기를 유지하는 데에 들인다면, 국토는 자연스럽게 커다란 정원이 될 것이다. 겉보기에 화려한 '국가정원'보다 못하겠는가. 막대한 돈을 들여 꾸미는 짓은 어차피 '돈 놓고 돈 먹기'일 따름이다. 소박하게, 아주

'필요한 최소'의 인공人工만으로 만족해야 하는데, '불필요한 최대'의 인공으로 치장해봤자 자연 그대로에 못 미친다. 돈으로 싸발라 놓으면 큰 성과인 줄 안다. 맑은 물, 맑은 공기가 근원이며 어찌 감히 돈으로 환산하겠는가.

위정자들이 생태주의자가 될 수 있을까. 정치판에서 생태에 대한 정책이 본격적으로 논의될 겨를이 있을까. 힘겨루기에 여념이 없는 크고 작은 감투들이, 경제도 아닌 초경제라는 생태문제에 관심을 갖기 바란다는 것이 지나친 기대일 것이다. 제 임기 동안에 성과를 낼 수 있는 것도 아니고, 눈에 띄게 드러나는 업적도 아니니 우선순위에서 한참 멀 것이다. 어느 우두머리처럼 큰 강들을 죄책감 없이 파헤치는 거대한 사업도 임기 내 몰아붙이지 않는가. 생태주의라는 게 뭔지도 몰라 반생태주의적 개발을 생태적이라고 우기니, '무식이 멸망이라', '무식이 유죄라'는 말이 맞다.

도시에서 태어나 도시에서 자라난 사람이 생태주의자가 되기는 쉽지 않을 것이다. 산과 들이 얼마나 풍요롭고 인간의 정서를 안정시켜 주는지 알 길이 없다. 그저 인간이 만들어 놓은 것이 최상의 풍요로움인 줄 알 것이다. 도시의 풍요와 농어촌의 풍요는 견줄 바가 못 된다고 생각하는 것임에 틀림 없다.

정치판의 크고 작은 우두머리 중에 농어촌 출신이 많을 것이다. 제 출생을 신화로 만들기 위한 이력들을 보면 농어촌에서 가난하게 자란 '촌놈'들이 많다. 이들도 서울로 유학遊學하고 외국으로 유학留學을 해서 도시민으로 살고 있는 경우가 대부분이다. 시골의 정기를 받았으나 도시에 길들어 농어촌 공간과 농어촌 사람들을 하찮게 여길 것이다.

반세기 전만 해도, 이 땅의 백성들은 근검절약이 생활신조였다.

위정자들이건 백성이건 아껴 쓰고 모아서 나라의 곳간을 채우자고 했다. 수십 년 동안 아껴 쓰자는 말을 거의 들어보지 못했다. 아끼기는커녕 경제가 돌아가려면 오히려 한껏 소비를 해야 한다고 부추긴다. 이런 말이 우선은 맞는 것 같지만, 한껏 써서 좋을 건 하나도 없다.

아무리 경제가 돌아가도록 소비를 권장한다고 해도 아닌 건 분명 아니다. 화석연료는 끝이 있다. 지금 같아서는 물과 공기도 끝을 볼 날이 있을 것 같은데, 화석연료야 끝이 있는 게 당연하다. "인류는 화석연료를 지구의 뱃속에서 계속 마음껏 꺼내어 쓸 수 있는 듯이 여전히 그렇게 행동하고 있다. 그리고 그에 대한 쓰디쓴 대가를 늦어도 다음 세대에는 받게 될 것이다. 인류의 지극히 위험한 문제인 지구온난화를 가져오는 이산화탄소 방출은 논외로 치더라도, 에너지 절감은 물론 태양에너지, 풍력에너지, 바이오매스 등 재생가능한 에너지의 개발이 지금 당장 필요하다. 석유, 가스, 석탄, 원자력으로 구성된 에너지에서 이 재생가능한 원료가 장기적으로 보아도 선진국 수요의 최대 4분의 1밖에 제공할 수 없더라도 말이다."[87]하는 경고를 진지하게 받아들여야 한다.

나라의 지속 가능한 발전을 준비하는 것이 지금도 늦다고 하는데, 정치판의 관심이 여기에 조금이라도 있는지 의문이다. 우리나라의 공기업, 사기업에서 탄소배출 문제 대비능력이 아주 열등한 수준이라는 게 현실이다. 나라에서 정책으로 내놓고 독려를 해도 지지부진할 터인데, 여기에는 거의 관심도 없다.

도시근교나 농어촌은 사실상 생태의 보물창고라는 인식 없이는 생태주의를 실천할 수 없다. 사람들이 빽빽하게 모여 사는 도시가 커질수록 텅텅 빈 농촌은 더 가치 있게 여겨져야 한다는 것이다. 도시인은 농어촌에서 공급되는 곡식과 생선을 먹어야 하고, 맑은 물 맑은 공기로 삶을 지속해야 하기 때문이다. 농어촌의 숲이나 하천으로 정서를 순화하고, 농어촌 사람들의 인심을 본보기로 삼을 수도 있는 것이다.

위정자는 표가 적다는 이유로 농어촌으로부터 눈을 돌리지만, 그게 바로 소인배가 하는 짓이다. 소외된 농어촌에 펼칠 수 있는 정책은 무궁무진하다. 예컨대 생태에 가장 영향을 미치는 한우 사육에 관한 문제다. 한우의 경쟁력을 키우기 위해 생태문제부터 해결해야 한다. 한우 사육으로 인한 수질오염과 악취는 골칫거리다. 산업단지처럼, 공동사육단지를 만들어 오염수 배출시설을 강화하는 법안을 만드는 것이 시급하다.

농자재 쓰레기 문제는 심각하다 못해 재앙 수준이다. 플라스틱과 비닐, 그리고 스티로폼의 과잉사용은 땅과 시냇물을 한껏 오염시킨다. 지방하천 청결에 대한 지방자치단체의 무관심은 도를 넘는다. 농사를 짓는 사람이 아니더라도 농촌 현실을 보면, 먹고 사는 데 이렇게 많은 농자재가 필요한가, 또한 이렇게 많은 쓰레기를 내놓아야 하는가에 대해 회의에 빠지게 된다. 어촌도 사정은 다르지 않다. 오로지 돈을 얻기 위해 땅과 바다를 온통 쓰레기장으로 만들어 놓으니, 누구든 죄의식이 없을 것인가. 백성을 다독이기 위해서는 자연에 죄를 짓지 않는 것이 우선이다. '하늘에 죄지으면 기도할 데도 없다'고 하지 않던가.

광야에서 홀로 초인超人처럼 살 듯이 백성 앞에 내보이던 기개세氣蓋世도 한낱 거품이었던 것이 분명하다. 위정자가 일이 산적한 농어촌에서 할 일을 찾지 않고, 도시를 떠나지 못하는 것은 사람들 사는 속이라야 잔재미가 쏠쏠하기 때문일 것이다. 위정자들이 사람 속에 파묻혀 있는 이상, 이 땅의 생태문제는 쉽게 해결될 수 없을 것이다.

'자발적 가난less is more'이란 신념을 가진 정치가, 현대판 청백

정종진 255

리를 바란다는 것은 이미 영 글러먹은 세태다. 내가 그렇지 못하면서 정치가에게 그렇기를 바란다는 게 염치없는 일임에 분명하다. 그러나 재야에 그런 사람이 분명 적지 않게 있다. 몇몇 사람쯤 상징적 인물을 중용重用한다면 얼마나 신선한 일일까. 가진 게 많은 사람을 중용하니, 애초부터 앵돌아진 정치판이다.

3) '사람은 산천에서 내워서 터에서 키운다'

'사람 살 곳은 골골마다 있다'고 했다. 아무리 구석진 곳이라 하더라도 몸 부릴 곳이 있다. 제가 몸 부린 곳에 인연을 맺어야 한다. 인연을 맺는다는 것은 제 정성을 다한다는 뜻이기도 하다. 기왕 몸을 부릴 바에야 아주 절절하게 정을 붙일 일이다. 마치 조태일이 〈국토서시〉에서 표현하듯 말이다. "발바닥이 다 닳아 새 살이 돋도록 우리는 / 우리의 땅을 밟을 수밖에 없는 일이다.…버려진 땅에 돋아난 풀잎 하나에서부터 / 조용히 발버둥치는 돌맹이 하나에까지 / 이름도 없이 빈 벌판 빈 하늘에 뿌려진 / 저 혼에까지 저 숨결에까지 닿도록 // 우리는 우리의 삶을 불지필 일이다. / 우리는 우리의 숨결을 보탤 일이다. / 일렁이는 피와 다 닳아진 살결과 / 허연 뼈까지를 통째로 보탤 일이다."[88]하는 구절들이 얼마나 감동적인가.

누구나 제가 태어난 곳이 이상향이다. '정들면 고향이라', '정들면 극락이라'는 말이 좋다. 고향은 어려서부터 낯익은 곳이어서, '고향 자랑은 아무리 해도 욕되지 않는다'고 하는 것이다. 누구의 고향이 어디든 그곳은 그에게 최상의 터전이다.

고향을 확대하면 고국이다. 우리나라는 어딜 가도 고향이라 생각하면 좋다. 이 좁은 땅덩이에서 풍습과 인심이 다르면 얼마나 다를 것인가. 백두대간으로 모두 이어지고 물길로도 다 통하니 천지인, 산천초목, 일월성신이 모두 한덩이처럼 생각될 정도다.

도시에서 태어나 도시에서 길들은 사람들에게는 산천이란 별다른 감흥이 없는 말일 수도 있다. 산과 들, 또는 숲과 시냇물을 배경으로 태어나고 자란 사람과 시멘트 빌딩 숲에서 태어나고 자란 사람들의 언행이 어찌 같을 수 있겠는가. 산천에서 정서를 훈련하지 않은 사람은 흙이나 땅에 대한 애착이 덜할 수밖에 없겠다. 그러나 아무리 도시에 길들은 사람이라도 얼마간 농어촌에서 머물면 '촌놈 유전자'가 온몸을 휘젓고 다닐 것이다. '시골 깍쟁이 서울 곰만 못하다'지만 겉만 봐서 그렇다.

'시골 면장이라도 한번 하려면 하다못해 논두렁 기운이라도 받아야 한다'는 말을 즐겨 한다. 조금이라도 자연의 기운을 받아야만 출세를 할 수 있다는 뜻이겠다. "어떤 자리든 한가닥 하는 놈은 알고 보면 촌놈이라"는 말도 하는데 마찬가지 뜻이겠다. '촌놈이 더 무섭다'고 했는데, 이 말은 부정적 어감이 더 크다. 어수룩한 것 같은 사람이 오히려 더 영악하다는 뜻인데, 진정한 촌놈은 순박하다는 쪽이다.

우두머리가 되는데 촌놈이 왜 유리할까. 뚝심 때문이리라. 진정한 촌놈은 가슴은 물론 창자까지 열어젖히고 자연을 받아들인다. 어둠에 익숙하고 길 없는 곳에 길을 내며 걷기를 잘한다. 지렁이, 뱀, 개구리, 모기, 거미, 벌, 사마귀 따위 생명에 두려움을 갖지 않는다. 적어도 몇십 가지 나무와 풀 이름을 줄줄 꿰고 다니고 어디에 쓰는지도 대충 안다. 냇가에서 개헤엄을 잘하고 고기를 움켜내는데 귀신이 다됐다. 삽질, 낫질, 호미질은 기본이다. 돈이 없어도 불안해하지 않는다. '촌놈은 등 따습고 배부르면 그만이라'고 했는데, 천만의 말씀이다. 자연을 교재로 알고 공부한 터라 책을 통한 공부는 시시껄렁하게 생각할 수 있다. 그러나 촌놈이 한 번 마음 먹으면, '시골 아전이 조정 일 꿰듯 한다'는 정도로 관심사에 정통할 수도 있다.

예전 촌놈들은 이랬다. 말하자면 종합세트다. 어디에 가져다 놓아도 쓰일 수 있다. 아무래도 교과서를 익히는 학교공부에는 약하다. 그러나 자연을 교과서 삼아 공부를 했다. 그러다 보니 소견이 커진 것이다. 마음만 먹으면 소위 출세했다는 인물이 되기 유리할 것이다. 물론 촌놈 모두가 그렇게 자란 건 아니다. 촌놈 중에도 진짜 촌놈이 있다. 촌놈들이 이렇게 자기단련을 하던 곳이 진정 고향이다.

이제는 인물을 내던 산천과 집터가 텅텅 비어가고 있다. 동네에 열 채의 집이 있다면 다섯 채 정도에 사람이 살고 있다. 그것도 일인 가구가 대부분이다. 70~90 나이의 늙은이들 뿐이다. 명절 때 이들의 어린 손자들이 오면 어쩐지 낯설게 느껴진다. 폐교된 초등학교 건물에 어린이가 나들지 않으니 그럴 수밖에 없다. 이제 다시는 촌놈의 '원형原型'을 보지 못할 것이다.

위정자들은 시골, 농촌을 어떻게 보고 있는가. 말할 것도 없이 우습게 본다. 인구가 적어 얻어낼 표가 적기 때문이다. 그것도 거의 노인들만 남아 있으니 10~20년 후에는 농촌이 쥐죽은 듯 적막해질 것이라는 계산 때문일 것이다. 그러다 보니 모든 정책이 수도권이나 도시에 집중해 수립되는 것이다. 그래도 농촌은 여전히 제 기능을 가져야 한다.

농촌은 식량을 생산하여 백성을 먹여 살린다. 도시거주자들이 농촌을 찾아 정서를 회복한다. 도시인들의 귀농 귀촌으로 도시인구를 분산시킬 수 있다. 농사꾼에 의해 국토의 경관이 아름답게 유지된다. 산천의 숲과 물은 기후 온난화를 늦추거나 예방한다. 이런 기능을 결코 무시할 수 없다. 그러기에 도시영역만큼이나 농촌지역에 관심과 투자가 지속되어야 할 것이다.

　세계의 강대국은 농업 강대국이기도 하다는 말은 틀림없다. 미국, 중국, 소련 외에 중소국가를 생각해보자. 스위스나 싱가포르처럼 예외적인 나라도 있지만 대부분의 강대국 또는 선진국들은 농업강국이다. 땅덩어리가 커서 농토가 많으니 당연하다고 하겠는가. 백성들이 먹고 살기에는 이 땅만으로도 충분하다. 30% 내외에 머무르고 있는 식량자급률을 높이기 위한 노력을 배가해야 한다.

　잘은 모르겠지만 위정자들 속에 농업전문가들이 눈에 띄지 않는다. 행정단위 별로 농업기술센터나 농업기술원이 있어 제 역할을 하고 있지만, 국가 차원에서 다른 산업과 균형을 맞출 필요가 있다. 제4차산업, 제5차산업의 비전은 제시하면서 정작 백성들이 먹고살아야 할 농업의 자급자족에 대한 비전은 본 적이 없다. 다른 나라와 기술격차가 줄고 수출의존도가 줄었을 때를 대비해, 최후의 보루인 식량의 자급자족 대책을 서둘러 마련할 때다. 농협이 있지만 제 역할을 해내지 못하니 개혁이 필수적이다.

　'책상물림'들이 모두 크고 작은 우두머리를 차지하고 있는 현실이 농촌을 더욱 골병들게 한다. 농사는 책 농사, 구들장 농사, 자식 농사, 돈 농사밖에 모르는 인물들에게 '농심이 천심이라'는 말을 어떻게 이해시킬 수 있을까.

　농어촌의 작은 학교를 없애서는 안 될 일이다. 건물을 잘 보존하면서 어린이가 다시 뛰어놀 날을 기다려야 한다. 아예 희망까지 없애지 말라는 얘기다. 개천에서 날 용을 기다리며 공들였던 것을 회상하는 터전으로 삼아도 괜찮을 것이다. 혹시 아나, 도시의 어린이들이 귀촌으로 새롭게 부활할지 말이다. 먹을 것을 생산하고, 정서를 단련하고, 생명을 경외하고, 몸을 부려 일하는, 이 모든 것을 이루는 터전에서 태어나고 자라면 어찌 인물이 되지 않으랴. 도시에서 '만들어진' 인물보다야 자연이 길러낸 인물이라야 농어촌을 제대로 위할 줄 알 것이다. 뚝심있는 인물을 길러내기에는 도시보다 농어촌이 유리하다.

'사람은 집안에서 만들고, 인물은 바깥에서 키운다'고 했다. 여기서 바깥이란 인간들이 어우러져 사는 사회를 뜻한다. 그러나 한편으로는 '자연'으로 생각해야 할 것이다. 학교공부의 서열로 사람을 분류하는 사회에서 어찌 큰 인물이 길러지길 바라겠는가. 만일 학교공부는 잘하지만 속 좁은 인간과, 공부는 못하지만 속 넓은 놈 중 하나를 택하라면 어느 편에 서겠는가. 학교공부도 잘하고 속 넓은 놈도 물론 있다. 그런데 아주 드물어서 찾아내기 어렵다.

'농사가 잘 되면 나라에 걱정이 없다'고 했는데 정말 그런가. '사철 바다를 비우지 말랬다'고도 했다. 농어민이 열심히 일해서 풍년을 이루고 풍어豊漁의 꿈을 이룬다고 농어민이 잘 살고 있는가. '풍년 걱정이 더 걱정이라'고 했다. 풍년이 들어도 쌀값이 곤두박질을 친다. 그러니 웬만한 사람 아니면 제가 태어난 터를 지키겠다고 돌아가는 사람 있겠는가. '시골 가면 시골 살고 싶고, 서울 가면 서울 살고 싶다'고 했지만, 잠시 바뀌는 마음일 뿐이다.

이제는 텅텅 빈 시골에서 인물이 나올 수 없는 환경이 되었다. 어린이가 있어야 커서 용이 되든 소가 되든 할 텐데, 사람이 없다. 도시에서도 좋은 학군에서 특목고를 졸업하고, 일류대에서 고시에 합격하여 정치에 입문하는 코스가 거의 정해져 있다. 촌놈의 유전자를 받을 겨를이 없는 것이다. 이런 사람들이 시골, 촌놈의 정서를 알겠는가. 후에 위정자가 되어서 농촌이 왜 중요한지 알 것인가. 도시에서 획일적으로 '만들어진' 인물들끼리 살아가는 세상을 생각해볼 일이다. '생물학적 다양성'이 중요하다고 하는데, '인간학적 다양성'은 없는 것인가.

위정자들 가운데 농촌을 아는 사람이 적다. 농촌에 돈은 투입되는데 농업 정책이 없으므로 아주 비효율적으로 세금이 쓰인다. 좁은 땅덩이 속 너른 공간이 텅텅 비었다는 것은, 위정자의 정책과 능력이 텅텅 비었다는 것을 뜻한다.

11. '나라는 백성이 근본이다'

'농가가 풍년이 들면 인심이 저절로 좋아진다'고 했다. 이제는 농사 풍년이란 게 별 영향이 없다 할 것인가. 돈만 많이 벌면 까짓 농사쯤 흉년이라도 상관이 없다고 하겠는가. 쌀은 남아돌고 쌀값은 형편없이 추락을 하니, 농사를 천하게 생각하는 것인가. 잘 생각해 볼 일이다. '먹을 것 없는 집에 화기 없다'고 했다. 나라도 마찬가지다. 저 먹을 걸 스스로 생산하지 못하면 남의 나라 노예가 될 수도 있다. '농부 한 생은 무한 일이다' 하는 말이 측은지심을 발동하라는 뜻이 아니다. 저 먹는 것의 근원을 생각하고 겸손하라는 말이다.

문병란의 시 〈백성〉에서 여러 의미를 유추할 수 있다. "일하러 가는 농부에게 / 민주주의를 아느냐 물으니 / 벼논에 물대고 와서 얘기하자고 / 휑하니 가버린다. // 나는 당신들 편이라고 말하니 / 손바닥 펴보라 하고 / 못 박히지 않았으면 거짓이라 / 두 손길 뿌리치고 가버린다. // 자유를 아느냐고 물으니 / 손을 들어 흰구름을 가리키고 / 시장하니 밥이나 먹은 다음 / 다시 만나 얘기하자 가버린다.… 아 백성은 / 밥을 하늘로 삼는가."[89]하는 시다. 농부를 매정하다고 할 것인가. 농부에게 말을 거는 인물이 싱겁다고 할 것인가. '농사는 천하의 근본이라'는데, 그 근본을 지키기가 그만큼 어렵다는 것이다. 백성의 먹을 것을 감당하기가 어디 쉬운 일일 것인가. '말이 앞서지 일이 앞서는 사람 없다'고 했지만, 농부는 묵묵히 일을 앞세운다.

'농부의 일생은 한가한 날이 없다'는데, 말장난이나 할 겨를이 있겠는가. 현시대 이 땅의 백성들은 모두 농사꾼의 유전자를 가지고 있다. 하긴 이 땅의 사람들만 그렇겠나. 세상 대부분 사람이 그럴 것이다. 조상이 농경시대를 오래 겪었기 때문이다. '농사는 천하의 근본이라'는 말이 괜히 있겠는가. 시대가 변해 농사꾼들이 소외당하고 있지만, 농사꾼이 백성의 기반을 이루는 이념이라는 것을 알고 있을 것이다. 아무리 최첨단의 시대라고 우쭐거려도 농산물을 먹을 수밖에 없기 때문이다. 위의 시에서 농사꾼은 이런 본질을 잘 알기에 속을 내놓거나 낯선 사람과 말을 섞으려 하지 않는 것이다. '손이 바쁘면 입은 논다'고 하듯, 바쁜 사람은 말할 틈도 없다.

농사는 백성에게 먹을 것을 댄다는 자긍심으로 산다. 농사꾼은 인내심이 자본이다. 수확까지 늘 긴 호흡으로 기다린다. 일상인들은 일당, 주급, 월급을 수확으로 보지만, 농부는 적어도 3~4개월에서 1년 주기로 수확을 기다리니까 긴 호흡으로 결실을 기다려야 하는 것이다.

농사를 천하게 보는 자는 스스로의 소견이 천하다는 이치를 깨쳐야 할 것이다. 농사야말로 진정한 창조적인 일이다. 에머슨은 《위인이란 무엇인가》란 책에서 이 말을 특히 강조한다. "모든 노동자들 가운데서도 농부에게 주어지는 영광은 그의 창조의 역할 때문이다. 또한 모든 직업이 그의 원시적인 활동에 의존하고 있다. 그는 자연 가까이 살면서 땅으로부터 밥과 고기를 얻는다. 농부는 이전에 먹을 수 없던 것도 먹을 수 있는 것으로 만든다. 최초의 인간은 최초의 농부였다. 그리하여 모든 역사적인 고귀함은 인간이 땅을 갖고 이용한 데 있다."[90]고 한 말이 그것이다.

이렇게 농사를, 농사꾼을 뿌듯하게 만드는 말이 있을까. 사실 모든 농부는 이러한 진실을 알고 있다. 당연하니까 말을 하지 않을 뿐이다. 뚝심이 없으면 농사일을 할 수가 없다. '사람과 농사는 되고 볼 일이라'고 하지만, 농사가 잘 된다고 한들 당장 부자가 될 수 없다는 것을 농부들은 잘 안다. '자발적 가난'이라는 신념이 확고해야 농사일을 계속할 수 있기 때문이다. 그래서 농사꾼은 가난하지만 고귀한 백성이다.

위정자들도 농부의 유전자를 받았다면 농사를 짓듯 정치를 해야 한다는 것을 알 것이다. 제가 정치판에 들인 공력도 시간이 충분히 지나야 결실을 이루게 된다. 농사일에서 서두른다고 되는 일이 없다. '농사는 하늘이 일곱 몫이고, 농부가 세 몫으로 짓는다', '농사는 하늘과 동업이다', '농사는 하늘이 반절 지어준다'는 말들이 있는데, 농사가 농사꾼의 힘으로만 될 수 없다는 뜻이다. 마치 투전판에서 '운칠기삼運七技三'을 말하는 것 같다. 그러나 농부가 부지런하지 않으면 하늘이 아무리 도와줘도 풍작을 이루지 못한다.

정치도 백성과 위정자의 동업이라고 할 수 있겠다. 백성이 하늘이니까, 백성의 역할이 더 클 것이다. 농사가 하늘과 동업이라고 하지만, 하늘은 제 몫을 가져가지 않는 동업자다. 이에 비해 위정자와 백성이 동업을 잘하면 양쪽이 다 이익을 챙길 수 있다.

못난 위정자는 백성을 도외시하고 저만 열심히 해보려고 한다. 제 무리 몇 명으로 큰 살림을 감당해서 크게 이익을 가져가려 한다. 터무니없는 욕심이다. 농사꾼이 하늘을 떠받들며 농사일을 하듯, 위정자도 백성을 떠받들며 동업을 해야 한다. '동업은 부자지간에도 안 한다'고 했지만 하늘, 백성하고는 괜찮다. 아니 동업은 운명이다.

'성인도 시속을 따르고 나라 임금도 굽은 길은 휘어간다'고 했다. '송아지 커서 소 된다'고, 성인이든 임금이든 어린이가 자라 된 인물이다. '독불장군 없다'고, 인물은 백성 속에서 난다. 제 근본을 잊고 백성을 하찮게 본다면 죄 받을 일이다.

인간의 삶은 짧고 덧없기에 오히려 소중하게 여기고 대접해야 한다. '가난한 사람도 부자와 같이 대하라'고 했다. 인간 모두가 짧은 삶을 사는데, 가난하다는 이유로 당당하게 살지 못하면 얼마나 억울한 일인가. 모든 사람은 인격적으로 동등하게 서로 대접하고 대접받아야 한다.

밀란 쿤데라의 소설《참을 수 없는 존재의 가벼움》에, 인생의 일회성을 특히 안타까워하는 부분이 있다. 누구나 인생은 단 한 번밖에 주어지지 않기 때문에 좋은 선택을 할 수 없다는 것이다. "인간의 삶이란 오직 한 번만 있는 것이며, 모든 상황에서 우리는 딱 한 번만 결정을 내릴 수 있기 때문에 과연 어떤 것이 좋은 결정이고 어떤 것이 나쁜 결정인지 결코 확인할 수 없을 것이다. 여러 가지 결정을 비교할 수 있도록 두 번째, 세 번째, 혹은 네 번째 인생이 우리에게 주어지지 않는다. … 토마스의 인생처럼 그것도 두 번째로 수정될 기회도 없이 어느 날 완료될 것"[91]이라고 했는데, 정말이지 얼마나 안타까운가.

인간의 삶이 참을 수 없을 정도로 가볍다는 건 누구나 잘 안다. 그러나 인간 모두에게 제 삶을 수정할 기회가 없기 때문에 오히려 진지하게 살아야 하겠다. '산다는 게 칠성판 지고 헤엄치기라'고 하지만, '사노라면 사막도 낙원이라'고도 하지 않던가.

위정자들에 비해 백성들은 평균적으로 가난하다. 그러나 가난하기에 백성은 훨씬 능력을 발휘하게 된다. 온몸과 온 정신을 동원해서 가난한 삶을 꾸려나가야 하기 때문에, 최대한 긴장을 하게 된다. '가난한 놈은 못하는 일이 없다', '가난하면 일하고 싶은 생각이 절로 난다'고 하지 않는가. 그래서 제 삶에 훨씬 적극적이고 역동적이다.

경제학자 두 사람이 쓴 가난의 경제학, 『Poor Economics』에서도 그런 주장을 하고 있다. "결국 가난한 사람이 자신의 재능을 최대한 활용하고 가족의 미래를 안전하게 지키려면 훨씬 더 많은 기술과 의지, 노력이 필요한 셈이다. 가난하지 않은 사람은 적은 비용, 작은 장벽, 작은 실수에 그다지 연연하지 않지만 가난한 사람의 일상에서는 그것이 큰 문제가 되기도 한다."[92]고 했는데, 요약하면 번역대로, "가난한 사람이 더 합리적이다"고 하겠다. 이런 생각은 앞에서 제시한 정약용의 〈귀족들에게는 희망이 없습니다-형님께 1〉와 상통하는 것이라 여겨진다.

그러니 '가난한 사람은 덕이 있다'고 한 것이다. '부유하게 되면 교만해지고, 교만하게 되면 게을러진다'고 했는데, 덕이 생길 리가 없다. '부자는 땀이 낳고, 인물은 시대가 낳고, 효자는 부모가 만든다'고 했으니 계속 부자로 살기는 어렵게 된다.

진화의 법칙에 따르면 가난한 사람이 자연의 선택을 받을 수밖에 없다. 제 몸의 기능을 한껏 발휘해 최적화시키기 때문이다. 다산 정약용이 "귀족들에게는 희망이 없다"고 말한 바와 같다. 아쉬울 게 없는 삶 속에서 제 기능을 한껏 발휘하려는 노력을 하지 않기 때문이다.

나라의 차원에서 보자. 배부르고 등 따스운 상류층에 희망을 걸 것인가? 아니다. 어려운 삶을 극복하기 위해 한껏 노력하는 백성이 희망이다. 나라의 근본일 수밖에 없는 것이다. '가난이 일찍 철들게 하고, 효자도 만든다', '가난이 스승이라'고 했다. 또한 '가난한 형제 사이에 우애 나고, 부잣집 형제 사이에 동티 난다'고 했으니, 가난에 장점도 적지 않다.

힘들게 사는 계층에 복지를 강화시켜야 한다면 사회주의, 사회주의자라는 말부터 들이댄다. 그건 사회주의 사상이 아니라 인지상정의 도리다. 가진 자도 한평생, 못 가진 자도 한평생인데 서로 잘 살아야지, '사람은 일생을 속아서 산다'는 한탄 소리가 높으면 될 것인가. 가진 자, 배운 자는 내버려 둬도 웬만큼 산다. 노약자에 관심을 두는 세태여야 하는데, 젊은이들이 더 힘들어하고 있으니 어쩐 일인가.

백성들의 힘든 삶을 돕기 위해 정치, 정치가들이 있다. 권력을 쥔 후 정치가들이 백성을 대하는 태도는 보고 듣기에 민망할 정도다. 저 인간이 저런 인간인가, 할 정도로 돌변한다. '사람 변하기로 치면 순식간이라'는 말을 확인하게 된다. 자기들 주도권 싸움도 마치 백성을 위해 싸우는 듯 꾸민다. 제 이익을 탐하기 위한 것이면서 마치 백성들의 이익이 되는 것처럼 만든다. 백성의 명예인 것처럼 꾸며 제 명예를 드높이려 한다.

'나라는 백성이 근본이라'는데 당연하다. 위정자들은 저 자신이 근본인 줄 안다. 저도 백성이라고 강력히 항의를 해댄다. 맞다, 백성이다. 다만 감투를 쓰고 백성을 위해 헌신하지 않는다면, 백성이되 백성의 반대쪽에 있다고 말해야 한다. 진심으로 나라를 걱정하지 않으면 근본이라 말하기 쑥스러울 것이다.

1) '천하에 역류수逆流水 없다'

천지가 개벽을 해도 물이 거꾸로 흐를 수는 없다. '부자가 양심이 있으면 강물이 거꾸로 흐른다'는 속담이 있는데, 부자들이 양심을 회복하면 강물이 거꾸로 흐를지 두고 볼 일이다. '물은 낮은 데로 흐르고, 정은 괴는 데로 쏠린다'고 말하는 뜻이 있다. 제 몸과 마음을 낮게 두는 사람일수록 세상의 많은 복을 누릴 수 있다. 다만 그것이 너무 커서 분별할 수 없을 뿐이다.

김관식의 〈한강수 타령〉이란 시는 짧지만 기막힌 진실과 진리가 담겨 있다. 무능하고 영악한 위정자들을 몇 구절 시로 처리해낸다. "인심은 매양 물이로소니 / 순리로 순리로 살아야지. // 황소가 힘세어 왕노릇 하랴 / 법을 어기곤 못 사니라. // 물이 아래로 흐르는 것은 / 고금이 없이 같은 것을 // 분수(噴水)야 한때 솟구친댔자 / 폭포수 기세를 꺾을소냐. // 아침에 조수(潮水)가 써들어 왔다 / 저녁에 석수(汐水)로 빠져나가듯 // 나아갈 줄을 알아야지만 / 물러설 줄도 알아야느니. // 미어기 아가리 아무리 커도 / 세상을 모두 삼키더냐. // 발버둥치고 올라서 보라 / 하늘은 그냥 높으니라."[93]하였다.

1969년에 발표되었는데 이듬해 시인이 타계하였다. 독재정치에 백성의 저항은 고조되기 시작했고, 시인들의 저항도 급박했다. 깨어 있는 시인은 한 시대의 경보기 같은 존재인데, 이 시인도 그랬다. '하늘하고 씨름하려 든다'는 말이 있다. '왕개미가 정자나무 흔든다'는 속담도 있다. 제 주제를 모르고 가당치 않은 짓을 한다는 뜻이다. 백성의 뜻을 무시하고 함부로 군림하려는 위정자를 빗대는 말이다.

시에서 분수噴水는 집권한 세력을 비유한 것이고, 폭포수는 백성의 힘을 의미한다. 이때의 정권은 백성이 선택한 것이 아니고, 군사쿠데타를 통해 집권하였다. 마지막 시구 "하늘은 그냥 높으니라"가 절창인데, '민심이 천심이라'는 뜻이다. '메기 아가리 큰 대로 다 못 먹는다'는 속담을 활용하여, "미어기 아가리 아무리 커도 / 세상을 모두 삼키더냐"는 시구로 비판의 절정에 달했다.

정치는 백성의 마음을 얻어야 하는데 독재자는 이를 무시했다. 백성의 마음은 물과 같이 순리대로 흐르는 법인데, 독재자는 역류수逆流水를 만들려 했다. 백성을 우매하게 본 것이다. '사람이 함독해지면 못할 일이 없다'고 했다. '사람의 욕심이란 굽 빠진 항아리라'고도 했다. 제가 아니면 안 된다고 나서는 사람을 보면 어찌 그런 생각을 하지 않겠는가. 큰 우두머리고 작은 우두머리고 간에 독단적인 사람은 백성을 고통스럽게 한다. 특히 은혜를 받은 윗사람을 배신하는 경우를 겪으면, 인간에 대한 절망은 최고조에 이른다. 하극상下剋上은 용서받을 수 없는 것으로 취급하기 마련이다.

독재자는 배신으로 시작해서 배신으로 끝난다. '한 번 배신한 자는 두 번 배신한다'는 말은 결코 그르지 않다. 독재자는 '은혜를 악으로 갚는다'는 게 당연하다. 지난 세월동안 군에서 자행된 하극상을 수 없이 겪었다. 공권력을 사권력으로 이용하여 정권을 잡았다. 제 상관들을 시해하면서 백성의 군대로 백성을 학살했다. 성공한 도둑질, 성공한 혁명이라서 당장은 반역죄로 벌을 받지 않았지만, 따져본다면 하늘이 노할 일이었다. '아랫사람을 둔다는 건 근심을 달고 다니는 것과 같다'는 말이 맞다. 하극상은 역류수다.

잠깐 역류수가 되었다. 물이 거꾸로 흐르니, 백성들 몸의 피도 거꾸로 흘렀다. 하늘이 반역자들을 당장 처단하지 않으니 백성은 하늘을 원망했다. 차라리 '하늘과 땅이 맷돌질이나 해라'며 장탄식을 하며 세월을 견디었다. '순한 소도 성낼 적이 있다'고 했듯, 백성은 절치부심切齒腐心하며 시기를 기다리기 시작했다.

'사람 죽는 마당에 잘난 사람 없다'고 했는데, 잘난 척하는 놈들은 언제나 있기 마련이다. 그 잘난 감투, 피 묻은 벼슬자리에 앉아보려고 안달하는 무리도 있었다. 나라를 잘 지키라고 특권을 주니까 끼리끼리 별을 더 붙이며 희희낙락했던 모습을 백성은 다 기억하고 있다.

'사람이 많으면 하늘을 이긴다'고 했지만, 때가 있는 법이다. '마른 하늘에 날벼락'을 맞은 백성은 어리둥절하여 '대통 맞은 병아리 꼴'이 되었다. 그러나 이내 사리를 판단한다. '정신을 가다듬으면 바위라도 뚫는다'고, 정신을 돌이킬 겨를이 생겼다. 거꾸로 흐르던 피가 솟구쳐올라 들불로 번지기 시작했다. 독재자 무리의 권력욕에 희생된 백성의 가슴마다 대못이 박혔다. 아니 대못 정도가 아니겠다. '가슴에 돌무더기 구르는 소리가 난다'더니, 그런 가슴을 안고 오랜 세월을 견딜 수밖에 없었다.

나라와 백성을 반란한 죄를 묻는 데도 오랜 세월이 걸렸다. 정치판은 백성을 항상 초초하게 하고 애를 태운다. 위정자들이 득실을 따지고 계산해낼 때까지 기다려야 한다. 한평생이 결코 길지 않은데, 못된 독재자들을 만나면 그 소중한 일생을 나라 걱정, 이웃 걱정으로 보내게 된다. '걱정이 열 섬이면 근심이 스무 섬이라'고 백성의 몸 구석구석이 걱정과 근심, 분노와 저항심으로 새겨져 있는 것이다.

나라 걱정을 한다는 것은 진정한 대의명분이다. 만약 위정자 쪽과 평범한 백성 쪽을 나누어, 어느 쪽이 나라 걱정을 더 할까, 물어볼 수도 있겠다. 위정자들은 당연히 자기들 쪽이라 하겠다. 백성 쪽에서도 위정자 쪽을 택하는 사람들이 적지 않을 것이다. TV가 늘 위정자 쪽을 광고해주기 때문이다.

천만의 말씀이리라. '수효가 백이라도 하나 맞잡기가 어렵다'는 말이 있다. 많은 사람 중 제대로 된 사람을 만나기 어렵다는 뜻이다. 위정자 중 극소수는 나라 걱정을 크게 할 줄 몰라도 나머지는 다 제 이익을 위해 권력자를 따라다니는 수하에 불과하다는 뜻이다. 사심 없이 나라 걱정을 하는 무리는 백성일 수밖에 없다. '애는 이쪽에서 낳는데, 저쪽에서 힘쓰는 꼴'이라 하겠다. 백성은 진정으로 나라 걱정을 하지만, 못난 위정자들은 나라를 걱정하는 체한다.

백성의 가슴속 상처가 아직 아물지 않았는데, 철부지 위정자가 또 횡포를 부린다면 어떻게 될까. 못된 권력자는 또 다른 못된 자에게 권력을 넘겨준다. 주는 놈이나 받는 놈이나 '그 술에 그 안주' 격이다. 상처에 소금을 뿌리는 놈은 언제나 있다. '상처는 핥아 주어야지 긁는 법이 아니라'는데, 긁어대는 놈이 있기 마련이다. '상처는 나아도 흉은 남는다'고 했다. 흉은 백성에게 훈장이다. 위정자들은 끼리끼리 빛나는 훈장을 주고받지만, 백성은 내우외환에 참여하여 얻은 흉을 훈장으로 삼는다. 제가 자신에게 수여하는 훈장이다. 그 훈장은 죽을 때까지 함께하기에 언제나 기억과 용기를 소환할 수 있다는 징표가 된다.

세상에 역류수가 있다. 그러나 잠시뿐이다. 바다를 향해 거세게 흘러가는 물과 감히 짝할 수는 없다. 백성을 이기려 드는 위정자는 아무리 일류로 빼냈어도 어리석다. '천 사람이 찢으면 천금도 녹고 만 사람이 찢으면 만금도 녹는다'고 했다. '천千이 지저귀면 백옥이 녹는다', '천 입으로 천금을 녹이고 만 입으로 만금을 녹인다'고도 했다. '뭇 사람의 입에 쇠도 녹는다', '뭇 사람들 입은 막기 어렵다'고 했는데, 모두 백성이 왜 무서운가를 깨닫게 하는 속담들이다.

'모닥불 하나로 겨울을 녹일 수 없다'고 했다. 인물 하나가 엄청나게 큰일을 감당할 수는 없다는 뜻으로 빗대는 말이다. 큰 인물이라고 신화를 만들지만, 백성 없이는 하찮은 일조차도 이루어낼 수 없다. 큰일을 성취했다면 그 뒤엔 백성의 거대한 힘이 함께한 것이다. 그 힘이란 너무 커서 도저히 형용할 수 없을 뿐이다. 정말로 큰 것은 눈에 보이지 않는 법이다.

'백성은 물과 일반이라' 했다. 백성은 순리대로 살아간다는 뜻이다. 역류수란 분수처럼 잠깐 뿜어져 나올 뿐이다. '먼지와 욕심은 쌓일수록 더럽다'고 했다. 독재자의 권력욕이 쌓이면 역사를 얼마나 더럽게 만드는지 확인했다. 백성 앞에 순종하면 측은지심이라도 얻을 것이다.

2) '백성을 멀리하면 나라가 망한다'

'눈먼 똥개가 씨암탉만 물어 죽인다'는 말이 있다. 어줍잖은 사람이 큰일을 저지른다는 뜻으로 쓰는 말이다. 무능하고 영악한 위정자들이 세상 돌아가는 것도 모르면서 소중한 백성들만 괴롭혔다. '세상에 못할 일 못할 일 해도, 사람 싫은 것처럼 못할 일은 없다' 했는데, 왜 아니겠는가. 백성이 보기에 벼슬아치들이 그랬을 것이다. 백성을 돕기는커녕 기름을 짜듯 고혈膏血을 짜내려고만 했으니 말이다.

동학혁명이 들불처럼 번질 때 이 땅을 탐사한 사람이 있었으니, 버드 비숍 여사였다. 영국의 지리학자인데, 1890년대 한국을 네 차례 탐사하고 써낸 책이 《한국과 이웃나라들》이다. 썩어빠진 관료들에 대한 비판이 여사가 쓴 이 책 곳곳에 가득하다. "동학군은 너무나 확고하고 이성적인 목적을 가지고 있어서 나는 그들의 지도자들을 '반란자들'이라기보다는 차라리 '무장한 개혁자들'이라고 부르고 싶다."고 전제한다.

그러면서 당시 못된 벼슬아치들이 백성을 수탈하는 세태를 비판해댄다. "동학의 선언문은 왕에 대한 충성의 맹세를 존경하는 언어로 알리면서 시작했고, 매우 온순한 용어들로 불만을 이야기하면서 계속되었다. 동학교도들은, 한국의 관료들이 자기 자신만의 이기적인 목적을 위해 그의 백성들에게 고통을 주는 잘못에 대한 모든 정보와 소식에 관해 왕의 두 눈과 두 귀를 막아왔다고, 외국인인 내가 봐도 의심할 수 없는 진실을 주장했다. 그들은 국가의 장관들, 통치계급들, 그리고 지방관료들이 모두 국민들의 복지에는 무관심하고 오직 스스로의 배를 불리는 일에만 열중했고 강탈에 대해 아무런 거리낌도 없었다고 말했다."[94] 백성들이 혁명을 하되 얼마나 온순하게 했는지를 알게 해준다.

버드 비숍 여사는 "한국의 어딘가에 애국심의 맥박이 있다면 그것은 오로지 농민들의 가슴속뿐이라는 것은 확실해 보였다"[95]고 단언한다. 당시 농민이 열 중 여덟, 아홉이라고 했는데, 양반 계층 빼놓고는 거의 모든 백성이 농민이었다. 그중 크게 각성한 사람들이 혁명을 도모했고, 대부분이 몸과 마음으로 동조했던 것이다.

'나라가 망하면 충신이 욕을 본다'든지, '나라가 망하면 왕손도 거지 된다'는 말들이 사실 탐탁하지 않다. 충신이 욕을 보든, 왕손이 거지가 되든 아주 하찮은 일이다. 나라가 망하는 판국에 몇몇 사람에만 관심이 가겠는가. 백성이 모두 고통을 당하고 있는 상황이다. 나라를 구하겠다고 제일 먼저 누가 나설까. 두말할 것도 없이 평범한 백성이다. 군대도 백성으로 이루어졌지만, 군대만으로 되지 않으니 백성이 모두 나서는 것이다. 귀족 또는 상류층은 제 몸 건사에 바쁘다는 건 역사가 알려준다. '양반은 가는 데마다 상이요, 상놈은 가는 데마다 일이라', '양반은 먹는 것으로 세월을 보내고, 상놈은 일하는 것으로 세월을 보낸다'고 했다. 지금의 못난 벼슬아치도 양반의 씨를 이어받았다고 생각하는가. 양반의 씨를 받았는지는 모르지만, 못된 양반의 행태를 닮은 것만은 틀림 없다. '양반의 집 못 되려면 초라니 새끼 난다'고 했듯이, 가문을 자랑하지만 하찮은 인물을 냈다는 말이다.

현대도 마찬가지다. 만약 크나큰 내우외환이 생긴다면 평범한 백성이 앞장서 나갈 것이 뻔하다. 일류로 뽑아낸 위정자나, 재물깨나 있는 자들은 제 몸 보존에 안간힘을 쓸 것이다. 이러니, 일류로 뽑아낸 사람과 평범한 이력을 가진 사람 중에 누가 더 고귀하다고 하겠는가.

시원찮은 위정자일수록 입에 '애국'을 달고 산다. 자신들밖에는 애국하는 사람이 없는 것처럼 짧고 까분다. 국난에 처해보면 알게 된다. 평소 교만하던 사람이 위태로울 때 가장 비겁해진다. '입으로 못할 일 없다'고, 애국을 입으로 한다.

백성은 나라가 위태롭지 않게, 평화시대에도 위정자들을 잘 감시해야 한다. 어려울 때 비겁한 자들은 평상시에는 가식으로 살았기 때문이다. 백성 각자가 투표로 뽑았지만 그들을 믿다가는 배신감을 맛보기 일쑤다. '믿는 나무 부러진다'고 했다.

벼슬아치들이 제 이익을 탐하는 것은 곧 백성을 멀리하는 것이다. 백성들의 속앓이가 시작되면 정권이 망할 징조도 보이는 것으로 보면 된다. '동아 속 썩는 것은 밭 임자도 모른다'고 하듯이, 백성들에 별 관심이 없는 벼슬아치들이 알 턱이 없다. 우선 당장 어찌할 수 없는 백성들은 '남산골 생원님이 역적 바라듯 하다'는 심사로 때를 기다리게 되는 것이다. 누군가에 의해 정권이 무너지기를 간절히 원하게 된다는 말이다. '마음이 뭉치면 물방울로 강철판에 구멍을 뚫을 수 있다'고 했다. 백성들의 마음이 하나둘씩 돌아서기 시작하면 걷잡을 수 없게 된다.

백성이 권력자를 가증스럽게 보는 것은, 뭔가를 진정으로 하지 않고 하는 척하는 언행 때문이다. 어느 것보다 위선은 참을 수 없는 짓이다. 가난한 사람을 격려하는 체, 불행을 겪는 사람을 위로하는 체, 서민을 이해하는 체한다. 국제무대에서 눈 밖에 나는 짓을 하면서도 중심국, 중심인물인 체, 마이너스 외교를 하고도 플러스 외교 성과를 거둔 체한다.

정치는 물론 국방도 외교도, 농어업도 모두 잘 아는 체한다. 도무지 겸손할 줄을 모른다. '농사일은 마땅히 남종에게 묻고, 베 짜는 일은 마땅히 여종에게 물어야 한다'고 했지만, 권력자는 배우고 듣기보다 먼저 훈육부터 하려 든다. 제가 모든 걸 다 아는 척을 하니, 전문가나 숙련가는 차라리 입을 다물게 된다. 나라에 인재가 수두룩한데 도움받을 생각은 하지 않고, 제가 잘난 체만 해댄다. '묻기를 좋아하면 넉넉하다', '묻는 것은 일시의 수치요, 모르는 것은 일생의 수치라'고 했는데, 자존심이 상하는 것만 안다.

　백성의 소리를 듣고 정책을 만들기 위해 돌아다니는 것이 아니다. 뽐내기, 낯내기. 과시하기, 생색내기일 뿐이다. 마치 권력자 자신이 다녀가고 나면 그곳이 축복의 땅으로 변할 것처럼 행동한다. 수하들과 '마른 논에 물 들어가듯' 거동하면 천지개벽인 것처럼 백성이 환호할 줄 안다.

　권력자들이 위선이면 백성도 위선으로 대한다. 권력자의 언행이 참인지 위선인지 백성은 감각적으로 안다. 그냥 손님 접대용으로 잠시 악수하고 박수 치고 환호할 것이다. 바람 잡는 수하들이 먼저 가서 진을 치고 선동을 하잖는가. 수하들을 모아놓고 백성들이 자진하여 모인 듯 꾸미지 않는가. 백성과 위정자가 진심으로 만나지 않으니, 감동이 없고 늘 겉돈다.

　건성으로 나다니면 오히려 손해를 본다는 것을 모른다. 권력에 취해 있으면 그렇다. 건성으로 하는 언행에, 백성은 권력자와 정서적 거리가 멀다는 것을 직감한다. 본래 권력은 백성을 멀리하지만, 그 거리를 좁히려고 노력하는 권력자라야 따르게 된다.

　권력자의 언행이 위선이면 속내는 필히 교만과 위세로 가득 차 있다는 증거가 된다. 지나간 독재정권 시절의 독재자들을 생각해보면 알 것이다. 늘 웃음 짓는 얼굴 뒤에서 얼마나 교활하고도 끔찍한 일을 저지르고 있었는지 보여주지 않았는가. '웃는 얼굴에게 맞는 뺨이 더 아프다'고 하지 않았는가.

　위정자들의 탐욕은 세월이 가도 크게 다를 바 없다. 더욱 교묘해

져서 쉽게 드러나지 않을 뿐이다. '백성의 마음이 하늘의 뜻이다', '백성의 소리는 하늘의 소리다'는 말들은 그저 하는 소리가 아니다. 백성이 나라의 주인임을 분명히 하고 권력에 맞서는 자신감을 가져야 권력자의 위선과 허세에 속지 않게 된다.

그렇다면 백성들은 모두 각성하고 있고 수준이 높은가? 결코 아니다. 형편없는 정치가에게 투표하는 것을 보면 알게 된다. "뽑아놓은 위정자와 백성의 수준이 같다"고 하는데, 맞는 말일 수밖에 없다. 미처 각성하지 못한 사람들이 도처에 있기 마련이다. 각성하고 참여하는 백성들을 '민중'이라 한다면, 그저 수많은 사람들이 모인 집단을 '대중'이라 할 수 있다.

대중도 학습효과에 따라 민중이 된다. 그것은 못난 위정자를 뽑아놓고 한참 환란을 겪은 뒤에 얻어진다. 못난 위정자에 의해 국격이 추락하고 백성의 삶이 형편없이 퇴락된 후다. 쌓기는 어려워도 무너져 내리는 것은 잠깐이다. 그것을 회복하기 위해서는 오랜 세월을 필요로 한다.

백성은 까뮈의 작품 《시지프스의 신화》에 등장하는 부조리 인간이어서는 안 된다. 바위를 산꼭대기까지 굴려 올리면 못된 위정자가 밀어 떨어뜨리지 못하게 해야 한다. 그래서 앙가주망, 정치참여가 필요하다. 많은 시민단체가 조직되어 위정자들이 백성을 위해 '올인'하게 만들어야 한다.

나라가 힘들어지는 것은 권력자가 백성을 멀리하기 때문이다. 권력자는 백성이 자신에게 다가와 환호하길 바란다. '삶은 닭이 울기를 바란다'는 격이다. 백성이 하늘이라는 것을 절실히 느껴야 권력을 받을 자격이 생긴다.

3) '백성들의 분노가 쌓이게 되면 모반하게 된다'

백성은 '몸을 두 쪽으로 내도 부족하다'고 하며 일을 한다. 그런데 위정자들은 백성을 외면한 채 저와 제 무리의 이익을 얻을 생각으로 세월을 보내기 일쑤다. 말이야 늘 나라와 백성을 생각한다고 지껄여 댄다. '마음을 잘 쓰면 남산 호랑이도 사귄다'고 했는데, '마음은 콩밭에 가 있다.' 설령 속이 넓은 체해도, '마음은 걸걸해도 왕골자리에 똥 싼다'는 것을 잘 안다. 속내는 그럴듯해도 뒤에서는 속악한 짓을 다한 다는 뜻이다.

위정자는 죽었다 깨어난다 해도 백성을 이길 수 없다. '사람이 많으면 하늘을 이긴다'고 했지만, 위정자는 어림없다. 백성들이 분노하게 되면 위정자는 하루 아침거리도 안 된다. 백성이 못된 위정자를 처단하는 가장 우직한 방법을 우화적으로 표현한 산문시가 있다. 김명수의 〈주먹원숭이〉다. "이 세상 여러 곳을 돌아다녀 본 한 중년 신사가 나에게 들려준 이야기에는 참 신기로운 것이 많았지만 그 중에서도 나무에 거꾸로 매달려 살아간다는 원숭이 이야기가 재미있었다. …… 그러나 바람이 불면 바람에 흔들리면서 표범이나 삵괭이 눈치를 피하며 사는 그것들은 때때로 자기의 목숨이 경각에 달렸을 때 소낙비처럼 산사태처럼 최후의 수단으로 나무에서 쏟아져내려 그 무서운 삵괭이와 표범을 깔아덮쳐 죽이기도 한다는 것이다."[96]하는 작품이다.

주먹만한 원숭이가 박쥐처럼 나무에 매달려 살다가 위태로우면 집단으로 제 몸을 던져 대처한다는 말이다. 무엇을 위해 제 몸을 희생시킬까. 제 후손, 제 종족을 위해서 그럴 것이다. 물론 대의명분도 해석해 낼 수 있다. 폭력에 대한 저항정신이라고 말이다.

백성이 내우외환에 대처하는 방법도 저와 다를 바 없다. 나라 재앙의 역사를 보면 안다. 항상 백성이 먼저 제 몸을 던졌다. '공리주의', 즉 최대다수의 최대 행복을 위해 희생을 택하는 것이다. 분명 살신성인殺身成仁이다. '사람이 죽으면 아주 죽나, 하늘이 무너져도 솟아날 구멍 있지' 하는 말이 있다. 또한 '사람이 죽더라도 다하고 죽는다'는 말도 있다. 제 할 일을 다 완성하고 죽는다는 뜻이 아니라, 죽음을 무릅쓰는 기개와 의리가 있어야 한다는 말이다. 대의를 위해 죽는다면 제 삶의 절정에 도달해 죽는 것이니 뭐가 부러울까.

셸리 케이건은 인간의 영혼을 부정한다. 당연히 영생도 있을 수 없다고 이리저리 증거를 만들고 논리를 편다. 대신 유사영생類似永生을 제시한다. 유사영생을 믿기 때문에 기꺼이 제 목숨을 버릴 수 있다는 것이다. 그의 저서 《죽음이란 무엇인가》에서 잘 설명해주고 있다. "유사영생의 가치에 대한 주장은 크게 두 가지 모습으로 나타난다. 어떤 사람들은 말 그대로 영원히 사는 건 아니라고 해도 어떤 '부분'이 남아 있는 한 영생과 비슷한 일이 일어나고 있는 것이라고 말한다. 가령 자녀를 낳았다면 내 일부가 자녀의 몸속에 보존돼 있다. … 자손을 낳지 않는다 해도 몸을 이루고 있는 원자들은 자연에 의해 계속 순환될 것이다. 결국 내 몸은 자연으로 흡수되어 돌아간다. 그렇지만 완전히 사라지는 것은 아니다. 바로 이런 생각에서 위안을 찾고자 한다."[97]는 주장이다.

영생을 믿든지 아니라면 최소한 유사영생을 믿기에 살신성인을 할 수 있는 것이다. 유사영생은 유교사상과 상당히 유사하다. 조상숭배가 특히 강한 것은 유사영생을 믿기 때문이다. '아버지의 뼈, 어머니의 살'로 새 생명이 태어나니, '세상에서 제일 예쁜 꽃이 아이들의 얼굴이라'고 생각한다. 그 자식들이 분신이라고 확신한다.

유사영생을 믿게 되면 언행에 용기가 생기고 당당해진다. 자신이 사고를 당하거나 희생하더라도 자식에게 몸의 부분이 계속 이어진다는 믿음 때문이다. 제 욕심에 빠져 있으면 영생, 아니면 유사영생을 믿더라도 당장 희생을 택하지 못할 것이다. 내우외환에 살신성인을 할 수 있다는 것은 제 이익을 우선으로 삼지 않기 때문에 가능한 것이다. 이기심과 이타심을 동시에 만족시켜 주는 것이 유사영생 때문이다.

위정자들은 '백의종군白衣從軍'이란 말을 애용한다. 백의종군도 죽음을 무릅쓰고 참여하는 것이다. 감투 없이 살신성인하겠다는 말인데, 사실 속이 뻔히 들여다보인다. 자신이나 제 무리 이익의 영역에서 소외되고 싶지 않다는 말일 뿐이다. 이타심처럼 여겨지지만 이기심을 포장한 것에 지나지 않는다.

'재물 있고 세력 있으면 밑구멍으로 나팔을 분다'고 했는데, 왜 안 그렇겠는가. '정승 좋다는 게 가마 타는 재미뿐일까' 하는 말이 맞다. 휘두르고 거드럭대는 맛이 더할 나위 없겠지. '잘못은 경솔하고 오만한 데서 온다'는 것을 왜 모르겠는가. '겉 겸손 속 교만'으로 표정 관리를 하면 될 것이다. 위정자의 이런 교만은 자기검열을 나태하게 한 데서 비롯된다. 남의 결점만 찾으려 하니. 막상 저를 제대로 못 보는 것이다. 《라 퐁텐 우화》에서는 이런 경우를 절묘하게 비유해냈다. "인간은 다른 사람에게는 날카로운 스라소니의 눈을, / 자기 자신에게는 한 치 앞을 못 보는 두더지의 눈을 가지고 있기 때문이다. / 자신에게는 모든 것을 용서하며, 다른 사람에게는 그 어떤 것도 용서하지 않는다. / 우리는 이웃을 보는 눈과 다른 눈으로 자신을 보는 것이다."[98]고 했다.

기가 막히게 딱 맞는 비유다. 남에게는 스라소니의 눈, 자신에게는 퇴화된 두더지의 눈을 들이댄다는 말이 틀릴 수 없다. 이렇게 다른 눈으로 보기 때문에 사단이 나는 것이다. 두더지 눈으로 자신을 보는 건 일상인이나 위정자나 마찬가지다.

위정자의 언행은 일반인들에 비해 훨씬 잘 노출된다. 세월이 가면 갈수록 더할 것이다. 그만큼 백성의 눈을 피하기 어렵기 마련이다. 언행에서 작은 실수도 다 시빗거리가 된다. 자기검열을 철저히 하지 않은 언행은 화를 부르게 된다. '입은 만 가지 화의 근원'이라 하지 않던가. 자기검열을 엄하게 했다고 되는 건 아니다. 말과 마음이 맞지 않으면 어디선가 사고가 나기 마련이다. 숨겨왔던 속내가 들통이 나게 된다.

알면서도 속고 몰라서 속는 게 백성들이다. '정치인들 입에서 나오는 건 하품 빼고는 다 거짓말이라'는 말을 믿다가도, 입에 꿀 바른 말에 자꾸 속아 넘어간다. 그러나 '작은 돌이 큰 머리 까는 줄 모른다'고, 작은 실수가 크나큰 화를 빚어내기에 이른다. '참는 게 아재비라'고, 한두 번 참던 백성도 돌아서게 된다. 그래서 김관식 시 〈무검(撫劍)의 서(書)〉는 단호하게 끝을 맺는다. "정부(政府)는 배요, / 인민은 바다, 바다는 뱃길이사 열어 주지만, / 어쩌다 포효하여, 산악이 찢어지는 천지개벽의 그전날 같이 물너울이 또로 공중에 치뻗히는 날에는 까짓거 사정없이 때려 부신다!"[99]하고 선언한다.

참다 참다 못 참으면 결단을 내리는 것이다. 백성의 마음이야 어느 날 갑자기 돌아서는 게 아니다. 조금씩 조금씩 불만이 쌓이고 뜸을 들이다가 폭발을 하는 것이다.

'백성들의 분노가 쌓이게 되면 모반하게 된다'는 속담에서 '모반謀叛'이란 말은 현대에 적절하지 않다. 다소간 부정적 어감을 갖게 한다. 모반하는 게 아니라, 용서를 하지 않는다는 의미가 돼야 한다. 백성이 주체기 때문이다. 맡겼던 권력을 회수하는 것이다.

아주 못된 권력자들을 만나 임기까지 도저히 기다릴 수 없는 경우가 있다. 감투를 내놓으라는 백성들 요구를 쉽게 받아들일 리 없다. 마치 빚을 주고받을 때처럼 고통받는 과정을 겪어야 한다. '돈은 앉아 주고 서서 받는다'는데, 권력 회수도 마찬가지다. 권력을 모아 줄 때는 편하게 주지만, 회수하려면 진창길을 걸어야 한다. 그래도 빨리 회수하는 게 낫다. 백성이 조금이라도 덜 고초를 겪지 않기 위해서다.

4) '나라 상감님도 다 백성들이 버릇들이기 나름이다'

찰스 디킨즈는 《올리버 트위스트》에서 복식服飾, 즉 의복과 장식으로 꾸미는 인간의 권세를 냉소적으로 취급했다. 인간 자체는 보잘것없는데 복식으로 위엄을 차릴 뿐이라는 것이다. "인생에 있어서 어떤 종류의 승진은, 그것으로 얻는 실질적인 보상들과는 별개로, 거기에 따르는 겉옷과 조끼에서 특유의 가치와 위엄을 얻는 경우들이 있다. 육군 원수에게는 정복이, 주교에게는 비단 앞치마가, 법률고문에게는 비단 가운이, 말단 교구관에게는 삼각모자가 있다. 주교에게서 비단 앞치마를, 말단 교구관에게서 삼각모자와 금빛 레이스를 벗겨버린다면 그들이 무엇이 되겠는가?" 하고 묻는다. 그리고 스스로 답한다.

자문자답自問自答이고 현문현답賢問賢答이다. "인간, 그저 인간일 뿐. 그들을 승진시켜서 더 높은 자리에 앉혀보라. 검은 비단 앞치마와 삼각모자를 벗겨놓으면 그들은 이전의 위엄을 상실하고 대중들에 대한 영향력도 다소 깎일 것이니, 때로는 위엄, 그리고 거룩함조차도 사람들이 상상하는 것 이상으로 겉옷과 조끼의 문제가 된다."[100]고 한다. 결국 인간의 위세란 옷과 장식일 뿐이라는 결론이다.

이런 판단은 디킨즈가 살았던 시대와 영국에만 한하는 게 아니다.

인간사회 보편적인 문제다. 권세가나 평범한 백성을 구별할 도리가 없으니, 옷과 장식으로 구별할 수밖에 없잖는가. 고유지책이다. 문제는 그런 옷과 장식을 걸친 사람들이 겸손할 줄 모르고 한껏 교만해진다는 데 있다. 백성을 제 눈 안에 두지 않아 서로 간에 불행이 되는 것이다.

엄청난 세금을 들여 뽑아 놓았는데, 자신들 다짐대로 백성을 위해 순간순간 최선을 다하고 있는가. '일은 소같이 하고 먹기는 쥐같이 먹으랬다' 했는데, 오히려 '먹기는 아귀같이 먹고 일은 장승같이 한다'는 것은 아닌지 반성해볼 일이다.

백성의 4대 의무가 있다. 노동 납세 병역 교육의 의무다. 한두 개 빼먹은 사람들이 유독 정치판에 많은 건 무슨 까닭일까. 교육의무는 출세를 해야 하니까 빼먹을 수 없고, 병역의무는 고시공부를 해야 하니까 빼먹자. 납세의무는 돈 아까우니까 최소한으로 내든지 빼먹고. 노동의무는 먹고살아야 하니 편한 걸로 골라서 하자. 이런 생각일까.

헌법 조항에 넣을 걸 안 넣은 것 같다. "위의 네 의무 중 하나 이상 빼먹은 사람은 선거권과 피선거권을 박탈한다"는 것이 있었으면 어땠을까. 그렇지 않다면 4대 의무를 4대 권장사항으로 바꿔야 할 것이다. 4대 의무를 성실히 이행했느냐의 여부로 충분히 사람 됨됨이를 평가할 수 있다. 특히 납세와 병역의무는 국력의 강약에 직접 연관되니 잘 관리해야 할 부분이다.

헌법에 있는 백성의 의무를 소홀히 하면서, 백성을 위해 헌신과 봉사를 하겠다면 진정성이 느껴지겠는가. 우리나라의 역사에서 내우외환이 있을 때마다 앞장을 선 것은 평범한 백성이지 위정자들은 지극히 드물었다. 그래서 백성을 하늘로 삼아야 한다는 말이다.

노벨상 수상작가인 포르투갈의 소설가 주제 사라마구의 장편소설《눈뜬 자들의 도시》가 있다. 그의 이전 소설인《눈먼 자들의 도시》와 같은 배경인 수도에서 일어나는 일이다. 무능한 정권을 심판하는 방법이 기발하다. 반 강압적인 정부의 요구에 대한 시민들의 응답이 경이적이다. 백지 투표로 응답하는 방법이다. 작가는, "개표가 끝난 것은 자정이 지나서였다. 그러나 유효표 숫자는 이십오 퍼센트에 미치지 못했다. 우익정당이 십삼 퍼센트로 일위를 했으며 중도정당이 구 퍼센트, 좌익정당이 이점오 퍼센트였다. 무효표나 기권은 거의 없었다. 나머지 표, 그러니까 전체 표의 칠십 퍼센트 이상이 모두 백지였다."[101]고 상황을 요약해낸다.

정권은 좀 더 강압적으로 재투표를 실시하지만 처음과 다를 바가 없었다. '못난 놈 울뚝밸은 석 달 열흘이 고작이라'는 말이 있다. 못난 놈이 화를 벌컥 내며 언행을 함부로 하는 것은 오래 갈 수가 없다는 뜻이다. 왜 안 그렇겠나. '제복 제가 털어버리는' 짓을 계속할 수 없기 때문이다. '똥 싼 주제에 매화타령'이라고, 화를 낼 데에다 내야지. '도둑놈 재워주었더니 제삿밥 먹고 소 몰고 간다'더니, 위정자가 백성을 탓하는 건 파렴치도 보통 파렴치가 아니다. '복을 받고 싶으면 마음씨를 고치랬다'고 했는데, 독재자들이 아랑곳하겠는가.

어떤가. 이런 정치참여가 소극적이라 할 것인가. 무능하면서도 집권욕에 불타는 정권을 향해 날린 펀치가 얼마나 통쾌한가. 이런 결과는 시민들의 짬짬이에 의한 것이 아니었다. 시민 각자의 판단이 놀랍게도 70%가 넘게 되었다. 무능한 정부와 시민의 대결은 항상 시민이나 백성의 승리로 끝나게 돼 있는 것이다. 소설이라서 가능하다고 할 것인가? 백성들의 수준이 매우 높다고 하면 이런 결과가 종종 나올 수 있을 것이다.

백성의 수준이 정말 높다면 위정자들의 권력 싸움은 가능하지 않을 것이다. '달걀로 백운대 치기'리라. 위정자들이 정신을 차리지 못한다면 백성이 각성을 해야 한다. 이 경우에 걸맞는 예가 소포클레스의 〈아이아스〉라는 비극작품에서 따온 말일 것이다. "우리에게 가장 신뢰감을 / 주는 것은 힘세고 어깨 넓은 자들이 아니라, / 어디서나 승리를 쟁취하는 현명한 사람들이네. / 황소가 아무리 옆구리가 넓다 해도, 조그마한 채찍 / 하나면 똑바로 길을 걸어가게 할 수 있지."[102]하는 구절이다.

위정자들은 아마도 채찍 든 자가 자기들이라고 생각할 것이다. 현명한 것도 자기들이라고 여길 것이다. 그렇게 생각하거나 행동하면, '까마귀 뒤집어 날아가는 짓거리 한다'는 말을 듣는다. '닭이 천 마리면 봉이 한 마리 있다'고 했다. 채찍을 든 쪽도, 현명한 쪽도 다 백성이다.

나라의 최고 권력자를 백성들이 어떻게 길들여야 할까. 권력을 나눠 받은 숱하게 많은 작은 우두머리들이 최고 권력자를 둘러싸고 있다. 특히 주변 사람들을 잘 관찰해야 한다. 맹목적인 지지자들이 돌격부대처럼 여기저기 나대고 있다. '모기 타고 황천 갈 소리', '더운 삭신에 식은 소리'만 하는 사람들이 많으면 우두머리도 허황할 것이 뻔하다.

백성은 오로지 입과 행동으로 참여하는 수밖에 없다. 못난 위정자들을 입으로 녹여낼 수 있는 힘이 백성에게 있다. 공영방송이라는 것 외에 헤아릴 수 없이 많은 미디어가 있으니 정치참여가 쉽다. 백성이 휘몰아 가면 어용방송, 어용신문도 기러기털보다 가볍게 무너뜨릴 수 있다.

백성은 먹고사는 일에 바쁘다 보니 위정자들의 언행이 옳고 그름을 곰곰이 따져 볼 겨를이 없다. 일부 백성들은 위정자들의 정교한 속셈을 간파할 안목도 부족할 수 있지만, 대다수 백성은 현명하다. 위정자보다 지혜롭고 유능한 백성이 만 곱, 백만 곱은 될 것이다. 우선 백성의 편에서 생각하라. 정책이 다수에게, 즉 백성에게 유리한 건지, 위정자 편에 유리한 건지를 따져보는 버릇이 필요하다. 위정자가 백성을 백안시하는데 동조를 하면, 같이 못난 백성이 된다.

권력자가 어느 쪽을 편애하는가를 살펴야 한다. 선입견을 최소화하고, 어느 쪽이 공정과 정의에 더 가까운가를 따져야 한다. 특히 끝까지 양비론兩非論에 빠지지 말아야 한다. 투표를 할 때는 덜 나쁜 쪽을 선택해야 한다. 큰소리로 내세우는 말들에 속지 말고 언행에 진정성이 있는가를 살펴야 한다.

백성은 입과 혀가 채찍이다. 한시라도 채찍을 멈추면 위정자는 제 이익이 되는 곳으로만 눈을 돌린다. 못난 권력자의 버릇을 고치는 건 백성의 입만으로도 얼마든지 가능하다.

12. '백성들과 바라는 것이 같으면, 그 일은 성사된다'

'사람 농사가 가장 귀한 농사라'는 말이 있다. '아비를 보면 그 자식을 알 수 있고, 자식을 보면 그 아비를 짐작할 수 있다'고 했다. '아비 가는 데 아들이 간다'는 말이 잘 맞는 경우가 있다. 위정자의 품격을 잘 알지 못할 경우 자식을 보면 추측할 수가 있다.

정희성의 시 〈아버님 말씀〉을 읽으면 가슴이 뭉클해진다. 아비와 자식이, '그 아비에 그 자식'으로 사는 모습을 보여주기 때문이다. 몸피가 작은 시작품이지만, 한껏 확장하면 아비와 아들이 이루어내는 이야기를 만들 수도 있을 것이다. "그렇다 아들아, 실패한 애비로서 / 다 늙어 여기저기 공사판을 기웃대며 / 자식새끼들 벌어 먹이느라 눈치 보는 / 이 땅의 가난한 백성으로서 / 그래도 나는 할 말은 해야겠다 / 아들아, 행여 가난에 주눅 들지 말고 / 미운 놈 미워할 줄 알고 / 부디 네 불행을 운명으로 알지 마라 / 가난하고 떳떳하게 사는 이웃과 / 네가 언제나 한몸임을 잊지 말고 / 그들이 네 힘임을 잊지 말고 / 그들이 네 나라임을 잊지 말아라 / 아직도 돌을 들고 / 피 흘리는 내 아들아"[103]하고 끝을 맺는데, 전체를 읽으면 감동이 배가 된다.

민주화운동을 하는 아들에게 아버지가 해주는 말씀이다. 힘들게 살아가는 백성에게 위정자가 도움을 주기는커녕, 공권력으로 제 권력 유지에 급급하는데 대한 분노를 내뱉는 작품이다. "미운 놈 미워할 줄 알고"란 말이 좋다. '원수를 사랑하라' 하며 어설픈 포용력을 권하지만, 정권을 강도질한 위정자들을 용서해서는 안 된다는 뜻이다. '사람은 남 어울림으로 산다'고 했다. "가난하고 떳떳하게 사는 이웃과 / 네가 언제나 한몸임을 잊지 말고" 하는 구절이 그래서 절창이다. 이웃과 잘 어우러져 산다는 것은 겸손해야 가능하다. 그래서 백성은 함께 나라의 주인이 되는 것이다.

'가난 구제는 나라도 못 당한다'고 해서, 백성이 굶지만 않으면 되는 게 아니다. 정권이 어설프게 구제해 주기를 바라지도 않는다. 제발 세태가 상식으로 돌아가길 원할 뿐이다. 공권력으로 정의와 평등을 지켜 성숙한 민주주의를 실현하길 바랄 뿐이다. 백성이 잠시 숨죽이고 있다고 해서 못난 위정자들을 두려워한다고 착각하지 말아야 한다. '죽으려면 상감님 턱은 못 찰까' 하는데, 백성은 뭐든 감행할 수 있다. '죽으려고 하는 사람은 명을 잇고, 살려고 하는 사람은 명을 줄인다'는 것을 잘 알고 있기 때문이다.

역사를 보면 안다. 독재자들의 최후가 어떻게 되었는가 말이다. 한없이 미약하기는 마찬가지인 인간이, 권력을 쥐고 백성 앞에서 한동안 얼마나 강한 체했던가. 더없이 강하고 견고한 체했다. 백성이 그 위장막을 걷어냈을 때는 아주 초라한 종이호랑이가 있을 뿐이었다. '호랑이도 쏘아놓고 보면 불쌍하다'는 연민의 대상이 되지 않았는가. 정말 강한 사람은 강한 체하지 않는다. 제가 약한 줄을 아니까 강한 척 허세를 부리는 것이다. '가만 바람이 대목을 꺾고, 모기 소리에 소가 놀란다'는 말을 알겠는가. 백성이 가만히 있을 때 오히려 조심해야 한다. '가만 있으면 가마떼긴 줄 알고, 점잖으면 전봇대나 된 줄 안다'는 말이 들리기 시작하면, 백성들이 나서겠다는 선포인 줄 알아야 한다.

백성의 힘은 '들불'이다. 백성의 혁명은 처음엔 담뱃불처럼 느리게 반짝이다 순식간에 들불이 된다. 유현종의 장편소설 《들불》을 보라. 어둑하게 여겼던 농투사니들이 어떻게 들불이 되는가를 잘 알려준다. 못난 위정자는 '까치 뱃바닥 같은 소리', 즉 흰소리만 하다가 다급하여 '불난 강변에 덴 소 날뛰듯' 해봤자 때는 늦는다.

백성이 원하는 것은 성취되기 마련이다. 다만 시간이 좀 걸릴 수도 있을 뿐이다. 독재자들의 한평생은 끝이 있지만, 백성의 시간은 영속적이다. 우공이산愚公移山설화를 알 것이다. 내가 못하면 아들이, 아들이 못하면 손자가 하면 된다는 배짱에 산신山神도 굴복할 수밖에 없었다. 백성이 그런 배짱으로 나선다면 연약한 독재자가 주제를 모르고 날뛸 수 있을까.

백성이 위정자를 내치는 방법은 많고도 많다. 당연히 그렇다. 인해전술, 파상공격, 게릴라 전술 따위가 필요한 대로 가능한 것이 백성이다. 위정자들이 백성 앞에서 겸손치 않으면 끝내 용서받지 못하게 된다. '하늘이 주는 얼은 피할 도리가 있어도, 제가 지은 얼은 어쩔 도리가 없다'고 했다. 얼이란 탈 또는 사고다. 백성의 반응은 꽤 늦다. 그 대신 끈질기고 강하다. 위정자가 저에 대한 백성의 원망이 일시적일 것이라고 생각하면 어리석은 것이다. 숱한 백성의 가슴에 다 새겨져 있다. 때때로 백성이 못난 위정자를 단죄하는 수도 있다.

문동만은 〈청어〉라는 우화적 시를 통해 한 방법을 제시한다. "청어는 포식자에게 잡아먹히면 / 그놈의 오장육부에 잔가시를 박으며 / 기꺼이 죽어준다고 한다 / 아무리 힘센 놈이라도 그 잔가시의 / 껄끄러움을 견디지 못하고 / 다음부터는 청어를 잡아먹지 않는다 한다 / 그리하여 나머지 청어들은 / 안녕하고 가끔 몇몇의 청어는 자진하여 / 검은 아가리 속으로 제물처럼 / 바쳐주곤 한다는 것인데 그런 뭣같은 / 얘기가 그런 것 같기도 하고…"[104]하는 식으로 이어지는 작품이다. 자기희생으로 백성의 자존심을 지킨다는 뜻이겠다.

대의를 위해 희생을 한다 해도 평범한 백성이 하지, 위정자는 어림도 없다. 나라가 위험에 처하면 목숨을 바쳐 나라를 구하는 것은 못난이 취급을 받는 백성이다. 잘난 이들은 아까운 제 몸을 던지지 못한다. 외세外勢라면 즉각 대응을 하겠지만, 동족이니까 측은지심으로 각성하길 기다릴 뿐이다. 만약 각성하지 못하면 위의 시에서 청어처럼 몸을 바치는 것을 두려워하지 않는 게 백성이다.

'뭇 사람에게 손가락질을 받으면 병 없이도 죽는다'고 했다. 백성이 입으로 위정자들을 견제하기 시작하면 살아남지 못한다. '모기도 천이면 천둥소리를 낸다', '똥개도 백 마리면 범을 잡는다'고 했다. 다만 숫자가 많다는 게 아니다. 각성한 백성은 일류로 빼낸 위정자보다 한 수 윗길을 걷고 있다는 것을 알아야 한다.

'사람 천 명이 모이면 장군이 있고, 말이 천 마리 모이면 용마가 있고, 닭이 천 마리 모이면 봉이 있다'고 했다. 국난國難에 백성 속에서 나타난 지도자를, 평상시 저 잘난 맛에 살다가 선택된 위정자하고 견준다는 것은 말이 되지 않는다. 그야말로 '굴착기 앞에 삽질하기' 폭이나 될 것이다. 진정한 지도자는 평상시 백성 속에 드러나지 않는다. 그 수가 적지도 않거니와 지극히 겸손해서 구별해내기도 쉽지 않다. 위정자들이 학벌 9단이라고 의기양양한다면, 백성 속에 있는 지도자는 처세 9단이라서 덤덤하기 짝이 없다. '처사處士' 중에 처사인데, 종교나 무속과 아무 관계가 없어 도사인 체하지도 않는다. '사士' 자 들어간다는 박사나 판검사, 변호사가 어찌 감히 짝하랴.

'백성들과 바라는 것이 같으면 그 일은 성사된다'고 했는데, 누구와 바라는 것이 같다는 것일까. 당연히 위정자일 것이다. 그러니까 위정자의 희망과 백성의 희망이 같으면 일이 성사된다는 말이다. 그것이 가능할까. 성숙한 민주주의 나라에서는 충분히 가능하다. 위정자는 겸손하고, 백성은 소박할 테니까 말이다. 위정자와 백성이 '조청에 찰떡

궁합', '된장에 상추쌈 궁합'으로 어우러지면 못할 일이 어디 있겠는가. 그렇지만 위정자가 백성 속에 있지 않고 아웃사이더, 즉 국외자局外者인 체 백성과 거리를 유지하려 하면 이루어질 일이 없을 것이다.

독재국가나 미숙한 민주국가의 위정자는 제 이익만을 취하려 할 것이니 백성과 바라는 것이 같을 수가 없겠다. 백성은 개인으로는 아주 작은 이익에 만족하면서도, 집단심리로는 늘 대의명분을 더 소중하게 여긴다. 나라 걱정을 우선시한다는 말이다. 그러니 정말 유능하고 품격 있는 위정자가 아니면 백성의 희망에 부합할 수 없겠다.

만약 나라의 일이 어긋나기만 한다면, 그것은 전적으로 위정자 탓이다. 그런데도 위정자가 백성을 탓하거나 정적을 탓한다면 권력자의 위세를 잃을 게 분명하다. 일이 잘못되었을 때는 즉시 사죄하고 고쳐야 하는데, 허물을 남의 탓으로 돌린다면 하늘이고 귀신이고 백성이고 모두 외면해버릴 것이다. '허물을 고치면 귀신도 감동하는 수가 있다'고 하잖는가.

1) '백성의 마음이 하늘의 뜻이다'

'사람은 살아서 백 년을 넘기기 어렵고, 죽어서 백 년 동안 무덤을 지키기 어렵다'고 했다. '백 세 시대'라고는 하지만, 극소수의 사람들에게 한정된 말이다. 백 세라는 벽은 아직 높게만 여겨진다. 후손도 제사나 성묘를 통해 백 년을 모시기 힘들다는 뜻이다. 그러니 한 인간이 기억되는 시간은 무척 짧다. 한없이 연약한 삶이지만 살아내는 것이다.

사라마구의 장편《눈먼 자들의 도시》에도 인간의 연약한 삶을 안타깝게 여기는 말들이 쏟아진다. "우리가 이루어낼 수 있는 유일한 기적은 계속 살아가는 거예요, 여자가 말을 이었다. 매일매일 연약한 삶을 보존해 가는 거예요, 삶은 눈이 멀어 어디로 갈지 모르는 존재처럼 연약하니까, 어쩌면 진짜 그런 건지도 몰라요, 어쩌면 삶은 진짜 어디로 갈지 모르는 건지도 몰라요, 삶은 우리에게 지능을 준 뒤에 자신을 우리의 손에 맡겨버렸어요, 그런데 지금 이것이 우리가 그 삶으로 이루어놓은 것이에요."[105]하는 부분이다. 각자가 각자의 삶을 들고 어쩔 줄 모르는 모습이 연상된다.

'사람의 운명은 내일을 모른다'고 했다. '사람은 하루 죽을 것을 모르고, 열흘 살 것만 안다'고도 했다. 그래서 삶은 기적이다. 기적이 그리 흔하고 오래 지속되느냐고 물을 것인가. 인생살이 결코 길지 않다. 살아보겠다고 생각하면 벌써 끝 무렵이다. 아무것도 아닌 삶, 어디로 가야 할지 모르는 삶을 붙들고 견디니까 기적이다. 시시각각으로 절망하는 삶을 이끌고 버티는 것은 사실 개개인에게는 기적과 다름없다. '사람이라는 것은 다 살게 되어 있다'고 했지만, 의지 없이 살아지는 건 아니다. '사람이란 오래 살고 볼 일이라'는 말은 삶에 대한 강한 애착을 갖도록 요구한다. 결국 살아갈 의지가 기적이라는 말이겠다.

크고 작은 공동체 속에서 사니까, 그래도 자연수명까지 사는 사람이 많은 것이다. 만약 고립되어 있으면 삶의 의미를 못 찾아 스스로 서둘러 생을 마감할 것이다. 그러니 백성이 몸을 기대고 있는 공동체는 방향을 잘 잡고 나가야 한다. 백성이 제 삶을 보존해 가는 각자의 기적을 이룰 수 있도록 공동체는 힘을 보태주어야 한다. 그 선도적 역할이 위정자의 임무다. 백성이 바람이 되고, 위정자가 돛이 되어 '순풍에 돛 단 듯' 나가야 한다.

백성이 왜 하늘인가. 백성의 생명은 무한으로 이어지기 때문이다.

권세가야 잠깐 위세를 부리지만, 백성은 자자손손 이어지는 생명이기 때문에 그렇다. 백성은 온몸을 부려 일하지만 위정자는 꾀를 부려 살기 때문이다. 백성은 제 삶을 위해 솔직하지만, 위정자는 백성을 위한다는 가식과 허세로 살기 때문에 그렇다. 백성은 우직함을 삶의 바탕으로 하지만, 위정자는 임기응변으로 살기 때문이다. 무엇보다도 백성은 위정자들처럼 많은 사람 위에 군림하려 들지 않는다. 백성은 위정자보다 소박하게 산다. 소박素朴이란 뜻, 꾸미지 않는다는 것이다.

백성은 희생된 한 사람을 고귀한 생명으로 알지만, 위정자들은 숫자로만 생각한다. 산과 들을 신성한 삶의 터전으로 생각하지, 개발이익으로 생각하지 않는다. 쌀과 곡식을 신성한 먹을거리로 생각하지, 물가를 잡아 환심을 얻으려는 수단으로 생각하지 않는다. 가끔 어리석은 독재자가 백성의 힘을 과소평가하지만, 황소 앞에서 맹꽁이 배 부풀리는 격이다. 권력을 잡고 임자를 못 만나서 그렇다.

위정자는 백성의 뜻에 따라야 한다. 많은 백성이 저를 지지한다는 것을 보여주기 위해 잔꾀를 부리지만 오래갈 수가 없다. 백성이 모든 걸 알아차리는 데는 다만 좀 시간이 걸릴 뿐이다. 하지만 일단 위정자를 추궁하는 일이 시작되었다 하면 위정자는 오래 견딜 수 없다.

가렴주구가 극에 이르면 '백성이 풍년을 바라지 않는다'는 지경이 될 것이다. '흉년에는 백성 인심이 아귀보다 무섭다'고 했지만, 풍년이 되어 사모 쓴 도둑에게 빼앗기는 것보다 나을 것이 없다는 생각 때문이다. '잡초는 밟힐수록 뿌리가 깊어진다', '고인 물도 밟으면 솟구친다'고도 했다. 이것을 모른다면 위정자 자격이 없다.

'백성들은 밥이 하늘이라', '백성은 먹는 것이 하늘이라'고 했다. '미련한 백성은 목구멍이 하늘이라'는 말도 같은 뜻이다. 백성이 바라는 것은 지극히 소박하다. 그 소박한 욕구를 거두어들인 세금으로 만족시켜 주지 못하면 위정자는 원성을 듣게 된다. 원망은 소원이 되고, '백성의 입 막기는 강 막기보다 어렵다'든지, '뭇 사람의 입은 막기 어렵다'고도 했으며, '백성이 원하는 것은 하늘도 따른다'고 했다.

백성들 개개인의 힘은 미약하지만, 한없이 많은 사람들의 의기가 투합하면 불가능이 없다. '참새가 천 마리면 호랑이 눈도 빼 먹는다'거나 '개미가 천 마리면 맷돌을 굴린다', '모기도 천이 모이면 천둥소리를 낸다', '참새가 백 마리면 호랑이 눈깔도 빼먹는다', '똥개도 백 마리면 범을 잡는다'는 말들은, 많은 사람들의 힘이 모이면 얼마나 대단할 수 있는가를 빗대는 속담이다. '강이 모여 바다를 이루고 실이 모여 대망을 이룬다'는 말에서 백성의 뜻이 왜 하늘의 뜻이 되는가를 깨우칠 수 있을 것이다.

작은 땅덩어리를 차지하고 있고 다민족 국가가 아니라서, 백성을 다독여주기가 비교적 수월할 수 있는 나라다. 위정자들이 백성들을 하늘로 삼는다면, 민주국가의 모범을 보여주기에 어렵지 않은 조건이다. 그런데도 제 이익을 위해서는 뻔뻔하게 백성 위에 군림하고, 불리할 땐 법을 빙자하거나 백성 뒤에 숨는 위정자들 때문에 세태가 늘 혼란스럽다.

백성들은 늘 위정자들을 경계해야만 한다. 세계적 지성들이 "인간의 어리석음을 무시하지 말라"고 하는데, 그 어리석은 모습을 위정자들이 가장 잘 보여주기 때문이다. 이 땅의 백성들이 지나치게 정치에 관심을 갖는다고, '정치적 동물'이라 비꼬지만 그래야 한다. 무능하거나 선하지 않은 위정자들이 위험한 짓을 벌이지 않게 항상 감시해야 한다.

'사람이란 지성에는 감동이 된다'고 했다. 백성이 감동하게 하려면 지극한 정성이 필요하다. 위정자들은 바빠서 한곳에 정성을 쏟을 겨를이 없다고 한다. 백성들 보기에 위정자들은 정말 바쁘다. 여기저기 얼굴도장만 찍고 바로 어디론지 사라져버린다. 신출귀몰神出鬼沒이 따로 없다. 백성도 위정자는 바쁘다는 걸 인정한다. 무슨 짓을 하느라고 바쁜지는 모르지만 말이다. '도깨비 땅 마련하듯 한다'는데 그들이 그렇다. 그렇게 많은 사람들이 그렇게 바쁘게 뛰어다니는데 왜 나라 꼴은 이 모양일까.

모든 게 건성이라 그렇다. 어떤 문제를 제 가슴 가운데 두고 차분히 생각하는데, 인색해서 그렇다. '입은 봤다 하고 목구멍은 못 봤다 한다'는 말은, 음식이 너무 적어 먹은 듯 만 듯하다는 뜻으로 쓴다. 건성이라는 것도 여기에 맞춰보자. '눈은 봤다 하고 마음은 못 봤다한다'고 할 수 있다. 표 때문에 왔다가 제 이익을 찾아 홀연히 사라지는 것이다. 백성을 위하는 척, 시늉만 하고 돌아서는 게 위정자들의 행태다. 제 마음속은 제가 제일 잘 알 것이다.

몸과 마음이 건성인데 어찌 백성의 마음을 헤아리겠는가. 어찌 하늘의 뜻이 백성이라는 것을 깊이 인정하겠는가. 위정자들에게는 '인심은 천심'이 아니라 '인심은 표심'일 뿐이다. 그 표심이라는 것도 언제 어떻게 달라질 줄 모르니, 선거 임박해서나 잘 보이면 된다는 생각뿐이다.

위정자들은 바쁜 시간을 어디다 쓰나. 평소에도 군에서 5분대기조 출동하듯 한 언행인데, 공공선 때문에 그럴까? 순진한 백성은 한편으로 의심하면서도 한편으로 믿는다. 백성을 위해 저렇게 바쁘게 뛴다고 말이다.

기대와는 달리 위정자들은 서로 싸우는 데 달인이다. TV에서는 늘 싸움만 중계한다. '불구경 물구경 싸움 구경만큼 신나는 구경은 없다'고 했는데, 정말이지 정치싸움만큼 재미없는 건 없다. 속이 다 들여다보이기 때문이다. 제 이익을 위한 것인 줄 뻔히 아는데, 끝까지 백성을 위한 것이라고 주장한다.

백성은 싸움 구경으로 평생을 보내는 셈이다. 싸움 없는 정치처럼 싱거운 것도 없겠지만, 그것도 싸울 것을 싸우는 싸움이어야 좋다. 백성의 삶에 도움이 전혀 되지 않는 것을 두고 다투니 문제다. '미투리 꼬투리 다 캔다'는 말대로 하염없이 붙잡고 늘어지니, 재미는커녕 증오심만 솟는다고 할 것이다. 그게 뭐 그리 대단하다고 되풀이해서 방송에 내보내니 백성의 혈압만 치솟는다. 연일 매시간 방송에 나오니, 위정자는 그래도 제가 잘난 사람인 줄 알고 더 시건방만 떨어댄다.

'하늘에 머리 두고 사는 인간들치고 죄 안 짓고 사는 놈 없다'고 했듯이, 작고 큰 죄를 누구나 짓고 산다. 사람의 평생은 짧은데 큰 죄를 짓는 수도 있다. 백성은 헤아릴 수 없는 규모. 위정자가 조금만 잘못해도 백성에 끼치는 잘못의 총량은 어마어마한 것이다. 그러니 백성이 하늘이다. 백성이 일거수일투족을 늘 보고 있으니 부디 자중자애할 일이다. '하늘이 만든 화는 피할 도리가 있으나, 제가 만든 화는 피할 수가 없다'고 했다. 백성은 우선 관대하지만 끝내 겸손하지 않으면 냉혹하게 내칠 것이다. '하늘이 다 알아본다'고 하지 않는가.

2) '십 리 인심이 천 리 인심이다'

'마음이 흔들 삐쭉이라', '마음처럼 간사한 것이 없다'고 했다. 울퉁불퉁한 삶이기에 누구나 항심恒心을 갖기가 쉽지 않다. '살다 보면 끙끙 앓는 소리도, 허허 웃음소리도 있다'지만 즐거운 시간보다 고통의 시간이 훨씬 더 잦고 길게 느껴진다. 아무리 '인간사 새옹지마라'

해도, '인간은 어쨌든 살아가기 마련이다'.

인생 황혼기를 맞은 인물의 감성을 보여주는 경우는 많은데, 니코스 카잔자키스의 장편소설《전쟁과 신부》에 등장하는 인물도 한 예다. 바다를 바라보며 앉은 젊은이와 노인이, "걱정마세요, 영감님, 당신의 인생은 어디로 흘러가는지 스스로 알고 있어요. 바다를 향해서, 모든 삶은 바다를 향해서 흘러가지요." 노인이 한숨을 지었다. "그래요, 젊은이, 그렇기 때문에 바닷물이 짜다오. 수많은 사람의 눈물이 모였기 때문에요."[106]한다.

작품 속에 재치와 경구가 수없이 많은데, 이 부분도 그중 하나다. 인생을 바다에 비유하는 경우는 숱하게 많다. 그런데 바다가 눈물이라니. 이념 대립에서 비롯된 내전의 현장에서 이념 조절에 나선 신부의 역할이 탁월하게 제시되는 작품이다. 정치가들의 무능 때문에 인심이 떠나간 자리에 삶의 무상함만이 남는다는 메시지를 준다.

세상을 살아가면서 어찌 피눈물을 흘리지 않을 수 있겠는가. 한평생을 피눈물로 보낸 이가 적지 않으리라. '사람의 일생은 속아서 산다', '사람의 일생은 탄탄대로가 아니라'는데 당연하다. 짧은 생을 한껏 즐겨도 시원찮을 판에 전쟁에 휩쓸려 고통을 겪으면 '이생망'(이번 생은 망했다)이고, '저생무'(저쪽 생은 없다)를 외치며 탄식하게 되리라. 누구나 제가 택일을 해서 태어나고 죽는 것이 아니니 어쩌겠는가.

아무리 유구한 역사와 전통을 가진 나라라도 내전內戰이나 외전(外戰, 다른 나라와 전쟁)에 휩싸이게 되면 인심은 바닥을 친다. '고집불통이면 패가망신한다'는 말은 정치판에서도 그대로 적용된다. 위정자가 백성에 의해 검증되지 않은 제 이념이나 신념에 집착하면 나라에 망조가 든다. 좌익과 우익을 따지는데, 그건 정치판의 책임이다. 위정자가 저울추와 같은 정책으로 무게중심을, 균형을 잡지 못해 생기는 일이다. 웬만큼의 이념 조정은 백성들이 알아서 해낸다. 그런데 위정자 자신의 판단에 따라 극단적 이념을 좇으면 탈이 생길 수밖에 없다. 백성의 이념이란 절대로 극단적으로 대립하지 않는다. 스펙트럼이 아주 넓기 때문에 평균치는 거의 중간지대다.

때로 독재자의 선동과 위협에 의해 한쪽으로 완전히 쏠린 것 같아도, 백성의 속내는 절대 그렇지 않다. 겉과 속이 다를 경우도 있다. 본능적으로 누구나 자유와 평안을 원하기 때문이다. 그래서 큰 힘을 들이지 않고도 이념 갈등을 극복할 수 있다. 그런데 위정자들이 하찮은 제 생각을 고집하느라 극복해내지 못할 뿐이다. 좌우익으로 편 가르기를 해야 제 선명함이 드러날 수 있으니까, 자신이나 제 무리를 기준으로 좌우익이라 몰아붙일 뿐이다. 보수, 진보라는 의미를 제대로 알지 못하며, 다만 상대방을 비난 또는 반대하기 위해 명분을 내세울 뿐이다. 좌우익을 선명하게 내세울수록 인심은 서서히 멀어질 것이다.

'말로는 배를 채우지 못한다'고 했다. '곳간에서 인심 난다'고도 했다. '곳간에서 자비가 난다'는 말도 같은 뜻이다. 백날 말을 쏟아 놓는다 해도 인심을 살 수 없다. '말 많은 잔치에 먹잘 것 없다'는 것을 아주 잘 알기 때문이다. 진정성 있는 말인지 행동인지 백성은 쉽사리 간파한다. 인심은 사실 보수나 진보, 좌익과 우익이라는 이념 선택과 큰 관련이 없다. 말 잔치가 정치라는 걸 알지만, 그렇다고 백성이 배부르고 등 따스한 것만 원하지는 않는다. 품격 있는 위정자가 백성의 품격을 높여줄 것을 더 원한다.

품격을 높이는 일은 1박2일에 되지 않음은 물론이다. 누구나 웬만큼 먹고살아야 기본적인 인품을 가지게 된다. '곳간이 차야 예절을 안다'는 말이 맞다. 그러나 오늘날 나라 경제가 세계와 함께 움직이기 때문에 위정자들의 노력에도 한계가 있다는 걸 잘 안다. 그러니까 그

대신에 품격을 요구하는 것이다.

 나라의 격을 '국격'이라 외치고 다니면서, 오히려 국격을 추락시킨 위정자들을 잘 안다. 앞에서는 백성의 이익을 말하고 뒤에서는 제 이익만 챙기는 위정자를 품격 있다고 말할 수는 없는 일이다. '앞문에 이리를 없애느라고, 뒷문에 호랑이를 넣는다'는 식으로 잔머리를 쓰고, 외교를 한답시고 백성들이 굴욕감을 느끼게 한다면 어찌 국격을 높인다고 할 것인가.

 '십 리 인심이 천 리 인심이라'는 란 말은, 어디를 가도 사람들의 인심은 비슷하다는 뜻을 지닌 속담이다. 위정자들을 두고 지역별로 또는 나이 별로 지지도를 조사하곤 한다. 조금씩 다를 건 당연하다. 그러나 작은 땅덩이에서 다르면 얼마나 다르겠는가. 기본적으로 '사람의 마음은 하루에도 열두 번 바뀐다', '인심은 아침 저녁으로 변한다'는 말이 맞다. '사람 마음은 열 겹 스무 겹이라'고 했는데 그럴 수밖에 없다.

 '민심은 조석변이朝夕變異라'고 했지만, '용한 게 민심이라'고도 했다. '민심이 천심이라'든지, '민심을 얻으면 나라도 얻는다'는 말은 그야말로 한 귀도 어긋나지 않은 네 귀가 반듯한 말이다. '성인도 시속을 따른다'는 것은 '백성은 물과 일반이기' 때문이다. 성인도 백성의 뜻을 따르는데, 위정자가 따르지 않을 것인가. 누구든 '백성들의 신망이 있는 사람은 승리한다'는 것은 필연이다. '없는 백성은 나라도 못 구한다'고 했다. 무엇보다 백성들이 잘 살아야 한다.

 '인심이 천심이다'는 말을 흔히 한다. 백성의 마음이 곧 하늘의 마음이란 뜻이다. 권력자들도 일이 제 마음대로 풀리지 않을 때는 하늘에 기도를 할 것이다. 하늘이 들어주겠는가. 하늘에 기도할 게 아니라 백성을 살펴야 한다. 백성을 향해 기도해야 한다. '인심이 오뉴월 땅

가뭄에 모래밭이라'는 말이 있다. 인심이 아주 고약하다는 뜻이다. 위정자 자신의 언행이 먹혀들지 않으면 백성을 원망하는데, 그 정권은 이미 벼랑에 서 있다고 봐야 한다.

위정자들은 백성들의 마음을 얻어야 하는데 표를 얻으려고 한다. 인심을 사지 못해도 표를 얻을 수 있는 게 민주주의 제도다. "찍어줄 사람이 없다"고 푸념하면서도 할 수 없이 누군가를 선택해야 하는 것이다. 저 잘났다고 나서는 자들치고 정말 잘난 사람이 없는 줄을 잘 안다. '사람 죽는 마당에 잘난 사람 없다'고 했다. 모두 함량이 부족한데 그중 난 사람을 선택하는 게 최선이라니 찍기는 찍는다. 할 수 없이 선택하는 게 인심이다.

어쨌든 백성으로부터 권력을 위임받은 위정자는 인심을 얻도록 최선을 다해야 한다. 우두머리가 되었다고 한시라도 방심하다가는 '게도 망태도 다 잃는다'는 꼴이 된다. '귀염은 제 등에 짊어지고 다닌다'고 했다. 어릴 적에야 누구나 귀염을 받겠다. 어린이에게만 해당하는 말이 아니다. 위정자의 언행이 바르고 사리에 맞으면 백성의 귀염을 받을 것이다. 일류로 빼낸 사람들은 칭찬만 들으며 자랐을 텐데, 백성에게 찬사를 받는 법을 모른다는 게 이상한 일이다. '사람 팔자란 물줄기 같이 둘러댈 탓이라'는 말처럼, 우연히 물줄기가 맞았을 뿐이지 제가 특별히 잘 나서 감투를 얻은 건 아니다.

'바다 속 깊이는 알아도, 한집안 식구 마음 속은 모른다'는 말이 있다. 당연하다. 인간의 마음이 바다처럼 깊어서 모르는 게 아니다. 하도 복잡하게 얽혀서 그런 것이다. '사람의 마음처럼 간사한 것이 없다'고 하였다. 인심을 얻으려면 정을 내세워 동정을 받으려 말고, 일을 잘해서 인정을 받는 길밖에는 없다. '즐거운 일 년은 짧고, 고생스런 하루는 길다'고 했다. 백성에게 즐거움을 못 줄망정 슬픔을 줘서 되겠는가. 정치판이 아니더라도 백성의 삶은 고되다. 나라를 걱정하는 백성은 작은 기쁨도 한껏 누리지 못한다. '한 치 기쁨에는 한 자의 걱정이 있다'는 것을 잘 알기 때문이다.

3) '하늘을 법으로 알고, 땅을 법으로 안다'

'무식은 눈 뜬 소경이다', '모르는 놈은 손에 쥐어줘도 먼산만 바라본다'고 했지만, 무조건 몰아붙일 수는 없는 일이다. 경우에 따라서는 '아는 게 병이고 탈이라'거나 '아는 게 많으면 팔자가 세다'는 말이 맞는 경우가 허다하다. 안다 안다 해도 모르는 것이 더 많은 법인데, 알아봤자 '아홉 마리 소에 터럭 하나만큼'이겠다. 저 살아가는데 최적화된 지식이면 그만이겠다.

서머싯 몸의 《달과 6펜스》에는, 어설픈 지식보다 순박한 사람들의 사랑이 훨씬 낫다는 것을 말하는 부분이 있다. "세상은 참 매정해. 우리는 이유도 모르고 이 세상에 태어나서 이제 어디로 가야 하는지도 몰라. 그러니 겸손하게 살아야지. 조용하게 사는 게 아름답다는 걸 알아야 해. 운명의 신의 눈에 띄지 않게 얌전하게 살아야지. 그리고 소박하고 무식한 사람들의 사랑을 구해야 하는 거야. 그런 사람들의 무지가 우리네 지식을 다 합친 것보다 나아. 구석진 데서 사는 삶이나마 그냥 만족하면서 조용하게, 그 사람들처럼 양순하게 살아가야 한단 말야. 그게 살아가는 지혜야."[107] 하는 것이 그렇다.

운명의 신이 따로 있는지는 몰라도 그의 눈에 띄지 않을 정도로 언행을 삼가며 살라는 말이다. '운명은 담대한 것을 좋아한다'는 말이 있지만, 그것은 굳이 제 운명을 극복해보겠다고 나서는 사람에게 필요한 말이다. 지극히 겸손한 사람은 아주 평온하게 살아간다. '성격이 팔자', '성격이 반팔자'라는 말이 왜 있을 것인가. 별것도 아닌 인생 나대지 말고 얌전하게 살라는 충고다.

"소박하고 무식한 사람들의 사랑을 구해야 하는 거야. 그런 사람들의 무지가 우리네 지식을 다 합친 것보다 나아" 하는 말이 인상적이다. 약은 체하며 사는 것보다는 겸손하고 조용히 사는 것이 최상이라는 말이다. 천진난만, 순진무구한 사람들이 사는 방법인데, 천지의 원리대로 살라는 것이다. 그래서 무지無知라는 것이 오히려 가치가 있다.

'무지각이 상팔자'라는 말이 있다. '무재주가 상팔자'라는 말도 있다. 뭐든 제 몸으로 체득하려면 할수록 팔자가 고될 수밖에 없다는 뜻으로 하는 말이다. 누구나 없는 것보다는 있는 것을 좋아한다. 그래서 될 수 있으면 많은 것을 제 소유로 삼으려 한다. 그러나 아무리 제 것으로 쌓아두려 해도 결국 자연으로 돌아갈 수밖에 없다. 무소유가 최상의 소유가 된다. 그것이 하늘의 법이고 땅의 법이다. 인생사 긴 것 같지만 짧다. '닭은 사람 크는 것을 보지 못하고, 사람은 바위 크는 것을 보지 못한다'지 않는가. 자연사에 비해 인간사는 얼마나 하잘 것 없는가. '논밭이 천 년이면 팔백 번 주인이 바뀐다'고 했다. 애쓰고 애써 땅조각이나 마련했지만 몇 년 몇십 년 동안이나 주인이라 할 것인가. 세상 모든 것에 내가 주인이라 할 것은 하나도 없는 셈이다. 그러니 하늘의 법, 땅의 법에 충실히 따르는 게 최선이겠다.

인간들이 모여 만든 법도法道 또는 인법人法이란 것이, 천도天道 지리地理에 비해 얼마나 하잘것없는 것인가. 하늘의 도리, 땅의 도리는 자연법이다. 인간으로서는 도저히 추측하거나 대응하기 어려운 자연의 질서인 것이다. '하늘이 하는 일과 부모님이 하는 일은 못 말린다'고 하잖는가. 하늘과 땅의 이치대로 제 삶을 맞춰 사는 것이 최상인

정종진 301

건 확실하다.

인간의 법으로 무장한 사람들이 이 사회 전면에 나서면, 오로지 법치국가밖에 될 수 없을 것이라는 건 기우杞憂일까. 법으로 다스리는 사회나 국가가 최선이 될 수 없다는 것을 모를 사람 없을 것이다. 법이란 기본적으로 인간활동을 제한하는 것이기 때문에 늘 최소한만 쓰여야 한다. '지나치게 강하면 반드시 부러진다'고, 법의 쓰임이 과도하면 역효과를 보게 된다. 그런데 법으로 무장한 사람들이 스스로를 법으로 다스리겠는가. 법을 이용하기만 할 것이다. 법을 이용해 제 이익을 얻는데 전념할 것이다. 법으로 다스려도 법치국가까지 못 간다. 오히려 육법으로 부족한 세상이라는 것만 확인할 뿐일 것이다.

법으로 이끌거나 다스린다고 생각하지 말고 덕德으로 다독거린다는 생각으로 자세를 갖출 일이다. 인간은 덕을 바탕으로 자연에 안겨야 한다. 자연의 원리를 깨우치고 순응해야 한다. '하늘은 덮어주지 않는 게 없고, 땅은 실어주지 않음이 없다'고 하지 않던가. 원만하고 포용적인 성격을 지니면 갈등을 덜 겪게 된다.

자각적 인간, 자율적 인간들이 정치판, 정치가를 탐탁하게 생각하지 않는 건 당연하다. 그래서 아나키스트가 된다. 아나키스트를 무정부주의자라고 번역을 하는데, 무강권주의자無強權主義者라고 해석을 하면 좋다. 권세로 몰아붙이는 모든 것을 거부하는 사람이다. 특히 법을 내세우며 자행하는 국가폭력에 저항하는 평화주의자다.

권력자는 때로 국가폭력을 강력히 행사한다. 무고한 백성들까지도 희생할 수밖에 없는 경우가 허다하다. '미운 파리 잡으려다 고운 파리 죽인다'는 말이 있는데 그 짝이다. 특히 함부로 전쟁을 하여 백성을 죽음과 절망으로 몰아넣는 경우는 최악이다. '임금님의 하늘은 백성이고, 백성의 하늘은 밥이라'고 했는데, 삶의 질을 좀 높여보고자

거리에 나와 시위를 하면 공권력을 동원해 위협을 가하기 일쑤다.

사실 '공권력'이란 말을 엄격하게 분별해낼 필요가 있다. 권력자 개인이나 그 무리에 유리하도록 군대나 경찰을 동원할 경우는 진정한 공권력이 아니다. 공권력을 사권력으로 만드는 것이다. 나라와 백성을 위해 동원할 때 진정한 공권력이 된다. 백성들이 제 삶을 위해 나설 때, 군인 경찰을 동원하여 제압하는 것은 공권력을 사권력으로 전락시키는 일이다.

백성이 백을 원하면 하나라도 주면서 위로해야 될 텐데, 주던 것도 빼앗는다고 협박을 가해 쫓아버린다. 법과 원칙대로 한다고 매번 외쳐대는데, 제발 정치판이나 법과 원칙의 모범을 보이고서 말할 일이다. '법에는 구멍이 뚫려 있다'고 하는데, 그 구멍으로 빠져나올 수 있는 사람은 법을 아는 사람뿐이다.

자연법, 천지법이라 말을 할 수 있을까. 그러니까 인간 최소한의 도리로 사는 법이라 할 수 있겠다. 이런 사회가 가능할 수 없다고 믿는다. 아주 작은 공동체는 가능할 수도 있을 것이다. 마하트마 간디가 제시하는 것이 그렇다. 큰 규모의 공동체에서는 도저히 가능할 것 같지 않다. 유토피아에도 인법이 있으니까 말이다. 그러나 가능하지 않더라도 목표로 삼고 닮으려 애써야 한다.

의회가 각각의 경우에 따라 적당한 처벌을 결정합니다. 범죄가 무거워 당국이 다루어야 할 경우를 제외하고는 공공의 도덕을 위해서 남편은 아내를 처벌할 책임을, 어버이는 자식을 처벌할 책임을 집니다. 중죄에 대한 처벌은 노예입니다. 유토피아인들은 죄수의 입장에서는 노예가 되는 것이 사형 선고와 마찬가지로 고통스러우며, 또한 사회를 위해서도 곧장 처벌해 버리는 것보다 유익하다고 말합니다. 살아 있는 노동자는 죽은 노동자보다

가치가 있고, 또한 장기적인 억제 효과를 거둘 수 있기 때문입니다.[108]

토마스 모어의 《유토피아》에서 인용한 부분이다. 작품의 곳곳에 규칙과 법률이 엄연히 제정되어 있음을 알게 된다. 인간이 아무리 유토피아를 창안한다 해도 역시 법 없는 공동체가 가능하지 않다는 것을 깨닫게 된다. 《유토피아》가 후에 공산주의 사상의 모태가 되었다는 것은 읽은 사람이면 누구나 인정할 수밖에 없다. 인간 본성 중 가장 강력한 것이 권위본능이겠다. 권력에 중독된 사람은 이 세상을 《유토피아》처럼 설계해보고 싶은 충동에 빠지게 될 것이다. 그 과정에서 법은 어차피 공동체를 유지하는 기본 수단이 된다.

시대가 갈수록 새로운 법은 자꾸 생겨나고, 촘촘한 법망으로 인간의 삶을 까다롭게 만든다. 최소한의 법으로 만족하는 사회가 유토피아일 텐데, 소규모 농경사회로 회귀하면 가능할 것인가.

인간은 참으로 오랜 시간을 두고 열심히 진화해 왔다. 그 진화란 자연 속에서 살며 제 몸을 최대한으로 활용해 이루어진 결과였다. 그래서 몸과 정신이 최적화되었다. 평화롭고 안정된 인간사회가 되도록 이끌어가야 할 것이었는데, '방자한 엘리트' 때문에 퇴행하기 시작했다. 야만성이 한껏 드러나 살육전이 끊기지 않고 있으며, 언제 인류 전체가 멸종할 수도 있다는 걱정에 시달리는 형편이다. 다양한 문명의 기구 덕분에 화려하고 풍성한 삶을 누리는 것 같지만, 정신은 계속 위축되고 평안한 날이 드물어지는 것도 사실이다. 이러한 인간의 퇴행은 어느 나라를 막론하고 정치, 정치가들에 의해 저질러지는 것이 대부분이다. 소수의 권력욕에 절대다수의 인류애가 무시되고 있다.

하늘과 땅을 법으로 알고 사는 사람들은 자신들의 소박한 세계관을 더욱 굳세게 지녀야 한다. 그러면서 인간애를 좀먹는 위정자들의 야욕을 늘 감시하고 교정해주어야 한다. 그러기 위해서는 늘 지혜로움을 터득하는 수련을 하고 항상 각성하고 깨어있어야 하겠다.

하늘과 땅의 법보다 인간의 법이 우선이라고 생각하는 천박함을 어쩌랴. 이거야말로 "참을 수 없는 존재의 가벼움"이겠다. 하루에도 수십 차례 법과 원칙, 법과 정의를 내세우는 위정자들의 경박함을 보라. 제가 지은 죄는 "나 몰라라" 하고, 남의 죄를 캐려는 파렴치를 어이 할까. '하늘 모르는 벼락을 맞는다'는데, 안타까운 일이다.

정치, 정치가들 때문에 받는 스트레스를 줄일 수 있는 방법은 더욱 강하게 불합리한 정치판과 정치가에게 맞서는 수밖에 없다. 정치가들이 백성의 삶을 걱정해야 하는데, 오히려 백성들이 정치가들을 걱정하고 있으니 기가 찰 일이다. '굶주리면 법도 무서운 줄을 모른다'고 했다. 굶주린다는 것이 꼭 먹을 것만 뜻할까. 정의, 자유, 평화와 같은 것도 마찬가지다. '정의에 굶주리면 법도 무서운 줄을 모른다'는 말도 가능하다. 법 무서운 줄은 모를지라도, 하늘의 법, 땅의 법 무서운 줄 모르면 안 될 일이다.

4) '남을 믿으면 남에게 지배를 당한다'

크고 작은 감투를 쓴 위정자들의 처세법은, 마냥 '믿는 건 대감뿐이라'고 할 것이다. 그러나 한번 삐끗하면 '믿는 나무를 곰이 차지한다', '믿었던 돌에 발뿌리를 채였다' 하며 소란을 피울 것이다. '믿을 것도 못 믿을 것도 사람이라'고 했는데, 한번 데고 나서는 '세상에 믿을 놈 하나도 없다'며 '초라니 방정을 떠는' 것이다. 이렇게 되면 누군가에게 지배당하고 있었다는 사실을 인정하는 처지가 된다. 인간이 인간에게 지배당하는 것처럼 서글픈 경우는 없을 것이다. 차라리 농부처럼 '믿을 건 땅밖에 없다'고 생각하면 스스로 듬직할 것이다. 자연은 지배하지 않고 품에 안아주기 때문이다.

　이 나라의 백성들 먹을거리와 농사에 특별한 관심을 가지고 펴낸 《쌀과 민주주의》라는 천규석의 저서를 보면 왜 공동체가 필요한지를 깨닫게 된다. 얼마든지 자율적으로 해결할 수 있는 먹을거리와 농사꾼들의 삶이 잘못된 방향으로 가고 있다는 것을 터득하게 한다. "타율에 의한 강제적 복지와 행복은, 복지도 행복도 아닌 또 하나의 소외일 뿐이다. 정치 아닌 자치, 경제적 예속 아닌 자급자족적 상호의존의 공동체만이 진정한 복지와 행복을 약속한다. 복지와 행복은 본디 공동체에 속한 것이었다. 그런데 이 공동체에 국가와 시장이 다투어 개입함으로써 공동체 본래의 자치적 행복과 복지조차 제도화·상업화시키고 지배와 수탈의 도구로 만든다."[109]는 주장이다. 백성이 상식으로 알고 있는 것과 정부가 생색내는 복지는 진정한 복지가 아니라는 것을 깨닫게 된다

　쌀과 민주주의가 무슨 관계가 있느냐고 말할 것이다. 자급자족이다. 민주주주의는 자급자족하는 터전에서 한껏 발전한다. 자급자족해야 남에게 지배를 당하지 않는다는 말을 하려는 것이다. 개개인의 삶으로부터 지역공동체, 나라 살림까지 자급률이 높아야 다른 세력으로부터 지배당하지 않을 것이 뻔하다.

　경제대국이니 민주국가니 떠들지만, 내실이 있어야 한다. 행여 선진국이란 소리를 듣더라도 겸손해야 한다. 늘 겸손하게 행동하면서 부국강병에 힘써야 한다. 남들이 좀 띄워준다고 흥분할 일이 아니다. 내우외환은 언제 닥칠지 모르니 늘 준비해야 한다.

　나라에 대한 평가가 좋아지면 위정자들은 제 덕인 것처럼 백성

앞에서 우쭐대지만, 아직도 강대국 앞에서는 작아지는 몸짓을 어쩌지 못한다. 그동안 남을 너무 믿어서 허약해진 것이 많다. 외교도 늘 강대국 눈치를 보아야 하고, 국방도 우리 마음대로 할 수 없으니 완전한 독립국이라 하기 힘들다. 경제 기반이 웬만큼 튼튼하고 또 성실한 백성이 있는데 왜 나라의 힘이 제대로 갖춰지지 않나, 반성할 일이다. 세계 몇째 가는 수출강국, 군사강국, 경제대국이라는 허세를 부리고 있다. 세계 경제가 조금만 나빠지면 금방 허물어질 것 같지 않은가. '허울 좋은 하늘타리라'는데 그 짝이다. "강대국이 기침을 하면 우리나라는 감기가 걸린다"고 하지 않는가. '복어 헛배만 불렀다'는 격이다.

아무리 뭐라 해도 이제껏 조상 덕에 살았다. 그리고 열심히 일하는 백성 덕에 살고 있다. 앞으로 무슨 복에 살 것인가. 정치가들이 정신을 차리지 않으면 복이 쫓겨 달아날 것이다. '복이 지나가면 재앙이 온다'고 하지 않던가. 복福 잃고 무슨 복으로 살 것인가. '복 없는 놈은 개 복으로도 산다'고 했는데, 개의 복으로 살려 하나. 그래서 그렇게 개를 많이 볼 수 있는가. '복을 받고 싶으면 마음씨를 고치랬다'는 말은 누구에게나 해당되는 말이다.

정치는 "주권자가 나라와 국민을 다스리는 일"이라고 보통 사람들은 생각하고 있다. 백성은 주권자가 결국 자신이라는 것을 잘 알고 냉정히 바라보고 있는데 반해, 소수의 위정자들은 제 권력에 취해서 '하늘이 낮다고 펄펄 뛴다'는 느낌을 받게 한다. 백성이 충고를 하면 '어디 십 리 밖에서 동네 개가 짖냐'는 듯 무시해버리는 위정자들을 더 이상 지도자로 생각할 필요가 없다. 백성의 각성은 점차 수준이 높아지는데, 정치가들의 수준이 그에 미치지 못하니 위정자들을 각성시키는 일은 끝내 백성들 몫이 되었다.

'이 세상에서 제일 재미있는 것이 불구경과 싸움 구경이라'고 했는데, 어찌 정치인들의 싸움만은 재미가 없을까. 재미는커녕 울화통만 치미는 것일까. 오죽 답답하면 백성이 온통 노래를 즐기고 있겠는가. '가슴 답답 애 답답은 노래로 푼다'고 했잖는가. 백성을 위해서가 아니라 제 이익을 위해, 위정자들이 밤낮 없이 싸우는 모습을 보면 '복이 들어오는 문을 닫는다'는 생각을 어찌 하지 않겠는가.

TV는 온통 정치싸움만 도배하고 있으니 백성들의 정신과 몸이 건강해질 수가 없다. 먹방 프로나 노래 프로가 너무 많다고 생각하지만, 정치에 비하면 조족지혈이다. 정치가들의 아옹다옹 티격태격은 정말 못 봐줄 정도다. "위정자들의 위정자들에 의한 위정자들을 위한" 방송 같아서 심화가 커진다. "텔레비전은 이류의 사람들이 공급하는 맛없는 음식과 같다. 나는 차라리 일류의 사람들에게서 건빵을 받아 씹는 쪽을 택하겠다"[110]는 스코트 니어링의 TV 부정론을 이해할 수 있겠다.

위정자들이 겸손하거나 염치가 있다면, 백성에게 싸움질이 드러나는 것을 부끄러워 할 것이다. 백성을 하늘로 안다면 막말을 하거나 싸움질을 할 때마다 죄송하다는 말을 입에 달고 살아야 마땅하다. 자기들 싸움이나 한껏 보고 판정해 달라는 듯하니 파렴치의 끝판이다. '미운 년 분 바르고 이래도 밉냐고 한다'더니 그 짝이다. 그러니, '미운 놈 죽으라기보다는 저 죽는 게 편하다'고, 백성이 죽어야 하나. '바람 잘 날 없는 나무는 지엽枝葉만 고달프다'더니 맞는 말이다.

정치는 교통정리다. 길이 막히지 않도록 잘 정리하는 역할이다. 정치는 평형을 유지하기 위한 막대저울의 추다. 현재 법원의 심볼마크가 균형을 유지하고 있는 저울인데, 정치의 상징과 신념도 그래야 한다. 가진 놈이나 못 가진 놈이나, 배운 놈이나 못 배운 놈이 너무 억울하게 살지 않도록 균형감각을 가지고 권리나 복지를 교통정리 하는 것이 위정자들의 임무다.

내우외환內憂外患이란 말이 있다. '안팎 곱사로 뒤말린다'는 속담과 같은 뜻이다. 이쪽저쪽으로 모두 화를 당한다는 말이다. 국내, 국외의 걱정거리로 백성이 고통을 받는 일이 허다했다. 안에서는 못난 정치가 때문에, 밖에서는 악한 침략자들로 인해 백성 모두가 환란을 겪었다. 그러니 누구를 믿을 수 있을 것인가. '때와 운은 나라도 어쩔 수 없다'지만, 역사를 확인하면 대부분 내우외환은 위정자가 못난 탓이었다.

백성 앞에서 권력 싸움이나 하며 세월을 보낸다는 것은 다른 나라에 좋은 기회를 주는 것이다. 방휼지쟁蚌鷸之爭, '황새와 조개 싸움에 어부만 이득 본다'는 격이 될 것이다. 조상들은 수많은 내우외환을 극복하면서 나라를 이 시대 백성들에게 넘겨줬다. 그런데 배은망덕하게 싸움질로 세월을 보내는가. 백성들 가슴에 불 지피는 짓을 그쳐야 한다. '두꺼비 싸움 누가 질지 이길지 누가 안다더냐'고, 그걸 백성이 끝까지 참고 봐야 하겠는가.

'첫 모 방정에 새 까먹는다', '첫 모 방정은 새도 안 까먹는다'는 말 속에 뜻이 있듯, 수준 낮은 정치가 초장부터 깝쳐대면 속이 편할 리 없다. '초장에 까부는 게 파장에 매 맞는다'고 하는데, 대부분 권력자들이 그렇게 시작했다 그렇게 끝난다. '초장에 초싹 파장이 파삭'이 늘 보게 되는 패턴이다. 세간에 노인들이 우스개로 하는 말이 있다.

예순에는 배운 놈이나 배우지 않은 놈이나 같고, 일흔에는 마누라 있는 놈이나 없는 놈이나 같고, 여든에는 가진 놈이나 못 가진 놈이나 같고, 아흔에는 공동묘지에 있는 놈이나 집에 있는 놈이나 같고, 백 살에는 공동묘지에 있는 놈이 더 행복하다.

내버려 뒤도 차이가 없다는 말이다. 예순이 넘으면 인간의 가치가 형편없이 낮아진다는 뜻을 재미있게도 표현했다. 개개인의 인생은 잠깐이다. 배웠다는 것, 가지고 있는 것, 다 두고 떠날 인생이니 제발 경거망동하지 마라. 아무리 제 우두머리라도 잘못하면 잘못한다고 말하고, 충정 어린 말을 듣지 않으면 뛰쳐나와라. 그게 제 영혼을 평안하게 하는 왕도다.

'남을 믿으면 남에게 지배당한다'는 속담에서 '남' 대신 말을 바꿔 보자. '못난 정치를 믿으면 정치에게 지배당한다', '못난 정치가를 믿으면 정치가에게 지배당한다'는 말이 된다. 정치판, 위정자들이 각성하지 않는 한 이런 말은 유용하다. 못난 위정자들을 믿지 않는 대신 주변에서 믿고 살 사람들을 찾아야 한다.

특히 거리정치를 믿지 마라. 현수막 정치도 정치며, 상시 정치활동이다. 평민들이 현수막을 걸었다 하면, 철거반이 잽싸게 떼어버린다. 벌금도 있을 것이다. 그런데 정당이나 위정자들이 자기들 선전하는 것은 내버려 둔다. 위정자들이 누리는 특권이다. 집에서는 TV가, 밖에서는 현수막이 백성의 복장을 내지른다. 비판의 눈으로 보지 않으면 '가랑비에 속곳 젖는 줄 모른다'고 못난 위정자가 내 속에 침투해 들어온다. '처음에는 겨 핥던 개가 나중에는 쌀 먹는다'고, 나중에는 '미워도 다시 한번' 꼴이 된다. 난세가 따로 없다. 세상이 혼란스럽게 돌아가면 난세다. '난세에는 하늘이 끝도 없이 인물을 점지해낸다'고 했는데, 인물이 따로 없다. 백성 개개인이 다 인물이다. 동학 3대 교주들의 말이 맞다. 시천주侍天主, 양천주養天主, 인내천人乃天, 그러니까 백성 모두가 하늘이 내는 인물이다.

'사람이 사람을 믿지 않는 것처럼 큰 죄는 없다'고 했다. 그러나 못된 위정자들은 거짓말을 밥 먹듯 하지 않는가. 차라리 속담을 바꿔,

'사람이 사람을 못 믿게 거짓말을 하는 것처럼 큰 죄는 없다'고 해야 하리라. 남을 믿지 않는 대신 저 스스로가 기대거나 비빌 언덕을 찾아야 한다. 사람들이 그것을 공동체라고 말한다. 정치, 정치가의 간섭을 받지 않고 자율적으로 움직이고 생산하는 소규모사회를 대안으로 제시하는 것이다.

정치, 정치가에게 지배당하지 않는 가장 중요한 방법 중 하나는 백성의 강력한 유대와 각성이다. 강력한 유대와 각성이라는 것은 위에서 말한 자율적 공동체 형성과 결국은 같은 말이다. 그러기 위해서는 우선 백성 개개인의 각성이 전제된다. 개인이 소소한 제 이익을 통해 정부, 정치가를 볼 것이 아니라 대의와 정의를 겨냥해야 한다. 대의는 나를 크게 아름답게 하는 것이다. 큰 아름다움은 작고 큰 공동체를 위해 내가 기여하는 일이다.

개인이 각성해서 공동체를 이루면 민중民衆이 된다. 각성한 사람들의 집단 혹은 공동체는 막강한 힘을 가지게 된다. 크고 작은 우두머리들도 어쩔 수 없는 세력이 형성되는 것이다. 제 이익을 위해 소신을 바꾸든지 자주 지조를 바꾸는 철새위정자들도 심판할 수 있다. 정치판에서 아무리 못된 짓을 하려 해도 각성한 공동체가 막으면 될 일이 없다. 그럴 때 백성은 지배되지 않는 것이다. 내우외환을 능히 극복할 수 있다. 서양의 누구 말대로, "정치에 무관심하면 가장 저급한 인간에게 지배당하게 된다"는 말을 항상 가슴에 새겨 넣어야 하겠다.

'깍깍한다고 모두 까마귀일까' 하는 말이 있다. 못난 위정자들만 있는 게 아니다. 훌륭한 정치가들도 분명 적지 않을 것이다. 누가 욕을 하든 말든 백성들을 위해 소처럼 묵묵히 일하는 정치가들이 분명 많이 있다. '미운 파리 치려다 고운 파리가 상한다', '미운 풀이 죽으면, 고운 풀도 죽는다'고, 훌륭한 정치가들까지 도매금으로 매도당하기 일쑤다. 못난 위정자들이 너무 설쳐대니, '암까마귀인지 수까마귀인지 어찌 알랴'는 세태가 되었다. '선한 끝은 있다'고 했다. 백성이 결코 외면하지 않을 것이다.

미주

1 최명희, 《혼불 8권》(한길사, 1996), 107쪽.
2 Y. N. Harari, Sapiens (조현욱 옮김, 《사피엔스》, 김영사, 2016), 124쪽.
3 알렉산드르 솔제니찐, 《수용소군도 제1권》(김학수 옮김, 열린책들, 1988), 207쪽.
4 서머싯 몸, 《달과 6펜스》(송무 옮김, 민음사, 2000), 10~11쪽.
5 미하엘 엔데, 《끝없는 이야기》(허수경 옮김, 비룡소, 2003), 17쪽.
6 밀란 쿤데라, 《참을 수 없는 존재의 가벼움》(이재룡 옮김, 민음사, 1999), 14~15쪽.
7 마리오 바르가스 요사, 《리고베르토 씨의 비밀노트 제1권》(새물결, 2010), 196쪽.
8 니코스 카잔차키스, 《그리스 인 조르바》(이윤기 옮김, 열린책들, 2008).
9 주제 사라마구, 《눈먼 자들의 도시》(정영목 옮김, 해냄, 2010), 114~115쪽.
10 알퐁스 도데, 〈마지막 수업〉, 《피천득 문학 전집 6》(정성호 책임편집, 범우사, 2022), 39쪽.
11 Mark Twain, Adventures of Huckleberry Finn (김욱동 옮김, 《허클베리 핀의 모험》, 민음사, 2004), 67쪽.
12 마르쿠스 아우렐리우스, 《명상록·행복록》(황문수·최현 옮김, 범우사, 2000), 176쪽.
13 너새니얼 호손, 〈큰 바위 얼굴〉, 《피천득 문학 전집 6》(정성호 책임편집, 범우사, 2022), 92쪽.
14 D. Acemoglu, J. Robinson, Why Nations Fail (최완규 옮김, 《국가는 왜 실패하는가》, 시공사, 2012), 648쪽 참고.
15 주제 사라마구, 《눈뜬 자들의 도시》(정영목 옮김, 해냄, 2010), 250쪽.
16 허균, 〈공정한 인재등용〉, 《누추한 내 방》(김풍기 옮김, 태학사, 2003), 187~188쪽.
17 Italo Calvino, 《반쪼가리 자작》(이현경 옮김, 민음사, 1997), 111쪽.
18 Chinua Achebe, No Longer at Ease (이소영 옮김, 《더 이상 평안은 없다》, 민음사, 2009).
19 윤흥길, 《완장》(현대문학사, 1983), 34쪽.
20 오르한 파묵, 《눈》(이난아 옮김, 민음사, 2005), 제2권, 99~100쪽.
21 김진경, 〈복어새끼처럼 왜 그런대유〉, 《닭벼슬이 소똥구녕에게》(실천문학사, 1991), 67~68쪽.
22 헨릭 시엔키에비츠, 《쿠오 바디스 제2권》(최성은 옮김, 민음사, 2010), 65~66쪽.
23 정양, 〈수수깡을 씹으며〉, 《수수깡을 씹으며》(청사, 1984), 23쪽.
24 대니얼 디포, 『로빈슨 크루소』(윤혜준 옮김, 을유문화사, 2008), 255~256쪽.
25 김명수, 〈늑대와 개〉, 《하급반교과서》(창작과비평사, 1983), 15쪽.

26 陳淳,《北溪字義》(김영민 옮김, 예문서원, 1995), 215쪽.
27 D. Morris, The Human Animal, (황현숙 옮김,《머리 기른 원숭이》(까치, 1996), 59쪽.
28 허균,〈공정한 인재등용〉,《누추한 내 방》(김풍기 옮김, 태학사, 2003), 190~191쪽.
29 루이제 린저,《삶의 한가운데》(박찬일 옮김, 민음사, 2010), 151쪽.
30 M. Harris, Our kind who we are where we came from where we are going (김찬호 옮김,《작은 인간》, 민음사, 1995), 320쪽.
31 김수영의,〈우선 그놈의 사진을 떼어서 밑씻개로 하자〉,《김수영 전집 1》(민음사, 2003), 179~183쪽.
32 정약용,〈귀족들에게는 희망이 없습니다-형님께 1〉,《뜬 세상의 아름다움》(박무영 옮김, 태학사, 2001), 140~143쪽.
33 대명세,〈그대, 돈의 신이여〉,《연꽃 속에 잠들다》(이종주 옮김, 태학사, 2005), 255쪽.
34 김수영,〈육법전서와 혁명」〉,《김수영 전집 1》(민음사, 2003), 187쪽.
35 김진경,〈전쟁과 평화〉,《닭벼슬이 소똥구녕에게》(실천문학사, 1991), 89쪽.
36 조정래,《태백산맥》(해냄, 1997), 제1권, 130쪽.
37 김삿갓,〈돈錢〉,《김삿갓 풍자시 전집》(이응수 정리, 실천문학사, 2000), 133~134쪽.
38 윤기,〈사람이 짐승만도 못하다오〉,《차라리 벙어리로 살리라》(임완혁 옮김, 태학사, 2009), 52쪽.
39 이옥,〈선생, 세상의 그물을 조심하시오〉,《선생, 세상의 그물을 조심하시오》(심경호 옮김, 태학사, 2001), 78~79쪽.
40 정약용,〈작록과 지위〉,《다산어록청상》(정민, 푸르메, 2010), 80쪽.
41 이황,〈벼슬과 학문 사이〉,《퇴계와 고봉, 편지를 쓰다》(김영두 옮김, 소나무, 2003), 38쪽.
42 아이스퀼로스,〈아가멤논〉,《소포클레스 비극 전집》(천병희 옮김, 숲, 2008), 58쪽.
43 셰익스피어,〈맥베스〉,《셰익스피어 4대 비극》(이태주 옮김, 범우사, 1996), 237쪽.
44 김구,《백범일지》(도진순 주해, 돌베개, 2002), 425쪽.
45 한승원,《추사》(열림원, 2007), 172쪽.
46 박노해,〈하늘〉,《노동의 새벽》(풀빛, 1984), 14쪽.
47 셰익스피어,〈햄릿〉,《셰익스피어 4대 비극》(이태주 옮김, 범우사, 1996), 32쪽.
48 유몽인,〈범의 꾸짖음〉,《나 홀로 가는 길》(신익철 옮김, 태학사, 2002), 55쪽.
49 G. Orwell, The Road to Wigan Pier(이한중 옮김,《위건부두로 가는 길》, 한겨레출판), 290~291쪽.
50 김수영,〈거대한 뿌리〉,《김수영 전집 1》(민음사, 2003), 286~287쪽.

51 윌리엄 포크너,《내가 죽어 누워 있을 때》(강명주 옮김, 민음사, 2003), 268쪽.
52 정약용, 〈고시 27〉(박석무 지음,《다산 정약용 유배지에서 만나다》, 한길사. 2003), 323~324쪽.
53 소포클레스, 〈필록테테스〉,《소포클레스 비극 전집》(천병희 옮김, 숲, 2008). 439쪽.
54 로버트 프로스트, 〈가지 않은 길〉,《나는 미를 위하여 죽었다, 피천득 문학전집 4 》(피천득 옮김, 범우사, 2022), 127~128쪽.
55 정호승, 〈비익조〉,《항아리》(열림원, 1999), 26~27쪽.
56 풍우란,《중국철학사, 상》(박성규 옮김, 까치, 1999), 529쪽.
57 풍우란,《중국철학사, 상》(박성규 옮김, 까치, 1999), 530쪽.
58 송기숙,《『녹두장군 제2권》(창작과비평사, 1989), 179쪽.
59 조나단 스위프트,《걸리버 여행기》(이동진 옮김, 해누리, 2001).
60 윤기,〈아첨하는 사람의 심리〉,《차라리 벙어리로 살리라》(임완혁 옮김, 태학사, 2009), 97~98쪽.
61 허균, 〈자연의 법도와 인간의 법도〉, 《누추한 내 방》(김풍기 옮김, 태학사, 2001), 204~205쪽.
62 레마르크,《개선문》(홍경호 옮김, 범우사, 1999).
63 조셉 콘래드,《로드 짐 1권》(이상옥 옮김, 민음사, 2009), 314쪽.
64 정약용의 산문 〈입을 속이는 방법 – 가〉」,《뜬 세상의 아름다움》(박무영 옮김, 태학사, 2003), 52쪽.
65 M. Sandel, Justice (이창신 옮김,《정의란 무엇인가》(김영사, 2010). 274쪽.
66 오탁번, 〈정말 거짓말〉,《오탁번 시전집》(태학사, 2003), 421쪽.
67 Peter Collett, The Books of Tells (박태선 옮김,《몸은 나보다 먼저 말한다》, 청림출판, 2004), 343쪽.
68 루이제 린저,《삶의 한가운》」(박찬일 옮김, 민음사, 2010), 59~60쪽.
69 Peter Collett, The Books of Tells (박태선 옮김,《몸은 나보다 먼저 말한다》, 청림출판, 2004), 331쪽.
70 윤기, 〈이 세상에 공평한 말은 없다네〉,《차라리 벙어리로 살리라》(태학사, 2009), 79~80쪽.
71 이가환,〈공언公言과 감언敢言〉,《나를 돌려다오》(태학사, 2003), 217쪽.
72 Peter Collett, The Books of Tells (박태선 옮김,《몸은 나보다 먼저 말한다》, 청림출판, 2004), 176쪽.
73 윤기,〈차라리 벙어리로 살리라〉,《차라리 벙어리로 살리라》(임완혁 옮김, 태학사,

2009), 178~179쪽.
74 M. Harris, Our kind who we are where we came from where we are going (김찬호 옮김,《작은 인간》, 민음사, 1995), 326쪽.
75 이시영,〈나라 없는 나라〉,《호야네 말》(창작과비평사, 2014), 45쪽.
76 이승환, "권력",《우리말 철학사전 3》(지식산업사, 2003), 97~98쪽.
77 J. Stiglitz, The Price of Inequality (이순희 옮김,《불평등의 대가》, 열린책들, 2013), 203~204쪽.
78 파울로 코엘료,《일러스트 연금술사》(최정수 옮김, 문학동네, 2010), 130쪽.
79 홍명희,《임꺽정 전10권》(사계절, 1985)
80 소포클레스,〈안티고네〉,《소포클레스 비극 전집》(천병희 옮김, 숲, 2008), 109쪽.
81 시애틀 추장,〈어떻게 공기를 사고판단 말인가〉(류시화,《나는 왜 너가 아니고 나인가》, 김영사, 2003), 16~17쪽.
82 H. Nearing · S. Nearing, Continuing the Good Life (윤구병 · 이수영 옮김,《조화로운 삶의 지속》, 보리, 2002), 231쪽.
83 한윤정,〈고래가 지구상에서 사라진다면〉,《경향신문》(2021년 2월6일).
84 김용택,〈섬진강 1〉,《섬진강》(창작과비평사, 1985), 6~7쪽.
85 김춘성,〈해월 사상의 현대적 의의〉,《해월 최시형과 동학 사상》(부산예술문화대학 동학연구소 엮음, 예문서원, 1999), 60쪽.
86 H. D. 소로우,《월든》(범우사, 1995), 391쪽.
87 E. Follath · A. Jung, Der Neue Kalte Krieg (김태희 옮김,《자원전쟁》, 영림카디널, 2008), 31쪽.
88 조태일,〈국토서시〉,《국토》(창비, 2008), 6~7쪽.
89 문병란,〈백성〉《새벽의 서》(일월서각, 1983), 158~159쪽.
90 R. W. Emerson, Representative Men (정광섭 옮김,《위인이란 무엇인가》, 동서문화사, 2010), 258쪽.
91 밀란 쿤데라,《참을 수 없는 존재의 가벼움》(이재룡 옮김, 민음사, 1999), 256쪽.
92 A.Bonerjee, E. Duflo, Poor Economics (이순희 옮김,《가난한 사람이 합리적이다》, 생각연구소, 2020), 9쪽.
93 김관식,〈한강수 타령〉,《다시 광야에》(창작과비평사, 1976), 18~19쪽.
94 Isabella Bird(Mrs Bishop), Korea and Her Neighbours (이인화 옮김,《한국과 그 이웃나라들》, 살림, 1994), 212쪽.
95 Isabella Bird(Mrs Bishop), Korea and Her Neighbours (이인화 옮김,《한국과 그 이웃나라들》, 살림, 1994), 209쪽.

96　김명수, 〈주먹원숭이〉,《하급반교과서》(창작과비평사, 1983), 65쪽.
97　Shelly Kagan, DEATH (박세연 옮김,《죽음이란 무엇인가》, 앨도라도, 2013), 442쪽.
98　장 드 라 퐁텐,《라 퐁텐 그림 우화》(박명숙 옮김, 시공사, 2004), 17쪽.
99　김관식, 〈한강수 타령〉,《다시 광야에》(창작과비평사, 1976), 23쪽.
100　찰스 디킨즈,《올리버 트위스트》(윤혜준 옮김, 창비, 제2권), 91쪽.
101　J. Saramago,《눈뜬 자들의 도시》(정영목 옮김, 해냄, 2010), 28쪽.
102　소포클레스,〈아이아스〉,《소포클레스 비극 전집》(천병희 옮김, 숲, 2008), 285쪽.
103　정희성, 〈아버님 말씀〉,《저문 강에 삽을 씻고》(창비, 2013), 38~39쪽.
104　문동만, 〈청어〉,《그네》(창작과비평사, 2009), 85쪽.
105　주제 사라마구,《눈먼 자들의 도시》(정영목 옮김, 해냄, 2010), 418쪽.
106　니코스 카잔차키스,《전쟁과 신부》(안정효 옮김, 열린책들, 2008), 25쪽.
107　서머싯 몸,《달과 6펜스》(송무 옮김, 민음사, 2000), 184쪽.
108　T. More, UTOPIA (황문수 옮김,《유토피아》, 1998, 범우사), 146~147쪽.
109　천규석,《쌀과 민주주의》(녹색평론사, 2005), 29~30쪽.
110　H. Nearing, Loving and Leaving the Good Life (이석태 옮김,《아름다운 삶, 사랑 그리고 마무리》, 보리, 2002), 136쪽.

정치야, 속담에서 깨우쳐라

초판 1쇄 발행 / 2023년 3월 30일

지은이   정종진
펴낸이   윤형두·윤재민
펴낸데   종합출판 범우(주)

등록번호   제406-2004-000012호
등록일자   2004년 1월 6일
주소   (10881) 경기도 파주시 광인사길 9-13 (문발동)
전화   031)955-6900~4, 팩스 031)955-6905

잘못된 책은 바꾸어 드립니다.

ISBN 978-89-6365-493-5 03810

홈페이지 www.bumwoosa.co.kr
이메일 bumwoosa1966@naver.com